DE GAULLE ET L'ALGÉRIE

Du même auteur

L'Erreur
Gallimard, 1954
avec une préface d'Albert Camus

Le temps qui reste
Stock, 1973 ; Gallimard, 1984

Le Refuge et la Source
Grasset, 1977 ; « Le Livre de poche », 1979
avec une préface de Roland Barthes

L'Ère des ruptures
Grasset, 1979 ; « Le Livre de poche », 1980
avec une préface de Michel Foucault

Le Tiers Monde et la Gauche
en collaboration, Seuil, 1979

JEAN DANIEL

DE GAULLE ET L'ALGÉRIE

LA TRAGÉDIE, LE HÉROS ET LE TÉMOIN

ÉDITIONS DU SEUIL
27, rue Jacob, Paris VIe

COLLECTION « L'HISTOIRE IMMÉDIATE »
DIRIGÉE PAR JEAN-CLAUDE GUILLEBAUD

Ce manuscrit a été mis au point avec
la collaboration de Dominique Roussillon

ISBN 2-02-009229-8.

A Marcel Domerc,
Jean Bonneterre, Jean Pelegri,
qui ont diversement vécu
les heures évoquées ici.
En fidélité.

Avant-propos

Il n'est pas de corps de métier qui n'ait, à tel ou tel moment de son histoire, un inspirateur, un chef de file. Pour le barreau du temps de la Libération, ce fut Maurice Garçon ; pour le monde de la recherche biologique des années 60, ce fut François Jacob ; dans les milieux de la physique nucléaire, c'est Robert Dautray. Suivi ou combattu, encensé ou jalousé, ce type de personnage sert, en une période ou sur un problème donné, de référence.

Nous, les journalistes chargés pendant sept ou huit ans de rendre compte de l'émancipation douloureuse de l'Algérie, nous avions trouvé ce pilote en Jean Daniel. Que l'on fût, comme certains d'entre nous, son ami, ou, comme beaucoup d'autres, à droite ou à l'extrême gauche, son adversaire, on ne pouvait éviter de rechercher chaque semaine dans *l'Express* la plus audacieuse tentative de déchiffrer les inconnues du grand débat dont il était, comme nous mais mieux que nous, un témoin passablement exposé : ce qu'il devait vérifier en juillet 1961, lors de la bataille de Bizerte, à laquelle il faillit bien ne pas survivre.

Cette espèce de prééminence — de pré-pertinence, plutôt — n'était pas due seulement à un talent qui s'est depuis lors épanoui en bien d'autres domaines. Elle se fondait sur des données très complexes, plus ou moins contradictoires, et dont l'ambiguïté faisait comme toujours la richesse.

Jean Daniel, à nos yeux comme à ceux de ses très nombreux lecteurs, était, par rapport à la guerre d'Algérie, et à de Gaulle-aux-prises-avec-l'affaire-algérienne, un personnage à quatre dimensions.

Un pied-noir d'abord, qui avait choisi de penser « autrement » et de situer l'Algérie dans une perspective d'émancipation radicale, mais que ses origines dotaient d'une finesse de perception, d'une sensibilité et aussi d'une information tout à fait exceptionnelles. D'autres Européens d'Algérie rendaient compte du conflit eux aussi — Jules Roy, mais de façon plus épisodique ; Albert-Paul Lentin, mais sur le mode très militant.

Jean Daniel gardait cette vertu propre au vrai journaliste, de l'étonnement dans la compétence. Chaque semaine, il semblait découvrir, des Aurès à Oran, une Amérique qui l'aurait vu naître. Au surplus, ce pied-noir libéral pouvait se prévaloir de l'amitié d'Albert Camus. Que celui qui avait été l'intrépide reporter révolutionnaire d'*Alger républicain* ait un jour choisi de préférer sa mère à la justice ne pouvait nous détourner de voir en lui le symbole déchiré d'une certaine recherche de l'identité algérienne.

Pied-noir, Jean Daniel était aussi l'un des journalistes français qui avaient accès à ces « officines » de Tunis, de Rabat, du Caire, de Genève où le FLN se préparait à substituer sa loi à celle des colonels de chez nous. Dans un local délabré de la rue des Entrepreneurs à Tunis, nul mieux que lui ne savait provoquer chez Yazid — son compatriote de Blida —, chez Boumendjel ou chez Malek la semi-confidence qui pouvait d'un coup éclairer son article et ébranler ici ou là les incompréhen sions.

Daniel n'avait pas accès seulement aux augures de l'« autre camp ». Ce qui lui donnait un statut très particulier et assurait un rayonnement exceptionnel à ses articles, c'est qu'il pouvait, mieux qu'aucun d'entre nous, passer des couloirs fétides de la Rue des Entrepreneurs aux dorures du Quai d'Orsay sans rien perdre de son autorité de questionneur-confident. Car il était des rares journalistes « de gauche » à avoir discerné tout ce qu'il y avait de connivences dans le tumultueux débat entre le général de Gaulle et le mouvement d'émancipation algérien.

Émissaire officieux entre les deux camps ? Son entregent, le crédit dont il jouissait ici et là — y compris auprès de certains chefs militaires —, la sûreté de ses sources d'information pouvaient le conduire à jouer ce rôle. Il s'en défendit toujours, d'abord parce qu'il n'était pas « neutre », ensuite parce qu'il goûte peu le mélange des genres — sans s'interdire pourtant de transmettre, à l'occasion, telle ou telle « commission », comme il devait le faire, un peu plus tard, entre Castro et Kennedy.

Quant à la « quatrième dimension » de l'auteur du *Temps qui reste,* c'était naturellement celle du talent. Si bien placé et informé que l'on soit, un certain type d'influence et même de crédit est lié à une certaine musique, à un certain mode de transmission et d'expression. Qu'on lise le récit que fait Daniel de la tentative de « paix des braves » d'octobre 1958, son évocation du grand choix de 1959 ou du temps des « barricades ». Ce qui jaillit de ces pages n'est pas seulement des pépites de vérité, mais aussi une histoire en train de naître, et qui, déjà, s'impose comme histoire.

Un quart de siècle plus tard, à la demande de ses amis des Éditions du Seuil, Jean Daniel nous tend ce miroir où s'inscrit le grand dialogue entre de Gaulle et l'Algérie.

On permettra peut-être à un biographe du Général, qui vient d'étudier ce dossier avec le recul du temps et l'apport d'une riche historiographie, de saluer ici un exemple peu banal de lucidité immédiate. D'innombrables documents ont été publiés depuis lors. Beaucoup d'acteurs ont témoigné. Et plusieurs très bons livres (Tricot, Courrière, Droz et Lever, entre autres) ont paru sur la question. Nous en savons davantage. Mais, vingt-cinq ans plus tard, le tableau du journaliste garde sa fraîcheur et son éclat. Avec la force irrésistible de la perception immédiate, de ce qui a été vu, senti, souffert.

Une observation pourtant, révélatrice de nos changements de perception, de point de vue et d'opinion à propos du phénomène de Gaulle. Le souvenir que je gardais des reportages de Jean Daniel, c'est — compte tenu de l'organe qui les publiait, *l'Express,* vigilant contempteur du gaullisme d'État — le crédit qu'ils faisaient à de Gaulle en tant qu'architecte de la paix en Algérie.

Or ces articles, on le voit bien aujourd'hui, crépitaient de réserves et de sarcasmes à l'adresse du fondateur de la Vᵉ République. Ce qui nous paraissait alors empreint de bienveillance à son endroit était armé d'une sourcilleuse vigilance. Une lecture plus attentive montre d'ailleurs que tout ce qui est ici marchandé au tacticien de Gaulle est justement accordé au stratège. Expérience instructive, en tout cas, sur la façon dont nous avons accommodé la vision que nous gardons de Charles de Gaulle.

Mais c'est moins pour cela que pour l'admirable leçon de journalisme ici administrée qu'il faut lire ces articles. Lequel d'entre nous n'est pas accablé parfois, considérant les difficultés du métier d'historien de l'immédiat ? Qu'il lise Jean Daniel : il constatera que la lucidité, ça existe.

Quant aux non-journalistes, ils auront l'impression d'être entraînés, par un guide très sûr, dans une aventure à l'issue incertaine.

JEAN LACOUTURE

Introduction

S'étant immergé dans les témoignages sur la guerre d'Algérie pour écrire sa grande fresque *les Chevaux du soleil*, et trouvant dans mes écrits sa pâture, Jules Roy, il y a quelque dix ans, m'avait incité à les publier. Je ne m'y étais pas résolu, assuré qu'ils avaient épuisé leur périssable fonction de matériau brut. Faisant de même, il y a quelques mois, pour sa monumentale biographie du général de Gaulle, Jean Lacouture m'a lui aussi fait cette invite à laquelle j'accède aujourd'hui. Ce qui s'est passé entre-temps ? D'abord, on le devine, la stupéfiante actualité du gaullisme : d'où l'idée de ne retenir que ceux des reportages et textes divers qui concernent de Gaulle et l'Algérie de 1958 à 1962. Le fait ensuite que les archives de l'histoire immédiate se voient maintenant dotées d'une signification neuve, l'instant saisi donnant son parfum propre à la continuité reconstituée : d'où la décision de ne procéder à aucune des retouches que la distance pourrait inspirer. Au demeurant, l'entreprise ne pouvait manquer de séduire un homme qui fut de terrain — donc contraint d'épuiser l'intensité dans l'éphémère, quitte à se retrouver ensuite privé du sens des choses, et surtout de celui qu'il a prétendu parfois, sur le moment, leur donner.

Cette actualité du gaullisme explose à l'heure où j'écris ces lignes, c'est-à-dire au cœur d'une campagne électorale où les références au Général, dans les milieux les plus inattendus, ont des tonalités hagiographiques. C'est la vie du bienheureux saint Charles dont on égrène litaniquement les heures. On psalmodie : qu'aurait-il pensé de notre usage de *sa* Constitution ? Et de *sa* stratégie de dissuasion ? Qu'eût-il fait au Tchad ? Et au Liban ? Etc. Je n'ironise pas. Pour la dévotion, j'ai déjà donné et, oserai-je le dire, un peu avant que ce ne soit la mode — au moins à gauche [1]. Mais le besoin du père, qui, en cette année 1986, supplante la recherche du frère chère à Mai 68, risque d'égarer. Ainsi lorsqu'on se demande si François Mitterrand, faisant contre son gré accéder la démocratie française à l'heure anglo-saxonne et postindustrielle, n'a pas été contraint à plus d'infidélité à lui-même que Charles de Gaulle faisant entrer la France dans l'ère postcoloniale. Dans les deux cas, l'émergence de la nation vers son avenir aurait été obtenue, de la part de chaque chef d'État, au prix d'une certaine trahison de son milieu d'origine. Singulière mais significative comparaison. La conquête puis l'exercice du pouvoir entraîneraient en somme des renoncements et des reniements qui leur seraient inhérents. Admirons avec quelle aisance on situe le pouvoir aujourd'hui dans la mystérieuse *terra incognita,* par-delà le bien et le mal, alors qu'on s'indignait que de Gaulle pût faire de ce mystère l'essence même de l'autorité. On justifie ainsi et soudain rien de moins que la raison d'État au nom des raisons que seul serait en mesure de connaître le chef de l'État. L'indispensable solitude du demi-dieu chargé de décider de la guerre nucléaire injecte de la modernité à cette résurrection de la monarchie française. Tout se passe comme si les citoyens conduisaient vers un lieu magique, avec des incantations de circonstance, un homme soudain transmué en souverain éphémère par le suffrage universel, et dont on accepte qu'il se délie de toute attache dès que la lumière secrète du pouvoir le saisit, l'investit et le sacre. Nous sommes ici dans l'épure du gaullisme. Mais on va voir que l'épreuve algérienne aura été une succession de défis à cette mystique de la souveraineté qui ne fut, au surplus, pour de Gaulle, que celle de la prédestination.

Shakespearien ? Wagnérien ? L'impétueux corps à corps du Général avec l'Algérie, de tout ce que personnifie de Gaulle en fait d'histoire avec tout ce que draine en fait de convulsions et de projections cette terre maghrébine toute trempée de francité, ce corps à corps est plutôt une oscillation entre le tragique

1. Jean Daniel, *L'Ère des ruptures,* Paris, Grasset, 1977.

dérisoire de Jérôme Bosch et les incendies de Delacroix. Que de confuses tempêtes ! Et combien d'orages annonciateurs ! Les complots de mai 1958 ; les « barricades » de janvier 1960 ; en avril 1961, le putsch des généraux ; en 1962, les mois de l'OAS. Enfin, au bout de ces tumultes escortés de malédictions et de triomphes, le funèbre exode des uns et, pour les autres, la transe extatique sur un radeau de la *Méduse* perçu comme un tremplin vers l'horizon. Entre ces jalons-frontières, traits de flamme, le terrorisme et le contre-terrorisme, la fusillade de la rue d'Isly et les massacres du Constantinois, les danses réconciliatrices de la fraternisation et le peuple musulman juché sur des camions et figurant *la Marseillaise* de Rude, les conspirations de l'ombre et, au grand jour, les attentats réussis contre certains et manqués, parfois de justesse, contre la personne du Général. Ainsi le couple franco-algérien, incarné pendant quatre ans par de Gaulle et le FLN, accouche, dans le sang, la sueur et les larmes, d'une nation neuve qui se veut exemplaire de l'aurore des peuples jadis baptisés par Hegel « an-historiques ». Qui chantera cette aurore sans réticence, sans se contenter du soulagement devant l'irréversible ? Les grandes œuvres dénonciatrices de la colonisation, comme celle où Kateb Yacine atteignit un sommet, n'eurent pas d'équivalents pour célébrer la victoire. Sans doute un Jacques Berque, inspiré par « l'érotique, le sacral et l'historique » devant les farandoles désenchaînées de l'indépendance, trouvera-t-il les accents d'un chant d'amour viril et sophistiqué, où la nostalgie prospective d'une latinité islamisée s'auréole des sensuelles et cruelles vertus de la révolution [1]. Mais les survivants éprouvent qu'il leur faudra rechercher la dimension héroïque pour justifier les sacrifices, comme les blessures faites à l'âme collective de chaque camp. De Gaulle gardera le sentiment de n'avoir pas été reconnu par cette révolution algérienne dont le visage lui paraît comme une offense multiple et incertaine. Les révolutionnaires s'attacheront à effacer jusqu'au souvenir d'une dette quelconque qu'ils auraient contractée envers le Général. Une prophétie de Jean Amrouche s'est trouvée ainsi réalisée en ce qu'elle assignait au couple de Gaulle-FLN l'exclusive mission

1. Jacques Berque, *Dépossession du monde,* Paris, Seuil, 1964.

d'en terminer avec la guerre. Mais le poète berbère eut raison de redouter, avant de disparaître, qu'il n'en puisse résulter cette union en forme de *Noces,* chantées par un autre écrivain français d'Algérie.

J'ai vécu comme tout le monde ces moments d'épopée, de déchirement et d'intensité. Comme bien d'autres, j'ai eu la charge d'en rendre compte. Si je m'y suis, avec quelques-uns, un peu plus investi, c'est que nous étions par la naissance condamnés à tout comprendre. La publication d'un témoignage impose, me dit-on, au moins un rappel sur la situation du témoin. J'ai dit ailleurs que, produit de l'Algérie française, j'étais issu de parents qui, pas plus que mes grands-parents, n'avaient eu à se plaindre de naître français sur cette terre. Très tôt, mes professeurs fortifièrent une indignation : comment pouvait-on dire d'un pays qu'il était français et que ses habitants ne l'étaient point ? Mais je puisai dans le comportement de ces professeurs la certitude, la confiance que ce scandale disparaîtrait. En tout cas, la question ne s'est jamais posée pour moi. Je n'avais qu'une langue, qu'une culture, et je n'ai jamais eu aucun mal à transformer l'une et l'autre en tradition. Je connaissais mieux les Grecs que la Bible alors, et j'ignorais le Coran. Je me félicitais de m'épanouir dans une civilisation où, depuis 1789 notamment, la complémentarité triomphe entre les racines et les valeurs. C'était le message noble et charnel de la Méditerranée. C'était aussi le dialogue permanent par quoi se définissait la France à mes yeux. Si ce dialogue se transformait périodiquement en antagonisme et même parfois en guerre civile, je savais que cela pouvait conduire comme jadis les protestants à l'exil, plus tard les juifs à l'isolement et bientôt les Algériens à la révolte. Mais quand on me faisait le récit de l'affaire Dreyfus, j'admirais qu'une nation pût accepter de se diviser pour réparer l'offense faite à un officier juif. J'éprouvais surtout que ceux qui vivent vraiment une appartenance n'arrivent à s'en délivrer qu'au prix d'une mutilation. C'est pourquoi, plus tard, je n'ai jamais pu m'empêcher de trouver abstraits les brillants développements, bien dans l'air du temps, sur l'acculturation, la violence identitaire et la quête de l'authentique. S'inventer une autre personnalité pour ne pas dépendre du regard des autres, en arriver à se nier par peur de paraître se renier, se mutiler pour être davantage soi-même, voilà qui m'a toujours paru inévitable et artificiel.

Autrement dit, né français dans un environnement sans aucun doute particulier, et qui, de ce fait, m'impose de comprendre la réaction contraire du plus grand nombre, je n'ai pas eu à céder à la tentation de devenir algérien comme mon ami Jean Sénac, le poète ; israélien comme André Chouraqui, l'exégète des Écritures ; ni même, comme bien d'autres, de vivre en France avec une mentalité d'exilé. J'ignore ce que signifie le terme *assimiler* que brandissent comme une injure ceux qui font carrière dans la différence. Toute nation est composée de ceux qu'elle a eu le génie d'assimiler, précisément. Et si l'on me dit qu'aux yeux des autres, de certains autres, toujours les mêmes, je resterai, quoi que j'en aie, celui qu'ils prétendent voir en moi, je réponds qu'il n'est au pouvoir de personne de changer ce qui est et d'y substituer ce qui n'est pas.

Au moment même où Vichy abolissait le décret Crémieux (attribuant la citoyenneté française en 1871 à tous les juifs algériens) et imposait le *numerus clausus* dans les facultés, j'écrivais à un ami : « Je ne vois pas ce que je pourrais être d'autre qu'un Français juif, façonné par la Méditerranée et imprégné de cette terre de prodigieux métissage où, depuis plus d'un siècle, la chrétienté latine s'est frottée à l'islam berbère pour la plus grande gloire — parfois imméritée et aujourd'hui reniée — du peuple bâtisseur des cathédrales et de la Révolution. » Si j'avais dû entendre l'appel d'un destin autre, c'eût été à ce moment-là. Il n'en a rien été.

Mais on voit bien, pour revenir à l'Algérie, que, révolté par le racisme et solidaire de la révolte qu'il suscitait, je n'étais pas pour autant en situation de me résigner au nationalisme en marche des musulmans algériens. D'autant que ce nationalisme que je percevais mal, on me disait qu'il se réfugiait dans la religion. Les musulmans qui m'entouraient désirant être français, je ne voyais pas pourquoi j'aurais été en deçà ou au-delà de leur revendication. J'y étais d'autant moins résigné que le droit à l'égalité me paraissait alors plus important que le droit à la différence. Après une longue parenthèse, et devant l'explosion sanglante des idéologies nationalistes et des micro-ethnies, je suis d'ailleurs tenté de réemprunter mes premiers chemins de pensée, ou en tout cas d'équilibrer une idée par l'autre. Pour la religion, si je reconnus bien vite ensuite le rôle historique et révolutionnaire de l'islam algérien, j'ai redouté qu'il ne colorât trop vivement la révolution algérienne, comme j'ai déploré après l'indépendance qu'il devînt religion d'État.

Mais je ne puis me contenter de passer sur l'islam aussi vite. On sait qu'il marque de son empreinte la fin de ce XXe siècle. J'aurais dû savoir à l'époque que la notoriété des fameux *oulémas* algériens allait s'étendre dans tout le monde arabo-islamique. D'un certain point de vue, pour la conservation d'une « personnalité algérienne », les cheikhs Ben Badis, Ibrahimi et El-Madani ont été plus importants encore que les fameux chefs historiques de la révolution. C'est bien plus tard que j'appris comment le cheikh Ben Badis, non content de raviver les élans de sa communauté par l'étude du Coran, était à l'origine d'un réformisme audacieux et dont des auteurs aussi autorisés que Habib Boularès souhaitent que tout le monde musulman s'inspire [1]. L'un des drames de l'islam consiste pour ses docteurs à confondre le *retour à la lettre* d'une époque déterminée avec le *respect de l'esprit* d'un message qui se veut universel et hors du temps. L'intégrisme n'est rien d'autre qu'un respect d'une *lettre,* au surplus réinventée. A leur manière, les *oulémas* algériens, en décantant le message coranique de sa gangue sociale, avaient condamné par anticipation les dérives intégristes qui menacent aujourd'hui d'incarner l'orthodoxie.

En vérité, et pour tout dire, j'ai longtemps cru que les Algériens, en dépit de la colonisation et de son cortège d'abominables humiliations, avaient avantage à se fédérer d'une quelconque manière avec la France et qu'il ne fallait rien

1. Habib Boularès, *Islam, la peur et l'espérance,* Paris, J.-C. Lattès, 1984.

faire qui pût rendre cette fédération impossible. C'est ce que Camus pensait. Je cheminais dans le bonheur à ses côtés. Jusqu'au jour où j'ai cru discerner l'inéluctable. Les jeux étaient faits. Toutes les occasions avaient été perdues. La bourrasque de l'émancipation du tiers monde, du nationalisme arabe et du socialisme islamique ne pouvait s'arrêter comme un cyclone figé aux frontières algériennes. La conférence de Bandoeng en 1955, revanche des humiliés et des offensés, c'était le matin d'un nouveau monde. Les Algériens, moins encore que les autres, accepteraient d'être frustrés des ivresses de ce printemps. On devait canaliser, on devait préparer l'inéluctable. On ne pouvait le nier. Camus rompit avec moi. Son éloignement me fut une prison. Il m'enfermait dans l'obsession. Les intellectuels, me dit-il, n'avaient pas pour métier de se résigner à l'inéluctable [1]. Car ce concept implique non une valeur mais un sens donné à l'histoire. En tant qu'intellectuel, je le comprenais bien. Encore qu'il me paraissait ici désespéré de prétendre sauver la justice en résistant à l'histoire. Comme journaliste, l'attitude de Camus, l'eussé-je approuvée, m'était interdite. C'est notre métier de capter les signes de l'inéluctable. Comme c'est celui des hommes d'État d'en tirer les conséquences. C'est ce que de Gaulle a eu pour mission de faire.

Trop tard.

1. Cette attitude de Camus face à l'inéluctable est essentielle pour comprendre les racines de son éthique. Si je me suis mal résigné au désaccord qui me séparait de lui, c'est que j'avais le sentiment de le comprendre mieux encore que ne prétendaient le faire ceux dont il fut la caution. De même, quand, à Stockholm, après avoir reçu son prix Nobel, répondant à des étudiants, il a déclaré qu'il préférait sa mère à la justice, propos qui devait nourrir toute une littérature, j'eus l'impression de réentendre Dora, le personnage féminin des *Justes*. Pour moi, c'était comme si l'Abraham du sacrifice s'était révolté. Quel est donc ce Dieu, aurait pu se demander Abraham, qui réclame que je lui sacrifie mon fils ? Comment croire à une justice, demande implicitement Camus, qui me ferait sacrifier ma mère ? Ce sont les deux pôles de l'éthique camusienne. A l'histoire Camus oppose l'universalité des valeurs. Mais à l'universel abstrait il oppose les impératifs charnels. Il faut préférer la justice à l'inéluctable, sans pour autant séparer la vie de la justice.

Quand de Gaulle arrive à ce qu'il appelle les « affaires », je me trouve depuis quatre ans déjà, depuis le jour du déclenchement de l'insurrection algérienne, dans l'état-major d'un hebdomadaire. C'est *l'Express* des temps héroïques. C'est même le conflit algérien, et l'ambition que j'ai de le « couvrir », qui décidera de ma carrière. Pendant ces quatre années, je parcours le monde avec toujours en tête le conflit algérien, mais je partage surtout mon temps entre Paris, Alger où se trouvent les miens, et Tunis où siège le FLN. La Tunisie de Bourguiba, qui oppose sans cesse le contrepoint de la douceur de vivre au malheur algérien, nous incite, mes confrères et moi, à tout espérer d'une fédération franco-maghrébine où figurerait une Algérie indépendante. Les Français de Tunisie sont heureux, pourquoi n'en serait-il pas de même en Algérie plus tard ? Les chefs du FLN reçoivent, influencent, infléchissent les reporters du « Maghreb Circus » dont je fais partie. M'hamed Yazid, porte-parole du FLN, fils, petit-fils et frère d'officiers français, né comme moi à Blida, me reprochera volontiers de me livrer dans mes articles à des psychanalyses qui révèlent souvent dans le FLN un inconscient collectif, fruit de mes désirs plus que reflet de la réalité. Il a raison. Si, à Alger, les miens sont partagés entre la joie de m'accueillir, l'obligation de me désapprouver et la crainte que je ne sois la cible des activistes de l'Algérie française, j'ai en revanche à Tunis la réputation, d'ailleurs mal comprise, de m'opposer à l'extrême gauche intellectuelle parisienne. Les amis de Sartre et de Francis Jeanson dénoncent en effet l'« objectivité compréhensive » dont je fais preuve, selon eux, à l'égard des pieds-noirs et de l'armée. L'heure est à l'inconditionnalité dans ces milieux. Lorsque de Gaulle arrive au pouvoir, les critiques de l'extrême gauche mais aussi, désormais, de la gauche seront encore plus violentes. « A *l'Express,* écrira François Mauriac, il n'y a que Jean Daniel qui comprenne et parfois même accompagne mon gaullisme. » C'est vrai. Encore qu'à relire certains des articles ici réunis je m'avise que j'ai une sympathie alarmée devant les victimes algériennes et françaises des ambiguïtés gaulliennes. Mais il est exact qu'avec quelques-uns, dont la toujours admirable Germaine Tillion — l'une des rares personnes avec le romancier Jean Pelegri, ami d'enfance, qui m'inspireront une complicité sans faille —, je m'insurge contre certains intellectuels d'extrême gauche qui proclament que l'indépendance de l'Algérie passe par la révolution socialiste en France. De Gaulle, selon eux, ne pourra jamais accepter une négociation quelconque avec le FLN, il faut donc le combattre.

Position qui réclame qu'on s'y attarde un instant. Si je m'insurge contre elle, à l'époque, ce n'est pas seulement parce que j'ai une confiance instinctive dans le Général ; ni même parce que j'observe, sur place, les espoirs que mettent en lui les chefs du FLN. C'est parce que j'ai découvert la nature de la solidarité entre cette extrême gauche et une fraction minoritaire de la révolution algérienne. Cette fraction, très bien représentée à Paris dans la Fédération de France, évacue alors toute la dimension arabo-islamique de son combat pour n'en revendiquer que les objectifs socialistes et même marxistes. La Fédération de France le fait avec un mélange de sincérité et de tactique. Comme ses représentants, pour la plupart kabyles, n'ont pas de peine à négliger l'arabisme, ils peuvent d'autant mieux séduire les internationalistes français. Ils présentent leur révolution comme porteuse d'universalité, donc comme digne d'un soutien inconditionnel : les non-Arabes et les non-musulmans, incroyants, chrétiens ou juifs, ont et auront leur place dans la révolution. Or c'est le moment où, à Paris, se répand l'idée d'un transfert de la lutte des classes à l'échelon international. Si l'on commence à se détourner du stalinisme, on n'a d'yeux que pour le castrisme et le maoïsme. De Gaulle, quoi qu'il fasse, demeure le rempart « objectif » du capitalisme international : contre lui le combat des prolétariats français et algérien doit être le même.

Or tout me paraît faux, et dangereux, dans cette approche. La décolonisation de l'Indochine, de la Tunisie et du Maroc n'a pas été le fait des révolutionnaires. Dans l'ex-Empire britannique, cela a même été souvent le contraire. En tout cas, la France a traité avec les communistes indochinois les plus orthodoxes et les plus implacables. D'autre part, la révolution algérienne ne peut être séparée, et c'est peu dire, de l'arabo-islamisme. Ce n'est ni un bien ni un mal, c'est ainsi. Elle traduit à sa manière le grand réveil du nationalisme arabe. Sans doute fait-elle un grand pari, celui de concilier cet arabo-islamisme avec le socialisme. C'est ce que m'expliquera avec précision Mohamed Ben Yahia, futur négociateur d'Évian et qui deviendra ministre des Affaires étrangères avant de mourir dans un accident d'avion. Le même me confiera qu'en raison de la désarabisation et de la désislamisation entreprises pendant près d'un siècle et demi par les Français en Algérie, le retour du balancier après l'indépendance ne pourra pas être contrôlé, qu'il n'est d'ailleurs pas souhaitable qu'il le soit et que, pour cette raison, la présence de non-musulmans dans la nouvelle nation posera mille problèmes. J'ai rappelé cette confidence des temps héroïques à Ben Yahia, qui accompagnait à la conférence de Cancun, au Mexique, en 1983, le président Chadli. S'il s'est rétrospectivement ému et diverti de la confiance qu'il m'avait faite, il s'est félicité de sa propre lucidité, assortissant le tout de commentaires sur l'enjeu iranien. Si, en Iran, c'est l'islam seul qui gagne, disait-il, et si, en Afghanistan, c'est le socialisme seul qui perd, alors les répercussions en seront terribles dans le monde arabo-musulman tout entier. Car les valeurs du socialisme étaient, selon lui, la seule chose qui reliait ce monde à ce que l'Occident avait de meilleur. Ces débats sont au cœur des choses, même si les termes en sont différents et si les Algériens sont aujourd'hui à la recherche d'une voix originale vers le développement. En tout cas, à l'époque, l'idée de se résigner à la guerre d'Algérie parce qu'elle pouvait contribuer à l'arrivée en France d'un socialisme révolutionnaire me paraissait plutôt effarante.

Je faisais bien plus grand cas, on s'en doute, de l'attitude de l'un de mes maîtres, Pierre Mendès France. Il tenait que, arrivé au pouvoir grâce aux colonels, de Gaulle serait condamné à les suivre ou à être renversé par eux. Mendès France avait une conception vertueuse de la politique et de la démocratie. Ce qui le grandissait aux yeux de tous. Mais il avait aussi une conception vertueuse de l'exercice du pouvoir, ce qui déconcertait plus d'un. Il croyait à la parole donnée et il voulait que cette parole fût nette. De plus, je l'ai toujours soupçonné de croire à une justice immanente, même en politique. Fait d'autant plus insolite que cette justice ne devait jamais le récompenser. Mais l'arrivée au pouvoir du Général s'étant effectuée dans des conditions contraires à la morale démocratique, Mendès

France, gaulliste passionné et déçu, en fait amoureux dépité, voulait se persuader que de Gaulle en serait châtié. Cela ne l'empêcha pas d'applaudir à la proposition de « paix des braves » lancée par de Gaulle en 1958, mais cela fit de lui et de *l'Express,* qui le suivait unanimement, à ma seule exception (puisque Mauriac partit très vite), des pôles d'opposition farouche et déterminée.

Nous avions tous désiré voir revenir de Gaulle. Cette espérance du salut par un homme en dit assez long sur le degré d'affaissement de la IVe République sous les coups de boutoir de la guerre d'Algérie. Dans les instances internationales, où le FLN gagnait de plus en plus cette guerre qu'il perdait sur le terrain, nos diplomates confessaient leur embarras et même leur honte — ce qui leur valait les injures du proconsul socialiste Robert Lacoste. Les gouvernements se succédaient dans l'indignité et l'impuissance. On ne voyait plus aucune solution puisque le FLN, secrètement contacté, refusait toute discussion qui n'eût pour objet l'indépendance. Soit qu'il n'eût pas confiance, soit qu'il fût lui-même divisé. A Alger, les Français « respiraient » depuis les victoires de Massu sur le terrorisme. Mais, à l'intérieur, l'armée régnait sans partage sur une population meurtrie, sceptique, fataliste, disponible pour rien et pour personne. On ne voyait partout que des impasses.

Un jour, visitant André Malraux, je lui raconte l'histoire dite du « cinquième » mouton, que j'ai entendue au cours de mon dernier séjour en Algérie. C'est un vieux paysan arabe devant sa maison, au soleil, sur un plateau de l'Atlas, et qui a l'œil fixé sur le vague de la vallée. On lui demande à quoi il pense et il répond : « A rien. » Comme il n'a plus rien, il ne pense plus à rien. Qu'avait-il ? Il était berger et il avait cinq moutons. Le premier lui a été pris par des Français pour nourrir ceux qui avaient décidé de le protéger du FLN. Le deuxième lui a été pris par le FLN pour nourrir ceux qui voulaient le protéger des Français. Le troisième a été réquisitionné par un Kabyle qui dit lutter pour les Berbères contre tout le monde. Quant au quatrième, c'est un chef de tribu qui règne sur la région et qui vit sur l'habitant. « Alors, dit le vieil Arabe, je me suis retrouvé seul avec le cinquième, et il me paraissait bien perplexe. C'est pourquoi je lui ai fait descendre la vallée et je lui ai dit : “ Va donc chercher le véritable maître de l'Algérie, toi seul pourras le trouver. ” » Malraux aimait beaucoup cette anecdote, qu'il a répétée ensuite à plusieurs interlocuteurs sur le ton inspiré qu'on lui connaît. C'est ce qu'il appelait la « phase zéro de toute résistance ». Le moment où la violence réputée grosse d'histoire n'accouche plus que d'elle-même. Malraux disait à la fois qu'il fallait se garder d'en rien déduire mais que de Gaulle seul pourrait en tirer parti. C'est lui, en somme, que devait rencontrer le cinquième mouton.

En fait, les gaullistes les mieux disposés ne savaient pas très bien ce qu'il convenait de faire pour ramener la paix en évitant l'indépendance totale. Alain Peyrefitte avait publié un livre brillant et spécieux sur la nécessité de partager l'Algérie. C'était d'ailleurs, d'une certaine manière, l'idée de Malraux, dont je crois bien qu'il l'avait entendu évoquer plus ou moins vaguement par le Général. D'Alger à Tamanrasset, il y aurait un territoire à la verticale, décrété zone pilote sous souveraineté française, l'indépendance étant accordée sur les deux ailes de cette zone. Mais, à l'intérieur de ce territoire conservé à la France, ce serait « la mobilisation chinoise au service du génie israélien » (les deux pays phares, selon Malraux). Devant les résultats, et sur les ailes, tout le monde serait émerveillé, attiré, saisi de contagion. D'ailleurs, dans un des derniers Conseils des ministres avant l'indépendance, Louis Terrenoire rapporte que Raymond Triboulet, voyant le Général parler de regroupement de la population française, dira : « Pourquoi pas le partage ? » Cela paraît stupéfiant aujourd'hui. Cela donne la mesure de l'embarras, de l'incertitude, du drame.

Michel Debré, dans son célèbre pamphlet *Ces princes qui nous gouvernent*, en était, lui, resté à la position que résume cette phrase : « Dût-on se fixer, en raison de l'évolution des faits et du développement démographique, une période de vingt à trente ans, il est nécessaire qu'une vraie révolution politique dans la structure algérienne soit accomplie. » Vingt à trente ans ! Louis Terrenoire, qui commente ce passage, s'alarme rétrospectivement : « Nous ne voulions pas encore admettre que ces vingt, trente ou cinquante années étaient derrière nous et non devant nous et qu'elles avaient été irrémédiablement perdues. » Cette illusion n'avait pas complètement disparu de l'esprit de Michel Debré en 1958, même s'il convenait qu'il fallait précipiter les étapes et procéder immédiatement à la « révolution politique » en question. Et de Gaulle, lui, que croit-il ? Que souhaite-t-il ?

Voyons d'abord comment le Général vit cette « dépendance » que redoute pour lui Mendès France à l'égard des conjurés d'Alger. J'ai passé des nuits à en débattre avec l'équipe de *l'Express,* avec Pierre Viansson-Ponté, mais aussi avec Jules Roy et Jean Amrouche. Il me semblait évident que de Gaulle ne se souciait pas d'être le moins du monde fidèle à un contrat qui l'aurait lié à la conjuration dont il avait profité. De toute manière, l'éthique de la fidélité ne saurait dicter le comportement d'un État : cela est nettement dit dans les *Mémoires.* De plus, et au moins en 1958 (cela changera ensuite), il n'y avait pas pour de Gaulle un problème algérien : il y avait une convulsion française à la fois tragique et providentielle. Il s'agissait donc moins d'être fidèle à qui que ce soit que de sauver une fois de plus « la patrie, la nation, l'État ». Dès son premier gouvernement, qu'il voudra d'union nationale ; dès sa première consultation, qu'il souhaitera plébiscitaire ; et dès ses premières mesures d'autorité à l'égard des « comités de salut public », de Gaulle s'attache à faire estampiller de légalité cette part de légitimité que l'émeute l'avait aidé à reconquérir — l'autre part ne l'ayant jamais, bien sûr, quitté, selon lui. Tous les rites de la liturgie démocratique sont ainsi brandis par lui pour rompre le fil ténu avec les comploteurs qui l'avaient hissé au pouvoir et pour effacer jusqu'au souvenir même de cette tentation de coup d'État qui avait précédé sa réappropriation du trône. Ainsi gommait-il du même coup l'encre sympathique du pacte auquel les émeutiers prétendaient le lier. Dès le 16 octobre 1958, il fera des déclarations dont Pierre Viansson-Ponté écrit qu'elles n'effacent pas seulement ce que le 13 mai avait eu de plus choquant sur le plan militaire et de plus mythique dans le domaine politique, mais qu'elles ouvrent tous les possibles sur le chemin de la construction de la paix. Les chefs civils et militaires de l'émeute étaient invités à comprendre que leur pouvoir cessait à partir du moment où ils l'avaient remis entre les mains du héros de légende. Lui seul saurait désormais, en fonction de sa prédestination, de son sacre républicain et de son initiation au secret du trône, où pouvaient être le bien et le mal pour la France. Sur de telles cimes, le terme *infidélité* n'a plus aucun sens pour le souverain, comme nous l'évoquions au début de ce texte. Seule compte la fidélité des compagnons et des sujets. Michel Debré, que je questionnais un jour publiquement, en convint volontiers. C'est ce qui devait faire entrer peu à peu Jacques Soustelle en dissidence.

L'historien Charles-Robert Ageron dit avec scrupule qu'il n'arrive pas à se faire une religion sur ce que pensait de Gaulle, quant à ses projets algériens, entre mai 1958 et septembre 1959 — date du discours sur l'autodétermination. Il constate que, sur les quelque 805 livres recensés par le *Guide de bibliographie* de Raymond Krommenacker, il n'en est aucun qui prétende traiter scientifiquement des rapports de de Gaulle avec l'Algérie. Jean Lacouture, avec autant de prudence, estime qu'en tout cas le Général exclut, pour l'Algérie, à la fois l'intégration, qu'il appellera plus tard la « francisation complète », et l'indépendance. On ne prétendra pas ici à plus de clairvoyance. Mais comment ressentons-nous les choses, à l'époque, et sur place ? Dès l'annonce du « collège unique », lors du premier voyage de de Gaulle à Alger, pour tous ceux qui ont un passé algérien, ou une simple familiarité avec son histoire, quelque chose de fondamental change aussitôt. Proclamer qu'il n'y a plus, en Algérie, que des Français à part entière, dire qu'ils voteront ensemble et de même manière et qu'en somme chaque homme vaudra une voix, c'est non seulement en finir avec l'apartheid électoral jusque-là en vigueur, mais se soumettre par avance au verdict de la majorité exprimée. On peut dire qu'on impose ainsi une citoyenneté à ceux qui n'en veulent plus pour l'avoir trop longtemps demandée. Mais on peut aussi observer, et c'est ce que fait aussitôt Jean Amrouche, toujours lui, que seule désormais a droit à la parole la population arabo-musulmane, puisqu'elle est largement majoritaire. Le collège unique, c'était le 4 juin 1958. Deux mois après, le 25 août, annonçant le référendum constitutionnel du 28 septembre, de Gaulle propose, à Conakry, le projet d'une Communauté et il précise, en martelant les mots : « Personne n'est tenu d'y adhérer. Je dis ici : l'indépendance est à la disposition de qui veut la prendre. » L'*indépendance* ! Le mot tabou, conflictuel, explosif, est lâché. Les responsables africains que je rencontre alors n'arrivent pas à imaginer que ces dispositions puissent exclure ceux-là seuls qui se battent pour réclamer l'indépendance. Plus tard, nous apprendrons que de Gaulle a précisé à l'un d'entre eux qu'en prononçant ces mots il a pensé précisément à l'Algérie. Pour n'être pas aussi bien informés, nous n'en avons pas moins l'impression d'un véritable saut conceptuel et politique. Plusieurs conseillers du Général tiennent à nous conforter dans ce sentiment et ajoutent, déjà, qu'ils comptent bien que le FLN aura compris le message. En fait, ce sont les activistes de l'armée d'Alger qui l'auront compris les premiers.

Il est évident que mes amis et moi rencontrons plus volontiers en ces temps-là ceux qu'on appelle les gaullistes de gauche. On ne manque pas de me rappeler qu'ils ne recueillent du Général que ce que ce dernier choisit de leur dire, et même ce que chacun d'entre eux choisit d'entendre. Tous, en tout cas, nous assurent que l'impression que nous avons ressentie est dans la suite logique de ce qui leur a été confié pendant la traversée du désert. Nous avons eu plusieurs confirmations de la prophétie désespérée faite par de Gaulle à Michelet en février 1955 : « L'Algérie est perdue. L'Algérie sera indépendante. » Louis Terrenoire, Christian Pineau, Maurice Clavel, Alain Savary confirment qu'ils ont bien entendu le mot *indépendance* de la bouche de de Gaulle et s'agissant de l'Algérie. Pourtant, Jean Lacouture a sans doute de bonnes raisons d'écrire que le Général excluait cette indépendance. Si on étudie tous les propos tenus à Colombey, puis rue Saint-Dominique, ce qui constitue un exercice utile sinon scientifique, on s'aperçoit que de Gaulle veut dire : l'Algérie va basculer dans l'indépendance si je n'arrive pas assez tôt aux affaires pour persuader les Algériens que ce n'est pas leur intérêt et qu'ils pourraient librement et souverainement choisir de s'associer à la France. Il n'y a rien dans ce dernier énoncé qui nous paraisse solliciter la pensée du Général. Allons plus loin : selon nous, de Gaulle prend déjà son élan pour préparer les mesures qui inciteront les Algériens, c'est-à-dire la majorité arabo-musulmane, à se faire « une place de choix dans la Communauté ». Poussons encore plus avant. Je tiens que tel aurait été le projet du Général, même s'il n'y avait pas eu la guerre d'Algérie.

Cela est très important pour notre argumentation et notre thèse. Ce n'est pas essentiellement l'insurrection qui décourage le Général de tenter l'intégration. C'est le vent de l'histoire, la nature des choses, la réalité telle qu'elle est, c'est-à-dire tous les fleurons signifiants du jargon gaullien. J'ai écrit dans un moment de précipitation que, d'un certain point de vue, Jacques Soustelle était moins raciste que de Gaulle, dans la mesure où il ne faisait pas de différence entre un paysan cévenol et un paysan kabyle, et où il souhaitait pour tous deux la même patrie ; alors que le Général ne croyait pas à la possibilité d'un mélange et ne souhaitait probablement pas un métissage. Mais je m'avise aujourd'hui que de Gaulle était, tout comme Napoléon III, respectueux de la nationalité d'un peuple. On connaît la célèbre phrase de l'empereur : « La France, qui sympathise partout avec les idées de nationalité, ne peut, aux yeux du monde, justifier la dépendance dans laquelle elle est obligée de tenir le peuple arabe si elle ne le fait jouir des bienfaits de la civilisation en l'appelant à une meilleure existence. » Et pour ce faire, Napoléon III voulait transformer l'Algérie en protectorat, en « royaume arabe » délivré de l'oppression séculaire des Ottomans et dont l'exemple d'une modernisation réussie « assurerait la gloire de la France depuis Tunis jusqu'à l'Euphrate ». J'ai retrouvé dans le précieux recueil de textes de Charles-Robert Ageron la citation de Napoléon III et de bien d'autres que Charles-André Julien aimait à nous faire lire.

Autrement dit, l'insurrection et la guerre se présentent

comme des obstacles redoutables sur la route qui mène à la fois à la décolonisation et à la Communauté. Il faut donc et d'abord rétablir la paix, obtenir qu'on dépose les armes, convaincre que la lutte armée est inutile, aussi bien parce que la France est la plus forte que parce que la liberté a été obtenue. Les insurgés croient que la libération viendra de la victoire et de l'indépendance ; il faut leur prouver qu'ils seront libérés sans la première, qui est impossible, et sans la seconde, qui n'a pas de sens. On retrouve cette démarche dans toutes les conférences de presse, toutes les déclarations, tous les messages dont vont se charger les fameux « auto-émissaires » — car ils n'auront pas le droit d'affirmer qu'ils sont dépêchés par quelqu'un. C'est encore une fois, selon nous, là que réside l'ambitieuse obsession du Général. C'est là aussi que se camoufle l'impasse de sa stratégie.

Car l'exigence prioritaire du rétablissement de la paix était exactement la même chez les prédécesseurs de Charles de Gaulle. C'était celle de Guy Mollet, avec son triptyque « cessez-le-feu, élections, négociations ». Quant au spectaculaire « plan de Constantine » du 3 octobre 1958, il est issu directement du rapport de Pierre Chaussade, haut fonctionnaire et collaborateur de Pierre Lacoste, sur « les perspectives décennales du développement en Algérie » ; ce plan et ce rapport étant destinés à persuader les Algériens de leur intérêt de s'associer à la France. Le fait de mettre ses pas dans ceux de ses prédécesseurs, sur la méthode sinon sur la finalité, suscite dans les rangs du FLN, et surtout, bien sûr, au sommet, d'infinies méfiances, sans pour autant rassurer les pieds-noirs et les activistes. Comment les insurgés croiraient-ils que, dès qu'ils auront cessé les hostilités, ceux qui ont organisé un coup de force en faveur de l'Algérie française vont favoriser une libre consultation qui leur permettrait de choisir entre la Communauté et la sécession ? C'est ce que nous nous disons à Tunis en entendant les commentaires convaincants des porte-parole du FLN. Plusieurs années après, Louis Terrenoire propose une explication : depuis longtemps, de Gaulle s'est résigné à l'émancipation totale de cet empire colonial qui a surtout été constitué « pour se consoler des traités de 1815 et de Francfort ». Il pense que même l'Algérie a vocation à l'indépendance. Mais il pense aussi que nul ne saurait décider du destin de l'Algérie sinon les Algériens eux-mêmes, que cela ne saurait se faire que par une consultation référendaire rendue possible par le retour à la paix. Ses prédécesseurs n'ont pu obtenir la cessation des hostilités ? Eh bien, lui, de Gaulle, l'obtiendra. Et c'est là qu'intervient, disons le mot, la *présomption* du Général.

A partir de ce moment, le partenaire est désigné. C'est évidemment le FLN. Il va entreprendre avec lui une partie de bras de fer, un numéro de séduction, passant du duo au duel, du grand seigneur au matamore, et de l'imprécation fraternelle à l'ultimatum. Le mal que se sera donné cet homme plein de superbe et de gloire pour séduire ces insurgés paysans qui osent lui tenir tête, on est saisi d'en mesurer l'importance. Les chefs du FLN refusent de partager l'idée que se fait le Général de sa prédestination. Sont-ils toujours eux-mêmes à la hauteur de la mission que l'histoire leur a assignée ? Bourguiba aura, paraît-il, ce mot terrible : « Il se peut que pendant plus d'un siècle les Français aient perdu toutes les occasions d'une bonne politique en Algérie. Mais les occasions que perdent les combattants algériens en quelques années ne valent pas mieux. » Boutade dictée par l'impatience. En tout cas, de Gaulle a deux raisons de ne pas céder sur l'exigence de la cessation des hostilités. Il ne veut pas infliger à l'armée française l'humiliation de subir le diktat de l'insurrection — pas plus d'ailleurs qu'il n'accepte de subir celui de l'émeute des militaires. Il veut en finir avec la guerre ou par la démocratie politique ou par la victoire des armes. « Tant qu'on égorge, je ne veux rien savoir », dit-il à des proches qui viennent de recevoir des émissaires.

Mais se fait-il une idée précise du FLN ? C'est là que réside pour moi le mystère, à l'époque d'ailleurs autant qu'aujourd'hui. Sait-il que tout ce qui est, chez eux, devenu politique a d'abord commencé par l'action directe, par la violence, et que c'est, en somme, l'organisation militaire, l'embryon d'une armée projetée, qui a entre ses mains le nouveau destin national ? De Gaulle, sur tous les tons, va s'évertuer à demander aux combattants du FLN de déposer les armes et c'est vrai qu'il leur donne toutes les garanties quant à la sécurité, à la liberté, à l'honneur. Mais sait-il que cela revient à leur demander de renoncer au dépôt qu'ils ont reçu d'une ambition collective ? D'une légitimité dont les Algériens ont été dépossédés en 1830 et qu'ils se seraient réappropriée ? Au point que les Français ne deviennent plus à leurs yeux, dans leur nouveau langage, que des « occupants ».

Le 19 septembre 1958, le Conseil national de la révolution algérienne forme, contre l'avis du roi du Maroc et du président tunisien, un gouvernement provisoire de la République algérienne. Pour atténuer le choc, son président, Ferhat Abbas, pétri de culture française, marié à une Française, et qui a douté dans son jeune temps qu'il existât une patrie algérienne, fait savoir discrètement à de Gaulle que ce gouvernement devrait lui rappeler celui que l'homme du 18 juin fut conduit à constituer à l'époque de la France libre. Cette « bonne manière » eut le don d'impatienter le Général, qui n'y vit qu'un rapprochement indécent entre l'occupation de la France par les Allemands et la présence des Français en Algérie. C'est par mon truchement que le message à l'Élysée parvint. La réponse, présentée par un tiers comme une réaction et surtout pas comme un message, ne se fit pas attendre : « Pas de comparaison possible, grommelle le Général. Est-ce que j'ai, moi, interrogé les Évangiles et les cimetières pour conclure à l'inexistence de la patrie française ? Est-ce que j'ai dit que je ne mourrai pas pour cette patrie parce qu'elle n'avait jamais existé ? Est-ce que je me suis marié à une Allemande ? Ai-je, enfin, envoyé mes enfants dans une école allemande pendant l'occupation de mon pays ? Comment oser rapprocher les deux situations ? »

Cette réaction, eût-elle été destinée à être transmise, n'eût fait que précipiter la chute du président algérien. Car tout ce que dit de Gaulle, et qui n'est pas faux, ne pouvait s'adresser à une autre personnalité du FLN qu'à Ferhat Abbas ou à l'un de ses lieutenants. C'est vrai que les situations ne sont pas comparables et c'est vrai aussi que les Algériens ne peuvent se sacrifier qu'en les confondant. Le FLN était en train de créer une nation dans et par la guerre, il s'inventait un État dans le passé reconstruit duquel il puisait toutes les armes de son nouveau nationalisme. Sa résistance, sa révolution, cela devient très vite l'Armée de libération nationale représentant l'État de 1830.

Charles-André Julien, dont on connaît à la fois la compétence, l'engagement et les scrupules, observera qu'il n'est pas nécessaire de croire « à une nation algérienne antérieure à 1830, ce qui serait une erreur historique, pour constater et même célébrer la formation d'une nation algérienne en 1954 ». Mais c'est le propre des jeunes nations de s'inventer un passé et d'être infiniment vulnérables à toute contestation sur ce point. Quand Francis Jeanson, devenu militant FLN, écrit son pamphlet fonctionnel et lyrique, il sent bien ce qui manque à la révolution de ses nouveaux frères. N'ayant pas encore, comme l'écrira plus tard Mohammed Harbi, de « projet de contre-société », il fallait bien que cette révolution eût un projet de « contre-État [1] ». En fait, c'est son armée.

Pourquoi le débat est-il essentiel pour de Gaulle et le FLN ? Parce que le chef de l'État français ne veut confier qu'aux Algériens le soin de se prononcer. Il va dire toute sa pensée dans un texte décisif qu'il écrit de sa main pour « orienter » le discours que doit faire Maurice Couve de Murville, ministre des Affaires étrangères, sur « la Communauté française et l'Algérie », à la XVe session des Nations unies. Nous sommes en décembre 1959. En fait d'« orientation », de Gaulle écrit tout, y compris les références que son ministre doit faire aux propos et à la personne du président de la République... Après avoir rappelé comment tous les États de l'Afrique noire, jadis sous tutelle française, ont été conduits par la France à l'émancipation ; après avoir marqué combien sa politique, dans sa philosophie comme dans sa finalité, se résumait en un respect de l'autodétermination des peuples, de Gaulle souligne la singularité de la situation algérienne par des arguments d'inégale valeur. « Le territoire algérien, qui, comme l'a dit le

1. Mohammed Harbi, *Le FLN, mirage et réalité. Des origines à la prise du pouvoir (1945-1962)*, Paris, Jeune Afrique, 1980.

général de Gaulle [c'est lui qui se cite], depuis que le monde est le monde, n'a jamais connu d'unité ni, à plus forte raison, de souveraineté algérienne, est depuis près d'un siècle et demi attaché à la France par les diens multiples et étroits, qu'il s'agisse de la structure démographique, de l'économie, de la culture, de l'administration[1]. »

Dans ce paragraphe, de Gaulle proclame, assène et maintient que l'insurrection qui ensanglante l'Algérie n'a plus aucune raison d'être à partir du moment où la voie de l'autodétermination, en dépit des singularités algériennes, est ouverte. « L'insurrection prétend imposer par la violence la sécession. Nous disons : il n'appartient à personne d'imposer à l'Algérie le régime qui doit être le sien. Ce régime ne peut résulter que de la volonté librement exprimée des Algériens eux-mêmes. [...] L'instrument existe donc. La paix revenue, il sera utilisé pour procéder au référendum par lequel les Algériens choisiront leur destin. » Les Algériens pourront choisir entre *la sécession, la francisation complète, et le gouvernement des Algériens par les Algériens en union étroite avec la France dans les domaines de l'économie, de l'enseignement, de la défense et des relations extérieures.* Ce langage, qui allait mettre en péril la République et son président puisque ce sont toutes ces idées qui devaient déclencher la « semaine des barricades », ne désarma en rien la résistance du FLN. Est-ce une réaction d'appareil ? Sur le moment, écrivant l'une de mes analyses, j'en ai tout de même l'impression. Comment ces hommes accepteraient-ils d'être dépossédés d'un pouvoir qui les justifie et qu'ils ont eu l'héroïque idée de conquérir ? Mais ce que je ne peux imaginer, c'est, à partir de tous ces refus, le rôle que va jouer l'armée dans le destin de l'Algérie indépendante. De Gaulle eût-il gagné son pari, cette armée ne fût pas devenue l'épine dorsale de la jeune démocratie d'Alger.

1. Charles de Gaulle, *Lettres, Notes et Carnets*, Paris, Plon, 1985, t. VIII.

Quand on lit les mémoires de Ferhat Abbas, on se dit qu'à un certain moment il s'en faut de très peu que de Gaulle ne gagne son pari, et qu'il n'est nullement présomptueux, puisque de tous les Français il est celui qui a le plus de chances, par son ascendant sur le peuple algérien, de transformer le comportement du FLN. Abbas révèle, en effet, le prodigieux impact des discours du Général sur les masses algériennes, impact qui effraie l'état-major du FLN et qui va jusqu'à créer une dissension entre l'assemblée de la révolution (CNRA) et le gouvernement en exil (GPRA). De Gaulle fait en même temps la démonstration de son prestige à l'étranger et de sa résolution à briser en Algérie les résistances des activistes civils et militaires français. On n'avait jamais vu cela depuis 1830. Le sang français coule du fait d'une répression française. L'État français se fait respecter de tous et il va même jusqu'à favoriser des manifestations musulmanes dans la rue. De Gaulle a quelques raisons de croire qu'il pourrait bien devenir presque aussi populaire que le FLN dans le cœur des Algériens. Et c'est ce qu'il veut, il ambitionne de reprendre les choses comme si l'insurrection n'était pas née, comme si on pouvait l'effacer et repartir de zéro pour aboutir ensuite à une émancipation parrainée, accompagnée, protégée même par la France. J'ai bien vu à Dakar ce que voulait de Gaulle. Dans cette assemblée consacrant l'indépendance des États malien et sénégalais réunifiés, à la tribune, de Gaulle en vieux chef de tribu, comme un membre du conseil des anciens, sous l'arbre à palabres, et surtout comme le père de la Communauté en formation, dit à ses enfants, citant l'Évangile : « Restons ensemble, il se fait tard. » Comme le père. Mais ce dont les Algériens ont précisément besoin, et dont ils se consoleront difficilement d'ailleurs, c'est d'un parricide.

Il faut le rappeler : ces chefs dits historiques reviennent de loin. C'est contre toute logique, contre toute raison, et même contre toute espérance qu'une poignée de maquisards ont brandi, le 1er novembre 1954, le défi insolite de leur épopée. Contre l'État français, son armée et sa police ; contre la communauté européenne, ses privilèges et ses réseaux ; mais aussi contre toute une société algérienne abâtardie, acculturée, imprégnée de la prépondérance française — et contre, enfin et surtout, l'ensemble des partis nationalistes et le chef patriarcal et prophétique, Messali Hadj, père de l'idée d'indépendance. Dès que la nouvelle de l'insurrection est connue, le Parti communiste français déclare, parlant des attentats : « C'est un crime » ; Messali Hadj dira : « C'est irresponsable » ; et Ferhat Abbas : « C'est un suicide. » Quand on se demande pourquoi François Mitterrand et même Pierre Mendès France ont pris des positions qui paraissent aujourd'hui si surprenantes, on oublie de noter les réactions des Algériens eux-mêmes. Ceux qui venaient de décoloniser l'Indochine et la Tunisie n'avaient pas avantage à se montrer, à l'égard de cette poignée de « bandits d'honneur », comme on les appelait, plus indulgents que les tenants officiels du nationalisme. En revanche, ils avaient à rechercher d'autres interlocuteurs à qui la France pourrait faire des concessions qui leur permettraient de prendre avec crédit et prestige le rôle pacifique que le FLN abandonnait. La course aux interlocuteurs dura quelques années. Le FLN avait compris qu'il lui fallait interdire toute espèce d'intermédiaire, de troisième force et de néo-nationalisme. Il continua de plus belle dans cette attitude avec de Gaulle. Ce qui va le surprendre, l'embarrasser, le diviser, c'est à la fois la personne du Général et la situation créée par l'armée française en révolte et les Européens en ébullition. C'est d'être contraint par cette situation de se trouver du même côté que de Gaulle. Et d'avoir à assumer ainsi les convulsions, soubresauts, rebondissements d'un pays qui, à chaque instant, menace de s'affaisser.

Le plus dramatique dans cette épreuve de force passionnelle et meurtrière, politique et militaire, avec le FLN, c'est qu'après chaque ouverture du Général, après chaque pas en avant, le FLN tarde à répondre, ou ne répond pas, mais c'est l'opposition des militaires français et des activistes européens qui se crispe et se radicalise jusqu'à l'émeute. Alors les généraux et les ministres de de Gaulle font, eux, un pas en arrière, ils minent le terrain parcouru même sans le savoir. Ils jouent sur les mots. Tout le monde en joue. Jeu dérisoire et terrible. Il y a des codes partout. Il y a des morts aussi. Toujours au nom de la France, de l'honneur français, de l'Algérie française, de la solution la plus française, etc. Le peuple pied-noir, ivre de ces explosions, de l'importance que lui donnent les paras, de la séduction de ses femmes auprès d'eux, le peuple meurtri, ridiculisé, qui ne comprend plus rien à tous les mots qu'on lui assène, et qui ne sait pas encore, qui ne saura rien jusqu'au bout, de ce qui l'attend, à savoir un malheur plus grand que le malheur puisqu'il vient de ses enfants, ceux de l'OAS. Entre de Gaulle et le FLN, il y a toutes ces ombres qui n'interrompent leur danse de mort que pour admirer le ciel sur les rivages d'un des plus beaux pays du monde.

Et puis chaque fois il y a, à 20 heures, sur le petit écran qui paraît avoir été inventé pour lui, cet étrange visage d'un vieillard à la fois attendrissant et redoutable. Une sorte de Greco déformé par Picasso. Un vieil épagneul strié par Dubuffet. Depuis les grimaces qui rident ses joues en longueur, avec cette voix qui soudain dérive dans l'aigu d'une cassure, le voici qui émerge du fond des âges pour dire qu'il est l'autorité et la France — avec la même simplicité que l'autre disait qu'il était la Résurrection et la Vie. On l'écoute, on l'entend, on l'admet. Que nous annonce-t-il ce soir? C'est chaque fois un nouveau mot pour en finir. Il y a eu l'imbrication de la France et de l'Algérie ; puis la place de choix dans la Communauté ; puis l'association ; puis la solution la plus française. Avec l'Algérie algérienne, on croyait en avoir terminé. Que pouvait-on faire de plus ? Il a fallu en arriver à l'indépendance, assortie d'une coopération avec la France. Le dernier morceau de la route a été le plus dur. Pour tout le monde. Surtout pour lui, de Gaulle, peut-être.

Quant aux incendies du désespoir que l'OAS devait allumer pour que l'Algérie ne pût survivre à la conquête de son indépendance, pour qu'elle découvrît que seul le néant succéderait à la France et que la fin de l'Algérie française ne pût être autre chose qu'apocalyptique, ces incendies eux-mêmes furent sans gloire. Les amateurs de civilisation décadente, de spectacles de Bas-Empire, de défaites empanachées et d'échecs historiques, tous ceux qui, en Indochine et ailleurs, avaient vécu avec volupté l'âcre parfum des fins d'époque, ceux-là ne virent dans l'OAS que la gesticulation meurtrière de matamores ridiculisés. Cruelle épreuve, destin révoltant pour le peuple pied-noir qui avait désespérément tenté de se dresser au milieu du couple de Gaulle-FLN, finissant par estimer qu'il ne pouvait accéder à l'existence qu'en imitant le terrorisme du FLN. Voyageurs sans bagages, Méditerranéens sans traditions, peuple vagabond, beau et misérable, petit peuple abandonné bientôt de ses tuteurs colons comme de ses protecteurs militaires, petits Blancs qui n'eurent d'identité que négative, Algériens aussi éloignés des Français que des musulmans, ils ne furent jamais sûrs que de leur fureur de vivre, de leur jeunesse qui finit tôt, de leur volupté tragique, et de cette fatalité meurtrière comme le soleil sur le couteau de l'Arabe, quand Meursault, le héros de Camus, tire son pistolet et fait feu — aveuglément. Sinistre et médiocre destin que ni un maréchal de France ni un Prix Nobel de littérature n'auront tiré de cette incolore malédiction. La résurrection n'aura lieu qu'en exil, dans l'insertion d'abord difficile mais bientôt triomphante au sein de la communauté française, à laquelle les pieds-noirs procureront le dynamisme, la truculence offensive et les débordements affectifs de leurs ancêtres pionniers.

Les pourparlers s'éternisent et le Général enrage. Le 5 septembre 1960, nous l'entendons distiller avec hauteur et morgue son dépit : « Le métier d'être les possesseurs et les nourrisseurs de cette région [l'Algérie], nous n'y tenons pas du tout. » Nous apprendrons qu'il aura dit à Louis Joxe ensuite : « Ceux du FLN s'engagent dans la voie révolutionnaire. Fort bien. Mais ils ne se sont pas encore aperçus que nous aussi nous voulons nous dégager. C'est cela, notre politique. » Quel sentiment d'échec ! Quel ressentiment ! Quelle amertume ! Comment douter de la blessure faite à son orgueil, à son image, à son ambition ? A-t-il été appelé trop tard aux affaires ? Il l'a pensé, peu avant d'y être. Mais une fois dans la place, il a cru en son étoile, et qu'elle brillerait pour les autres, tous les autres, y compris ceux du FLN. Pourtant, ce jour-là, en surimpression de la blessure, on le sent appelé ailleurs, curieux d'autres horizons. Que se passe-t-il ? Tandis qu'il était en réserve de la République, Georges Pompidou me confiera l'explication. Depuis le 13 février et le 1er avril 1960, dates des premières explosions nucléaires françaises à Reggane, au Sahara, de Gaulle a découvert un grand dessein à sa mesure. A partir de ces explosions, donc de la détention par la France de l'arme des

Supergrands, il avait hâte de se délester du « boulet algérien ». Comme il l'avait prévu et souhaité, toute la politique étrangère se délivrait enfin de l'impératif d'occupation des grands espaces, impératif qui avait caractérisé l'ère coloniale et qui risquait d'être hors de portée des puissances moyennes. Désormais, l'avenir du rayonnement et de la « grandeur », c'était l'accès à la technologie stratégique. Bien sûr, il aurait bien voulu pouvoir y entraîner toute la Communauté, l'Algérie et ce FLN avec lequel le chrétien Amrouche l'avait mystiquement marié. Surtout, il aurait souhaité que le départ de la France d'Algérie, point d'orgue à la magnificence de sa présence impériale, se fît dans tous les feux et toutes les gloires d'un soleil couchant, comme il lui était arrivé d'en régler lui-même la mise en scène à Saint-Louis du Sénégal, au chant des sirènes de toute une escadre, tandis que la Patrouille de France sillonnait le ciel. Cet homme qui a soigné toutes ses sorties, préparé avec soin tous ses départs, réussi tous ses retraits et retraites, a été frustré en Algérie de la théâtralité. L'exode des Européens, fuyant les incendies de l'OAS, apparut comme le châtiment dérisoire du péché de présomption. Pouvait-on l'éviter ? Me promenant un soir sur la place principale de Dakar en compagnie d'un intellectuel communiste sénégalais, ce dernier me prit à témoin sur le peu de hâte que l'on mettait à décoloniser son pays. Il en voulait pour preuve que la place s'appelait encore « place Faidherbe ». Comment faudrait-il l'appeler, demandai-je ? « Je ne sais pas, moi, répondit-il, n'importe quoi : place de Gaulle, par exemple. » Autrement dit, incroyable et stupéfiant hommage, le révolutionnaire sénégalais acceptait qu'un décolonisateur français achevât en somme l'œuvre d'un colonisateur non moins français. Il ne serait jamais venu à l'idée d'un Algérien, après l'indépendance, de substituer sur une place de la capitale le nom du général de Gaulle à celui du maréchal Bugeaud. C'est bien pourtant avec ce rêve et cette ambition que l'homme de Brazzaville était revenu aux affaires.

JEAN DANIEL
mars 1986

2 mai 1958

Un entretien avec Robert Lacoste

Jean Daniel, en reportage à Alger pour l'Express, *a été convoqué par le ministre de l'Algérie dans les conditions qu'il raconte ci-dessous. Le ministre, qui commande aux destinées de l'Algérie en guerre depuis plus de deux ans, s'est alors livré, devant le journaliste dont il connaît les opinions, à une explication minutieuse, et cohérente, de sa politique, de ses convictions et de ses perspectives.*

Ce texte de M. Lacoste nous a paru être un document du plus grand intérêt. Voici, noir sur blanc, ce que pense l'homme qui incarne la politique de la France en Algérie, voici ce qu'il dit lorsqu'il veut, avec une passion sincère, convaincre son interlocuteur.

Cette politique, nous n'avons cessé de la condamner, mais est-ce une raison pour refuser à son auteur le droit de l'exposer lui-même dans notre journal ? Nous ne le croyons pas. Et nous offrons d'autant plus volontiers notre tribune à M. Lacoste que son plaidoyer est loin d'être aussi dérisoire ou ridicule que les déclarations de la plupart de ceux qui, à Paris, se réclament de sa politique : l'homme a du souffle, de la sincérité et du courage. Si nous croyons — aujourd'hui plus que jamais — qu'il nous mène à la catastrophe, du moins doit-on reconnaître qu'il le fait sans hypocrisie.

M. Lacoste restera-t-il ou non à Alger à l'issue de la crise ministérielle actuelle ? C'est l'une des questions clés de cette crise — et sans doute la première. Son nom est devenu un symbole, et sa présence un enjeu. Qui est donc cet homme ? Robert Lacoste répond lui-même.

L'EXPRESS

Il y a deux mois, environ, lors de mon dernier passage à Alger, j'avais rencontré M. Gorlin, directeur des services de presse de M. Lacoste [1]. Depuis assez longtemps, nous nous évitions. Ce jour-là, il vint à moi et me reprocha avec beaucoup de sollicitude de ne pas lui rendre visite à chacun de mes reportages en Algérie. Il ne voyait pas, disait-il, pourquoi je n'utilisais pas les services de presse qui étaient destinés à tous les journalistes. Enfin, bien qu'à son avis, comme je ne connaissais rien de la « guerre totale », je me trompais sur les perspectives politiques de M. Lacoste, j'étais néanmoins à ses yeux « un ennemi de bonne foi », dont les tourments décelaient un grand attachement à l'Algérie.

Je répondis alors que, journaliste, je ne refusais de voir personne, je ne demandais qu'à informer et qu'en tout cas je m'engageais à reproduire fidèlement les propos que le ministre de l'Algérie souhaiterait tenir devant moi. J'ajoutai cependant que je comprenais mal pourquoi M. Gorlin me faisait filer, pourquoi je surprenais toujours des indicateurs de police, dans les hôtels d'Algérie où je descendais, en train de fouiller mes affaires dans ma chambre, pourquoi enfin dès que j'allais rendre visite à quelqu'un on le prévenait par téléphone des inconvénients qu'il pourrait y avoir à me recevoir, etc. Mais j'acceptai le principe d'une visite au gouvernement général, si j'y étais convié.

Deux mois ont passé pendant lesquels j'ai écrit sans doute les articles les plus sévères à l'égard de la politique de M. Lacoste. Dans l'un des derniers articles, j'ai exprimé même l'idée qu'il était urgent que M. Lacoste comprît qu'il lui fallait se sacrifier, que l'homme de la répression ne pouvait pas être l'homme de la réconciliation et que le salut de l'Algérie et de la France dépendait en somme de sa démission.

C'est pourtant après ces articles que, mardi 22 avril, je recevais de M. Gorlin — que je n'avais pas revu, ni demandé à revoir — une invitation à passer à 16 heures précises dans ses

1. Robert Lacoste : ministre résidant en Algérie de février 1956 (où il succède au général Catroux) à mai 1958. *(N.d.É.)*

bureaux pour être conduit chez le ministre de l'Algérie. Je m'y suis rendu à l'heure dite et je n'ai pas attendu une seconde avant d'être introduit chez M. Lacoste, qui m'accueillit avec une amabilité presque affectueuse.

Cordial, charmant, se voulant même prévenant, M. Robert Lacoste m'invita à « un échange d'impressions » comme si j'avais une responsabilité officielle, que je fusse dans son camp, et que je pusse lui apporter, par des critiques de détail, quelques corrections efficaces à une ligne générale que j'étais supposé approuver. Je tentai alors de lever l'équivoque en précisant que je consignais mes impressions chaque semaine dans des articles dûment signés et dont il devait avoir connaissance. Mais, plein de vigueur, il enchaîna tout de suite.

« Vous voyagez beaucoup, me dit-il, c'est très précieux pour un homme comme moi. Vous avez des “ contacts ”... Alors, je voudrais bien savoir où nous en sommes en Tunisie, le FLN. Objectivement, comme cela, sur le seul terrain des faits, qu'est-ce que vous en pensez ?

— Je n'ai pas plus de contacts avec le FLN que n'importe lequel des envoyés spéciaux de la presse internationale à Tunis ou des correspondants de la presse française de droite, ai-je précisé. Cela dit, monsieur le ministre, je puis vous faire part de l'impression générale que l'on ressent en Tunisie et que chacun note : les Tunisiens et les étrangers sont persuadés que l'Algérie évolue inéluctablement vers l'indépendance et que cette évolution est en train de se préciser.

— Eh bien, naturellement, ils vont avoir l'indépendance si... [A ce moment, un geste en direction de journaux dont les premières pages font état de la crise ministérielle.] — Mais dites-moi, où en est Bourguiba ? »

La foi du FLN...

A partir de cette question, mes réponses ou mes interventions n'ont plus d'importance. M. Lacoste, sur un ton calme, mesuré, souvent impressionnant, ponctué de sourires de sympathie et d'interjections qui dénotent la volonté de convaincre, se lance dans une analyse qui lui tient à cœur. Il a visiblement décidé, pendant une heure et demie, de faire le point devant moi. Je ne sais pas encore à quoi attribuer ce privilège singulier, puisque l'on m'affirme qu'il n'aime pas perdre plus d'un quart d'heure avec les journalistes, quels qu'ils soient. Je lui laisse donc la parole.

« Oui, le FLN croit à sa victoire. C'est un fait. Et pourtant ! Dans le dossier que j'ai sous les yeux, je trouve l'intervention du délégué FLN à la dernière conférence intersyndicale de Prague. Le délégué déclare que les forces algériennes vont être écrasées, qu'elles manquent de tout et qu'il est urgent que le monde vienne au secours des patriotes algériens. Dans une autre note [M. Lacoste compulse un dossier de renseignements marqué “ Secret ”], je vois deux chefs de *wilayas* — vous entendez ? non pas des secteurs, mais des *wilayas* — adresser des rapports alarmants à l'état-major de l'ALN sur le moral des troupes fellagha... Pourtant, c'est vrai que, malgré les saignées, les chefs croient encore à la victoire. Ils se préparent pour trois années de guerre. Ils sont prêts, eux, au sacrifice de centaines de milliers des leurs. Le tout, c'est de savoir si les Algériens, en Algérie, sur place, tiendront. Car ils ne tiennent pas dans la majorité des régions : vous savez, s'ils tenaient, nous serions fichus. Un jour, Mendès France m'a dit : “ Lorsque Napoléon était en Espagne, les Espagnols ne voulaient pas de lui et il a été obligé de plier bagage. ” Et je lui ai répondu : Bien sûr, vous avez complètement raison, si les Algériens ne voulaient pas de nous, nous serions obligés de partir. Seulement voilà, ce n'est pas vrai que la majorité ne veuille pas de nous.

« Vous revenez de voyage, vous connaissez le pays, mieux que moi peut-être — oh oui ! ne protestez pas, je connais mes limites —, alors, dites-moi, est-ce que *tous* les Algériens veulent nous jeter à la mer ? Les 55 000 harkis ? Les anciens combattants ? Les 500 000 élèves de nos écoles ? Les villages ralliés ? Ce n'est pas sérieux !

« Non, désormais, la foi du FLN est devenue internationale. Cela, ça me tourmente beaucoup. Parce que, sur ce point, vous avez raison, ils ont su se débrouiller. Nous, nous avons une diplomatie qui est constituée par des cons. Il n'y a pas d'autre mot, ce sont des cons. Pendant que nous travaillons ici, ils ne font que des conneries.

« Regardez Sakiet [1] par exemple, c'est ahurissant. Une fois que le bombardement a été fait, il n'y avait qu'une seule méthode : dire que Sakiet était inévitable, que cela devait arriver, qu'à force d'être provoqué, on finissait toujours par répondre — un peu fort, si vous voulez, des regrets sur le principe —, mais la dernière chose à faire, c'était de plaider coupable, d'hésiter, de se contredire ! Or nos fameux diplomates ont eu la trouille. Après Sakiet, c'était la débandade. Au gouvernement, il n'y avait plus personne. L'obsession, c'était de convaincre le monde que nous ne voulions pas reconquérir la Tunisie. Alors nous avons inventé cette ridicule histoire du contrôle des frontières. Une fameuse trouvaille ! Tout le monde en était fier : avec cette exigence du contrôle, on démontrait en même temps, paraît-il, que Bourguiba intervenait en Algérie et on garantissait la souveraineté tunisienne. Une trouvaille de juristes ! Car il tombe sous le sens que Bourguiba ne peut pas accepter un contrôle de frontières, un enfant de cinq ans comprendrait ça. C'est ne rien connaître à ce Bourguiba. [Geste et sourire de M. Lacoste pour exprimer un amical regret sur ma sympathie à l'égard du chef tunisien.] Pour moi, c'est très simple : après avoir été un résistant pour son pays, Bourguiba ne tient plus en place, sa politique est expansionniste, il la voit à l'échelle de l'Afrique du Nord. D'ailleurs, il y a très longtemps qu'il pense aux manœuvres pour le Maghreb. Quand il était étudiant à Paris, il rêvait déjà à un rôle nord-africain. Mais là il se trompe. Et non pas seulement à cause des réactions des Français en Algérie, mais à cause des réactions de tous les autres...

« Quoi qu'il en soit, c'était absurde, connaissant son rêve expansionniste, de penser qu'il pouvait accepter le contrôle des frontières et risquer l'impopularité chez les Algériens. Non, son jeu, dont il est devenu prisonnier, a été d'aller jusqu'au bout de l'intervention en Algérie et puis, quand il s'est aperçu qu'il pouvait y avoir des dégâts, de crier aux Américains, comme un petit garçon à ses maîtres : " Attention, m'sieur, les communistes vont venir. "

1. 8 février 1958 : bombardement de représailles de Sakiet-Sidi-Youssef, village frontalier en territoire tunisien, par une escadrille de B 26 de l'armée française. *(N.d.É.)*

« Et, naturellement, les Américains marchent. Ils vous disent tous maintenant qu'il faut choisir entre Bourguiba et le communisme en Afrique du Nord. Eh bien, là-dessus — je voudrais tellement que vous en soyez persuadé, vous, Jean Daniel — ils font l'erreur la plus catastrophique du siècle. Croyez-moi : je vous parle avec une entière conviction. Car le communisme, c'est une fatalité pour les pays sous-développés qui accèdent à l'indépendance. Je le comprends d'ailleurs, pour ces pays-là il n'y a que la solution chinoise. Bourguiba ne tiendra pas le coup. Pas plus d'ailleurs que le roi du Maroc. En Tunisie comme au Maroc, vous allez assister à des bouleversements considérables. En Algérie, si la France s'en va, ce sera encore plus spectaculaire. Vous pensez bien que ce ne sont pas les Américains qui sauront triompher en Afrique du Nord : ils n'ont pas les méthodes. Regardez au Moyen-Orient. Et ce sera pire ici ; il n'y a que la France pour savoir vraiment se pencher sur les problèmes algériens, dans le quotidien, le détail, la compréhension. Vous croyez que ce sera l'Amérique qui fera ce que nous faisons ici, avec les écoles, la formation des jeunes, les investissements gigantesques ? Alors, quand on voit les Américains s'appuyer sur un roseau aussi fragile que Bourguiba pour nous faire changer de politique, il y a de quoi être désespéré... »

Ici, j'essaie de dire que les Américains, après nous avoir soutenus, ne nous demandent de changer de politique que, précisément, pour que nous puissions, en réalisant la Communauté franco-maghrébine, aider l'évolution des Nord-Africains en écartant la fatalité de la solution chinoise, et que c'est notre politique en Algérie qui a conduit les États-Unis à se trouver devant le dilemme : ou Bourguiba, ou le communisme ; mais M. Lacoste enchaîne...

Ne pas être compris...

« Le désespoir, au fond, c'est de n'être pas compris à l'étranger au moment où nous touchons au but. Parce que c'est vrai : nous touchons au but. Je vais vous dire quelle est la situation. La frontière tunisienne, avec 900 000 mines et six régiments de parachutistes, est pratiquement obturée (c'est d'ailleurs encore une raison pour ne pas exiger ce contrôle des frontières). A Tanger, ils vont certainement discuter de la reconversion des passages d'armes et de troupes sur la frontière marocaine. Mais nos dispositions sont prises. Nous allons avoir quelques ennuis, mais nous les attendons. A part cela, vous avez vu vous-même la situation des villes. Lorsque j'aurai mis un régiment de parachutistes à Constantine, qui bouge encore un peu, vous aurez toutes les grandes agglomérations, c'est-à-dire plus d'un million de musulmans, qui verront la victoire française, à savoir : la paix, le travail, la sécurité, l'éducation politique. Cela, c'est une arme. Quand je n'aurais fait que cela en Algérie, j'en serais fier, car la bataille d'Alger, c'est une grande chose. [Devant mon regard, M. Lacoste insiste.] Oui, je sais le prix qu'on l'a payée. Je m'en expliquerai, croyez-moi, dès qu'on m'aura laissé le temps d'écrire mes mémoires.

« En dehors des villes, il y a des taches, je ne le conteste pas : la moitié de la Kabylie, l'Ouarsenis, la presqu'île de Collo, la vallée de la Soummam. Dans ces quatre régions, c'est pourri. Des bastions rebelles. Là ils sont bien armés, bien organisés et c'est très préoccupant. Nous allons nous en occuper.

« Remarquez, j'ai d'énormes soucis, c'est l'administration militaire française, ses traditions, sa formation, sa bureaucratie. Pour communiquer l'esprit offensif dont quelques régiments d'élite ont ici l'exclusivité, je me bats contre une machine écrasante. Vous ne pouvez pas savoir ce que c'est que de lutter pied à pied, tous les jours, contre des habitudes sclérosées. Les quatre taches dont je vous ai parlé, il me faudrait 30 000 hommes, pas un seul de plus, pour les réduire. Mais 30 000 hommes mobiles, adaptés, décidés. Je n'arrive pas à les avoir. Pourquoi ? On ne peut pas savoir. C'est la bureaucratie militaire qui est comme cela. C'est pourquoi vous avez la révolte des jeunes colonels. Là il y a un problème difficile.

« Mais, en tout cas, c'est une course contre la montre. C'est toujours une course, je sais bien. En 1956, au moment de Suez, il m'aurait suffi d'avoir la division mécanique qui opérait là-bas pour en finir. C'est toujours comme cela.

« Aujourd'hui, voici mon plan : j'installe des délégations

partout, contre vents et marée, et le 8 juin, élections dans toutes les régions pacifiées pour les assemblées territoriales. Après, c'est le dialogue. Vous vous étonnez de ce mot dans ma bouche ? C'est vrai : j'ai toujours haussé les épaules quand on me parlait de dialogue avec les gens d'en face au moment où la pacification était à faire. Dans toute négociation, il faut avoir le maximum de cartes. En juin, nous les aurons presque toutes et puis nous discuterons, avant l'ONU, avec le peuple algérien et non pas avec le FLN.

« C'est une course avant l'ONU, il faut la gagner, sinon nous sommes tous foutus. Vous entendez, Jean Daniel, *tous,* pas seulement moi, mais tous, nous les Français, dans tous les bords et de chaque côté, de toutes les barricades. Parce qu'il n'y a pas d'autre solution. Vous me dites que vous croyez vous être aperçu que l'armée française en Algérie était beaucoup plus préoccupée de ne pas être humiliée que de ne pas abandonner l'Algérie. Attention ! En un sens, vous avez raison. C'est bien observé. Mais je vais vous dire : l'armée française, elle est comme moi. Elle n'est pas là pour l'Algérie, elle est là pour la France. Ce que nous voulons, cela se résume en un seul mot : les trois couleurs en Algérie. Pas les privilèges des Français d'Algérie, pas le retour au *statu quo ante,* mais l'honneur de la France. Or toute forme d'abandon, toute négociation qui y mène, c'est une atteinte à l'honneur. Alors cela, l'armée ne le tolérera pas.

« Je ne vous dis pas que je n'ai pas de mal à créer une Algérie nouvelle. Les gens d'ici, si vous saviez ! Ils adorent la petite politique, les intrigues locales, dès qu'il y a des places politiques à prendre, alors il n'y a plus d'ultras, plus de libéraux — ils sont tous d'accord. J'en suis dégoûté. Je reçois en ce moment une délégation à qui je tente de faire comprendre que, dans telle ou telle localité, il vaudrait mieux qu'il y eût un maire musulman, mais alors c'est la colère, ils sont prêts à tout, ils me préviennent que, s'ils ne sont pas maire, ils empêcheront le maire musulman auquel je pense d'accepter mon offre et qu'ils boycotteront mes élections.

« Vous m'excuserez de " bêcher " tellement ce pays dont vous faites partie, mais, vraiment, c'est désespérant et quelquefois surtout chez ceux qu'on appelle " libéraux "...

Voilà, il faut tenir...

« Au fond, termine M. Lacoste, je voudrais revenir à nos propos du début : pourquoi croyez-vous que le monde ne nous comprend pas ? C'est un mystère pour moi. J'imaginais que les gens pourraient honnêtement se poser ainsi la question : enfin, les Français ont su donner l'indépendance à la Tunisie et au Maroc ; s'ils ne la donnent pas à l'Algérie, c'est qu'il doit y avoir des raisons qui ne sont pas nécessairement mauvaises. Pourquoi sont-ils tous contre nous ? Vous croyez que c'est parce que nous ne sommes pas dans le sens de l'histoire ? Oui, vous le croyez, moi aussi. Mais alors... Parce que tout de même, on ne peut pas tomber dans le piège que nous tend Bourguiba. Il a fini par faire croire que nous voulions reconquérir la Tunisie. C'est stupide et scandaleux. A la place où vous êtes, j'ai reçu un jour un jeune homme qui m'a fait plutôt une bonne impression, le rédacteur en chef de l'hebdomadaire tunisien *l'Action,* un nommé Ben Smaïl, et je lui ai dit : Nous allons prendre une carte ; même si vous avez un doute sur mes intentions, est-ce que vous croyez vraiment sincèrement qu'il se trouve un seul général français pour étendre la guerre de Gabès à Agadir ? Stratégiquement, ce serait une folie. Politiquement, ce serait une aberration. Je ne vous dis pas que certaines unités ne soient pas tentées, quelquefois, quand la provocation est trop manifeste, par un coup de balai, une expédition punitive — et encore, même ceux-là, j'ai toujours réussi à les en empêcher, peut-être ai-je eu tort, d'ailleurs —, mais enfin, je crois que j'ai fini par le convaincre, ce Ben Smaïl, que c'était une accusation absurde et que les Tunisiens exploitaient une fausse crainte...

« Voilà, il faut tenir. Mois après mois, difficulté après difficulté. Tenir... J'espère que notre tour d'horizon a été complet.

— En tout cas, dis-je, je suis très heureux de mieux savoir maintenant ce que vous pensez ; et je vous remercie de cet exposé Vous ne serez pas surpris d'apprendre que je suis loin d'avoir changé d'idée...

— Non, mais si vous me permettez de vous le dire, je vous ai reçu avec beaucoup de plaisir et je vous invite à passer me voir à chacun de vos voyages. »

(L'Express)

5 juin 1958

De Gaulle face à la révolution africaine

par Habib Bourguiba

Cet entretien est le premier que le président Bourguiba ait accordé depuis Sakiet à un journaliste français. J'ai été reçu par lui peu avant qu'il ne lise le message du général de Gaulle. M. Bourguiba a pris acte, avec un réconfort indiscutable, des intentions du nouveau président du Conseil français, mais il ne s'agit, pour le moment, que d'intentions. Et les Tunisiens n'en sont plus là.

Le spectacle de la force armée française, qui accuse leur faiblesse, leur est devenu insupportable. Ils ont demandé la convocation du Conseil de sécurité de l'ONU. La « semaine de vigilance » a été reconduite : les manifestations sont quotidiennes. Toutes les routes du territoire sont occupées par des barrages où l'on vérifie l'identité, les bagages, les motifs de déplacement. Aucun journaliste ne peut plus voyager sans un laissez-passer. Le contrôle policier n'a jamais été aussi méfiant. Comme tous les contrôles policiers poussés à ce degré, le contrôle tunisien conduit à des erreurs. Dans le besoin où elles sont d'avoir des renseignements, les autorités tunisiennes risquent de favoriser la médisance et même la délation calomnieuse. Un journaliste français qui œuvre avec beaucoup d'autres pour l'amitié franco-tunisienne, Jean-François Chauvel, du Figaro, *vient d'en être victime. Il y a là un grave danger nouveau pour la Tunisie.*

Cela dit, il faut comprendre comment la Tunisie a pu être conduite à des revendications qui peuvent paraître extrêmes.

M. Bourguiba s'est imposé maintenant non plus seulement en Tunisie, mais dans toute l'Afrique du Nord. Il a vaincu les préventions du FLN et les réticences marocaines. Depuis la conférence de Tanger, c'est avec lui qu'il faudra entreprendre une nouvelle politique nord-africaine. C'est ce qui donne une importance particulière aux réflexions et réactions du président tunisien au moment où l'ancien chef de la France libre souhaite réaliser de nouveaux projets. Malgré le ton d'irritation ou de lassitude, il y a encore, dans le texte qu'on va lire, un appel.

JEAN DANIEL

« Au moment où le général de Gaulle s'apprête à se rendre à Alger, un entretien comme le nôtre est délicat. Mais je ne m'y refuse pas, car toutes les inquiétudes sont justifiées. Nous sommes encore dans la confusion. Nous ne savons pas qui pense quoi.

« Personne n'y comprend plus rien ! Comment voulez-vous qu'on s'y retrouve ? Chaque heure nous apporte des nouvelles contradictoires. Les socialistes sont à la fois contre les communistes et contre de Gaulle. Les communistes n'ont pas l'air d'être complètement contre de Gaulle, malgré leurs cris. C'est la confusion.

« Au fond, dans toute cette histoire, il n'y a eu de solide que les ultras d'Alger : ils ont exigé de Gaulle, ils vont l'avoir. Eux savaient ce qu'ils voulaient depuis le début. C'est d'ailleurs le phénomène le plus extraordinaire, il faut le reconnaître ! Car jusqu'à maintenant les ultras s'étaient contentés d'imposer une politique à Paris. Cette fois, cela ne leur a pas suffi.

« M. Pflimlin [1] a eu beau déclarer qu'il voulait " une victoire comme en 1918 " sur les rebelles, qu'il attendrait que la Tunisie et le Maroc aient " normalisé leurs rapports avec la France " avant de consulter le roi du Maroc et Bourguiba ; bref, il a eu beau faire toutes les concessions, toutes, une à une (en somme, il a renié toutes les généreuses intentions qu'on lui avait prêtées et qui m'avaient fait dire à moi, Bourguiba, que les Tunisiens

1. Pierre Pflimlin : leader du MRP, appelé à la présidence du Conseil le 8 mai 1958 par René Coty. Il souhaitait une « solution politique au conflit algérien ». Il démissionna le 28 mai. *(N.d.É.)*

avaient un préjugé favorable pour son gouvernement), eh bien, cela n'a pas suffi aux ultras : ils ont dit non. Cette fois, ce sera de Gaulle ou rien. Pas seulement la politique, mais l'homme !

« Alors, quand on observe cela de loin, que voulez-vous qu'on pense ? Le résultat le plus simple et le plus net, c'est que de Gaulle a été imposé à la France par un groupe de factieux qui sont les plus irréductibles ennemis des peuples nord-africains.

« De la Tunisie, du Maroc, de toute l'Afrique du Nord, avant, vous vous souvenez, lorsqu'on regardait vers Paris, on se disait : " Pourvu que de Gaulle arrive ! " Et on se disait aussi : " Pourvu qu'il arrive à temps ! " Aujourd'hui, alors qu'on n'est même pas sûr qu'il soit arrivé à temps, alors qu'il est probablement presque trop tard, il faut se dire encore : " Pourvu que de Gaulle, ce ne soit pas Sérigny [1] ! "

J'ai appelé de Gaulle le premier

« Et puis on recommence à entrer dans le labyrinthe de la politique intérieure française. Pour M. Pineau, il fallait qu'il compte avec une opinion parlementaire, on nous expliquait tout le temps cela. Peut-être que, maintenant, on va nous expliquer que le général de Gaulle doit compter, lui, avec M. de Sérigny et le général Massu ! Alors là, il vaudrait mieux ne pas insister. Parce que, il faut bien qu'on le sache, nous en avons assez.

« Tous ces derniers mois, de France, il ne nous est venu que des déceptions, des tristesses, des mesquineries, des malheurs. On retient ici ce qu'on donne là ; on marchande, on chicane ; un jour ce sont les aérodromes : il paraît que l'on craint des parachutages, et puis le lendemain on découvre qu'en dehors des quatre aérodromes prétendus surveillés par la France, il y a quarante pistes qui échappent complètement aux Français et où pourraient se faire des parachutages si nous le voulions. Un autre jour, c'est une liste de conditions mises à l'aide économique... Non, tout cela ne peut plus durer. Nous avons besoin

1. Alain de Sérigny : directeur de *l'Écho d'Alger*. *(N.d.É.)*

d'air. Nous avons besoin d'avoir confiance. Nous n'avons plus confiance.

« Bien sûr, il s'agit de politique intérieure française. Vous avez vu qu'en tant que chef d'État je me suis conformé aux usages, je me suis fait un devoir de respecter des problèmes qui, en principe, ne nous regardent pas. Mais ce n'est pas nous qui nous en mêlons : on nous contraint à nous en mêler. Par exemple, je sais bien que les forces françaises de Tunisie ne demandent qu'à évacuer le territoire national, je sais aussi que les hauts fonctionnaires, la plupart du temps, rejoignent nos thèses et conviennent que nous avons raison, mais, à ce moment, qu'est-ce qui se passe ? Ce sont les Français qui viennent nous expliquer, non pas que nous avons tort, pas du tout, mais qu'il faut ménager l'opinion publique, M. X., M. Y., tel parti politique.

« Davantage — c'est à n'y pas croire —, lorsqu'on arrive à un accord, on nous demande la discrétion, il faudrait que rien ne se sache, on va évacuer telle région, oui, mais il ne faut pas le dire. Cela me désarme. Je réponds : “ Enfin, quand vous allez partir, cela va bien se voir ? ” Non, on biaise, on chuchote, on prend tous les procédés indirects, dilatoires, on se sert de tous les prétextes, et, bien sûr, on en trouve alors, car le temps passe, nous devenons de plus en plus irrités, et je contiens mon opinion exaspérée autant que je le puis.

« Alors, pour de Gaulle et nous, cela va se décider en quelques semaines, peut-être en quelques jours. Nous n'attendons rien, nous ne serons pas déçus si le pire arrive, car on s'est déshabitués d'attendre quelque chose de la France. Cela était trop harassant, et surtout trop faux. On ne peut pas construire une politique avec des espérances, entretenir le peuple dans des rêves au nom d'une sentimentalité qui, d'ailleurs, s'estompe de jour en jour.

« Remarquez, j'ai été le premier homme d'État en Afrique à faire appel au général de Gaulle. J'ai pensé qu'il était peut-être le seul en France sur la parole de qui nous pouvions compter. Je le pense encore, bien sûr, je crois que, lorsqu'il dira oui ou non, cela voudra dire que la politique française s'est dirigée dans tel ou tel sens. Cela c'est déjà énorme. Savoir à qui on a affaire, avec quoi il faut compter. Si sa politique est la guerre totale en

Afrique du Nord, eh bien, on le saura, et on s'y adaptera, ce sera précis et définitif. Je ne pense pas que des gens viendront nous voir à ce moment-là pour nous dire que c'est la guerre sans être la guerre, et qu'en réalité c'est la paix, mais qu'il ne faut pas que ça se sache.

« Dans un sens, c'est un grand progrès. Parce qu'au fond, une telle politique, je veux dire même dans le sens de la guerre, ne nous trouvera ni impuissants, ni surpris, ni désarmés. Vous devinez bien qu'après Sakiet nous avons cherché des amis, nous avons pris un tournant, nous ne sommes plus seuls, notre position est forte dans le monde, à Tanger [1], cela s'est bien vu. Désormais, il n'y a pas un petit pays dont on peut jouer à loisir, avec un rien de mépris ou de paternalisme quand il s'agit de l'aider, des menaces et des bombardements quand nous entendons affirmer notre souveraineté entière ; tout cela, c'est une époque révolue.

« C'est une affaire d'état d'esprit. En quelques jours, en quelques mots, en quelques actes, nous pouvons nous rendre compte, nous, facilement si l'on a maintenant à l'égard de notre indépendance une attitude respectueuse ou non. Si un homme d'État est capable, à notre égard, de voir large, grand, si l'on entend nous traiter avec une certaine noblesse qui serait en plus si réaliste !

« Je suis frappé par la différence entre le colonialisme anglais et le colonialisme français. Lorsque les Anglais décident de quitter un pays, alors ils le font, complètement, très vite, en respectant toutes les formes et en sachant bien que c'est de la façon même dont ils quittent le pays que va dépendre l'avenir de leurs relations avec ce pays. Les Français, eux, n'arrivent pas à s'arracher, ils font mille fausses sorties, ils sortent par la porte pour entrer par la fenêtre, simplement pour le prestige, pour " la face ", ils n'en retirent rien, pas un seul bénéfice matériel ou moral, et ils compromettent complètement l'avenir, parce que après, naturellement, on va oublier qu'ils se sont enfin décidés à partir, et on n'aura gardé que les mauvais souvenirs qu'ils auront laissés sur leur manière de partir.

1. Conférence de Tanger, avril 1958 : conférence maghrébine qui affirme le droit de l'Algérie à l'indépendance et la nécessité d'un Maghreb uni. *(N.d.É.)*

« Regardez les incidents de Remada, quel profit peut en retirer la France ? Rien, sauf cette manifestation que vous avez vue et où des centaines de milliers de Tunisiens ont crié : “ Adieu la France ! ” Il n'a pas dépendu de nous que nos rapports avec le nouveau gouvernement français coïncident avec notre plainte au Conseil de sécurité. On nous y a conduits. Maintenant, c'est fini. Il n'y a plus de concession à faire. Deux ans et demi après l'indépendance, la Tunisie, membre des Nations unies, ne peut pas accepter que des forces étrangères, occupant son territoire, livrent une bataille sur son propre sol. Quand on y pense, c'est effarant...

« Alors, maintenant, nous sommes très loin. Il faudrait un bouleversement complet. Un bouleversement de toutes les méthodes, de tous les plans, et surtout, profondément, totalement, une transformation de l'état d'esprit.

« Nous n'en sommes plus à Brazzaville, ou au discours de Constantine. Nous n'en sommes plus à l'Union française qui n'arrivait même pas à concevoir les gouvernements autonomes. Oui, je sais, à l'époque, c'était audacieux, de Gaulle était en avance sur n'importe quel homme d'État libéral français, mais aujourd'hui, il faut une audace mille fois plus grande et il ne s'agit même plus d'être en avance sur qui que ce soit en France, il s'agit de ne pas être en retard sur tout ce qui se passe dans le monde.

La France va-t-elle rester malade ?

« Il faut réviser tous les termes, faire attention à tous les mots, abandonner toutes les vieilles idées, s'adapter à toutes les grandes perspectives historiques que la majorité des Français ne paraît même pas imaginer. Ce n'est pas avec ce que faisait la France, avant, qu'il faudra comparer ce qu'elle peut faire maintenant, c'est avec ce que le monde entier a déjà fait.

« Si vous parlez d'association en pensant que, pour vous, c'est un progrès et que vous n'acceptez pas au fond de vous-mêmes que cette association concerne des égaux, si ce n'est qu'une façon de reprendre ce qu'on a fait semblant de donner, eh bien ce sera encore une formule à laquelle vous devrez renoncer.

« Et pour nous, nous allons nous y prendre à deux fois, méfiants comme vous nous avez rendus, avant de nous mettre d'accord sur un terme ou sur une formule. C'est très simple, si vous prétendez garder vos forces en baptisant cela “ défense commune ”, si vous prétendez garder vos privilèges économiques en baptisant cela “ coopération ”, alors nous aurons compris que vous n'êtes pas encore prêts, quand il s'agit de nous, à accepter les notions d'indépendance, de souveraineté et de libre coopération. De Gaulle est-il prêt à opérer cette reconversion révolutionnaire des esprits, cette refonte totale et définitive des méthodes et des perspectives ? Tout est là.

« Je sais bien que l'on veut tout expliquer par le conflit algérien. Chaque fois, dans des entretiens privés, comme celui que nous avons en ce moment, on nous fait la remarque que vous me faites, à savoir que “ la France est malade de l'Algérie ”, que le drame algérien “ n'est pas simple ”, qu'on ne peut pas faire état des rapports franco-tunisiens sans faire sa part à ce drame, etc. Mais je ne suis pas de cet avis. D'abord, il faudrait se demander combien de temps la France s'est donné pour s'enliser dans la “ complexité ” en Algérie ? Jusqu'à quand elle compte être “ malade ” et rendre les autres malades, d'ailleurs ?

« Est-ce que pendant deux années, deux années qui ont paru très longues à tous les Nord-Africains, de 1954 à 1956, nous n'avons pas essayé par tous les moyens de ménager la France en ce qui concerne l'Algérie ? Du projet de conférence avec Ben Bella à Tunis jusqu'à l'offre de bons offices, n'avons-nous pas fait l'impossible pour rester sur la réserve — alors que cela coûtait tant à notre opinion publique — et pour ménager l'avenir d'une coopération franco-nord-africaine ? Non seulement la France ne nous en a pas été reconnaissante et a repoussé nos offres, ce qui, après tout, était parfaitement son droit, mais elle n'a pas trouvé pendant ce temps-là de solution.

« Au contraire, tout s'est aggravé, pour les Algériens, pour les Français, pour les Tunisiens et les Marocains. La France a dit sur tous les tons que le problème algérien était une affaire française. En tout cas, il faut croire que ce problème la dépasse depuis quatre ans. Pendant ce temps-là, les événements vont vite, partout, au Moyen-Orient, en Afrique du Nord, dans le monde. Chaque mois, le problème algérien s'insère dans une nouvelle perspective qui peu à peu doit finir par nous exclure tous, et il paraît qu'il faudrait simplement, alors que nous sommes directement intéressés, attendre que les milices de M. Massu en aient terminé avec leur extermination!...

« Je veux bien tout comprendre, ou faire semblant de tout comprendre, mais enfin, que la France admette au moins une chose, c'est qu'elle n'est pas arrivée, toute seule, avec ses méthodes et ses principes, à régler en trois ans et demi le conflit algérien. Parce que, tout de même, je ne fais pas l'injure aux autorités responsables de croire qu'elles vont fonder une politique constructive sur l'opération “ fraternisation ” !

« Tous ces hommes et toutes ces femmes qu'on a traînés sur le Forum, même s'ils étaient parfaitement sincères (ce qui, après tout, est assez difficile à croire), qu'est-ce que cela pourrait bien signifier pour l'avenir ? Sur le Forum, il n'y avait pas un seul représentant du FLN, et vous savez bien que ce seront vos vrais interlocuteurs. Alors le jour où la France sera décidée à discuter avec eux, est-ce qu'il ne vaudra pas mieux qu'ils aient l'autorité la plus large et la plus complète possible ? Et d'ailleurs, vous savez pertinemment qu'ils l'ont déjà. La moitié ou même les deux tiers du monde l'ont reconnu. Les Français n'ont pas écrasé le FLN. Jamais il n'a été aussi fort ! Tous ceux qui ont lu l'intervention de M. Clostermann le savent ! Avant de lire cette intervention, je ne me doutais même pas, moi, que c'en était à ce point !

« Il y a même quelque chose de beaucoup plus important qui arrive en ce moment : les leaders du FLN *se politisent;* ils s'adaptent, ils font des progrès considérables et manifestent une maturité qui va surprendre. Tout ce qu'on disait avant sur eux est dépassé : ils sont conscients, responsables, ils savent où ils veulent aller, et ce ne sont pas les ralliements contraints ou résignés qui changeront les données du problème. Alors, lorsque je vois que l'on spécule sur cette fraternisation artificielle pour envisager l'avenir, que voulez-vous que je me dise d'autre que la France est en retard sur l'évolution de l'histoire, qu'elle prend ses désirs pour des réalités, qu'elle n'est pas prête pour ce qu'on croyait être un rôle nord-africain.

« Non, autant le dire, nous sommes très loin les uns des autres. Il ne faut plus qu'il y ait de malentendu.

« Tout cela, le FLN le sait parfaitement et il ne se fait pas d'illusions. Vous savez ce que ses leaders disent ? Contrairement à ce que l'on croit, ils ne comptent pas du tout vaincre l'armée française. Il leur suffit de tenir et d'attendre que, plus ou moins lentement, la France soit isolée — car le monde entier vient peu à peu à nous — et qu'elle se désagrège. Les ultras d'Alger croient probablement avoir remporté une victoire le 13 mai ? Les imbéciles ! Il n'y a eu qu'une seule victoire, et c'est le FLN qui l'a remportée. A cause d'eux, la France a été coupée en deux, elle est à deux doigts de la guerre civile, son économie est à bout, elle devient de plus en plus dépendante !

L'indépendance complète des « colonies »

« Cette victoire du FLN ne satisfait personne, d'ailleurs ; elle ne profitera à personne ! Je peux même vous dire qu'à certains moments il me semble qu'on va assister à d'épouvantables événements, à une sorte de nuit du Moyen Âge, à des périodes historiques comme celles qui ont suivi la chute de l'Empire romain ou la chute de Byzance, avec cette confusion, cette anarchie, ce brassage de peuples égarés où tout disparaît. Simplement parce que la France n'est plus au niveau des responsabilités qu'elle a assumées dans son histoire, parce qu'elle n'a pas la force d'opérer la totale reconversion de son ancien empire.

« Souvent, je me suis dit qu'un général de Gaulle était fait pour comprendre de telles choses, mais maintenant, comme je vous le disais au début, on va tout de suite voir si ce grand homme est capable d'abord de dominer la vague réactionnaire qui l'a porté au pouvoir, et ensuite de concevoir pour son pays une forme de grandeur qui ne soit pas celle de l'orgueil et de la domination. Car il y a encore ceci qui reste inquiétant : le complexe de grandeur !... Que la France veuille être grande, nous ne pourrons y trouver que des avantages, mais si cette volonté de grandeur signifie pour nous le maintien dans l'infériorité, l'association dans la contrainte, bref une fausse reconversion, une illusion de libéralisme, de " générosité " comme on dit parfois avec mépris, alors pour nous, cela revient exactement au même. Il faut que chaque Français se résigne, s'il ne veut pas y applaudir, à l'indépendance complète, à la souveraineté totale, à la dignité intégrale de tous les peuples jadis colonisés.

« Et ceci est valable pour l'Algérie. De quelque manière que vous preniez le problème, vous buterez toujours contre cette exigence. Que, *pendant un an,* on trouve que c'est douloureux, dramatique, tout ce que vous voulez, d'accord ! Nous avons ménagé les dirigeants français parce que nous comprenions leurs difficultés. Que l'on dise que c'est plus difficile en Algérie qu'ailleurs, qu'il y a des problèmes plus originaux, encore une fois, *pendant une année,* c'est compréhensible. Mais enfin, est-ce que des hommes d'État peuvent vraiment considérer comme sérieux d'envisager un délai de sept années, comme ce fut le cas pour l'Indochine ? Est-ce que la France a vraiment essayé en Algérie de faire autre chose qu'une guerre, ou une pacification qui relève de méthodes d'il y a un siècle — encore ces méthodes d'il y a un siècle n'ont-elles réussi que provisoirement, et grâce à la complicité du monde entier (complicité qui joue maintenant, au contraire, en faveur des colonisés) ?

« Vous me demandez de laisser une porte ouverte, de faire un appel — un autre ! —, de formuler une espérance.

« Évidemment, même si je suis las d'espérer en la France, je n'ai pas le droit de ne pas accueillir ce qui peut arriver. Le miracle, quoi ! Mais alors, il faut des actes. Par exemple : la France veut-elle vraiment avoir avec nous, tout de suite, un dialogue efficace et loyal ? Eh bien, qu'elle évacue tout de suite le territoire national tunisien ! Il n'y aura plus d'incidents et, déjà, cela déblaiera l'atmosphère. Qu'elle proclame la souveraineté tunisienne sur une partie du territoire tunisien : j'ai nommé Bizerte ! Après, on pourra discuter de l'utilisation de la base.

« Comment voulez-vous que j'aie confiance dans les négociations sordides qui se poursuivent depuis des mois — d'ailleurs, avec des hommes de bonne volonté — lorsque l'on me dit que l'armée d'Algérie ne demande pas le maintien des forces françaises en Tunisie, que ces forces françaises ne demandent qu'à partir, et que l'on met à ce départ des conditions si mesquines, si tatillonnes, si changeantes ? Comment voulez-vous que j'aie l'impression d'une grande politique ou de la préparation d'un grand avenir ? D'un autre côté, si après Sakiet et tous les récits que l'on nous fait de la guerre d'Algérie, vous n'avez pas suffisamment de sens psychologique pour comprendre que pendant un certain temps l'uniforme militaire français est pour nous un spectacle irritant, que voulez-vous que j'attende ?

« Mais voilà : ce sera un pas décisif ! Partez ! Que votre armée s'en aille enfin ! Que je ne sois plus à la merci de l'uniforme ! Que je n'aie plus à négocier sous la pression ! Et puis revenez : vous serez alors mieux accueillis. Nous parlerons. Et si vous êtes arrivés à cette reconversion miraculeuse, nous parlerons avec efficacité et avec profit. »

HABIB BOURGUIBA

12 juin 1958

De Gaulle va-t-il réussir en Algérie ?

Une semaine après leur triomphale tournée en Algérie, le général de Gaulle et ses collaborateurs ont encore dans les oreilles l'assourdissant fracas d'ovations exigeantes. A tous leurs interlocuteurs, à Matignon, ils décrivent mille et un détails qui révèlent la parfaite mise en scène des cadres ou la spontanéité — souvent éclatante, en effet — des manifestations. A l'issue du dernier conseil de cabinet, cette spontanéité a fait l'objet essentiel du communiqué de M. André Malraux [1]. « Le Général, a-t-il dit, ne soupçonnait pas qu'elle pût atteindre, à ce point, les " profondeurs ". »

Pourtant, tout s'est très vite décanté. Et dès mardi, on ne retenait plus, à la présidence du Conseil, que les exigences de ces ovations. Tous les autres problèmes, dont le Général prévoyait qu'il aurait à s'occuper cette semaine, ont été remis. La « hiérarchie des urgences », vue du cabinet de Gaulle, implique qu'on se consacre entièrement à une seule difficulté : *l'armée.*

Ni la réforme des institutions, ni le *fond* du problème algérien et nord-africain — qui sont les deux objectifs que s'est assignés le général de Gaulle — ne peuvent être sérieusement abordés avant que le nouveau gouvernement ne règle cette difficulté. Le président du Conseil convient qu'un « préalable » inattendu lui est ainsi imposé, qui l'empêche, pour le moment, d'agir.

En principe, cette difficulté pourrait paraître surfaite. Le

1. André Malraux : ministre de l'Information en 1958, puis ministre des Affaires culturelles de 1959 à 1969. *(N.d.É.)*

général Ély[1] est revenu à son poste de chef d'état-major. Les généraux les plus rebelles se sont ralliés au cri de « Vive de Gaulle ». Tous les pouvoirs ont été délégués en Algérie au général Salan ; et il s'agit d'une délégation de l'autorité directe du chef du gouvernement qui est aussi ministre de l'Algérie. Le général Massu enfin, dont certaines populations algériennes ont fait un dieu, s'est soumis à l'autorité de l'ancien chef de la France libre, dont il avait été l'un des premiers compagnons. Où est donc le problème ?

Les admirateurs d'Ho Chi Minh

En fait, tous ces éléments ne constituent pas les signes d'un accord profond entre l'armée et de Gaulle, ils traduisent des concessions tactiques du Général pour reprendre en main une armée qui semble bien échapper à toute autorité.

Les informateurs sont évidemment intéressés, mais ils avancent, sur l'état d'esprit nouveau de l'armée, des faits aujourd'hui vérifiables : de Gaulle était déjà investi lorsque le général Agostini, commandant les troupes françaises au Maroc, faisait savoir « qu'il n'évacuerait jamais l'Oriental ». Le même jour, l'amiral Nomy refusait de signaler les mouvements des navires de guerre et un général commandant un régiment de parachutistes de la région de Bordeaux refusait d'obéir à un ordre lui demandant d'envoyer les deux tiers de ses hommes en Algérie et l'autre tiers en Allemagne. L'avènement de de Gaulle n'avait pas suffi : les militaires veulent, en outre, vérifier, surveiller les conditions dans lesquelles le Général entend gouverner.

L'armée n'est pas « gaulliste » : c'est à M. Jacques Soustelle que le Général pense qu'il doit l'opération de convergence et de canalisation sur sa personne. Bien plus : tous ceux des cadres de l'armée qui se sont liés, dans des structures « parallèles », aux organisations ultras gardent à l'égard de de Gaulle une méfiance vigilante. Ce sont eux qui ont fait crier partout « Vive Soustelle » ou « Vive Massu » sur le passage du

1. Qui avait donné sa démission de chef d'état-major de l'armée le 17 mai 1958, provoquée par l'arrestation de son adjoint, le général Challe. *(N.d.É.)*

Général. Ce sont eux qui ont pris l'initiative d'enfermer MM. Max Lejeune et Jacquinot, hommes du « système » avec lequel on accuse de Gaulle de composer.

Il y a plus grave : l'ancien président du gouvernement provisoire n'a pas retrouvé l'armée française qu'il avait connue. Si attentif qu'il ait été à son évolution, pendant les dix dernières années, elle lui est soudain apparue étrangère, méconnaissable. Les entretiens qu'il a eus, les rapports qui lui ont été communiqués lui ont révélé l'existence d'une sorte de « société militaire », au sens fort du terme, telle que l'auteur de *Pour une armée de métier* ne pouvait la prévoir. Et lorsque, prenant la parole à Alger, il a déclaré : « Je vous ai compris », il voulait dire : « Je vous découvre. » Le colonel Trinquier, qui a remplacé, à la tête du 1er régiment de parachutistes, le colonel Bigeard, et qui a animé le « mouvement du 13 mai » avec les milices civiques organisées par lui, n'est pas pour peu dans cette découverte.

Au cours de treize années de guerre — de l'Indochine à l'Afrique —, la démocratie française a donné naissance à une caste que les responsabilités civiles dans les défaites constantes ont rendue antidémocratique. La marque de l'Indochine est sans doute la plus indélébile. Ce sera une date dans l'histoire de l'armée française que l'affrontement de ses soldats avec les révolutionnaires marxistes du Vietminh. En Algérie, chacun de mes entretiens récents avec un officier français débouchait inéluctablement sur un exposé des méthodes vietminh : la « guerre subversive », « psychologique », « révolutionnaire », les « hiérarchies parallèles », l' « organisation civile ». Tous les anciens combattants d'Indochine ont été plus ou moins les admirateurs d'Ho Chi Minh. Comme, en plus, certains des meilleurs chefs rebelles algériens se trouvaient avoir été eux aussi d'anciens sous-officiers du corps expéditionnaire français en Indochine, et que souvent l'expérience avait profité aux deux adversaires, le transfert indochinois a été parfois total.

Le colonel Godard — autre leader militaire du 13 mai —, qui dirige aujourd'hui la Sûreté à Alger, est un expert : il y a deux mois, il faisait encore des conférences « avec travaux pratiques » sur la subversion et la rééducation. Au centre de Maison-Carrée, dirigé par la générale Massu, les enfants des rebelles prisonniers ou exécutés sont élevés selon ces méthodes...

En principe, l'aboutissement de ce marxisme sans idéologie pouvait être le fascisme pur : l'action pour l'action, l'efficacité gratuite. Ce fascisme pur aurait pu naître de toutes les humiliations que les différents gouvernements de la République ont infligées à ces défenseurs de l'ordre républicain.

Mais alors qu'en Indochine le corps expéditionnaire vivait replié sur lui-même à 12 000 kilomètres de la métropole, et sans aucun sentiment de participation nationale, en Algérie, depuis trois ans et demi, l'armée d'active, à trois heures d'avion de Paris, nourrie du contingent, entourée par un million de compatriotes locaux, s'est installée, organisée, enracinée sur une terre « française » qu'ils ont résolu de garder à la France — non point avec les méthodes qui les avaient conduits à la défaite, mais avec celles qui réussissent : les méthodes héritées des Viets et calquées sur le FLN lui-même.

Certains de ces colonels et de ces capitaines empruntèrent au début leur idéologie aux groupes ultras. Mais les conflits avec les Français d'Algérie devinrent de plus en plus nombreux à mesure que les officiers étaient fascinés par la mystique du FLN. Jamais, probablement, on n'a parlé des rebelles comme l'ont fait le colonel Bigeard et les chefs parachutistes. L'admiration pour la foi révolutionnaire des chefs du FLN éclatait dans leurs déclarations.

Si bien que, lorsque à Alger le général de Gaulle, en termes particulièrement émouvants, a rendu hommage à ceux qui livraient un « combat courageux », bien que cruel et fratricide, non seulement il n'y avait pas cette suprême audace que l'on a parfois remarquée, mais il savait pertinemment exprimer les sentiments mêmes des plus totalitaires parmi les chefs parachutistes.

Sparte et Byzance

A mesure que la « société militaire » s'affermissait en Algérie, elle assistait de loin à la dégradation des institutions en métropole. Selon le mot heureux d'un observateur américain, c'était comme si Sparte dépendait de Byzance. Si bien que, lorsque des hommes politiques se mirent en tête de hâter l'écroulement de Byzance, ils trouvèrent toute prête une société spartiate pour le faire. Dans les derniers mois, il n'y avait plus aucune autorité civile réelle en Algérie.

Et lorsque le général de Gaulle a dit : « Je vous ai compris », c'est tout ce monde nouveau résolu et dangereux qu'il comprenait dans l'inquiétude. Qu'il ait appris tout cela — par des rapports directs et des émissaires discrets — bien avant que ses collaborateurs aient pris des initiatives pour truffer de gaullistes sûrs les Comités de salut public et les formations paramilitaires, cela ne fait aucun doute. *Mais il ne s'attendait pas à ce que l'armée lui résistât : elle lui résiste.*

La mesure de cette résistance, c'est l'itinéraire d'Alger à Mostaganem, ville où, cédant aux instances, il a pour la première fois proclamé l'« Algérie française ». Pourquoi, puisque ce sont ses convictions, n'a-t-il pas répété ce qu'il avait dit en 1955, à sa dernière conférence de presse, à savoir que l'Algérie devait faire partie « d'un ensemble plus vaste que la France » ? Pourquoi même ne s'est-il pas contenté de répéter les termes vagues mais indicatifs de sa dernière conférence de presse à Paris, concernant les « peuples associés » ? C'était, dit-il depuis son retour, impossible. Celui dont on a dit que, ne s'étant pas laissé impressionner par Roosevelt et Churchill, il ne tolérerait aucune pression à Alger, a volontairement choisi d'admettre les exigences de cette caste militaire dont il est sorti et dont les drames résument pour lui les malheurs de la nation.

Concession inéluctable, assure-t-on à l'Hôtel Matignon, et surtout provisoire. C'est-à-dire qu'au lieu du choc psychologique qui devait réconcilier la France non pas avec ceux que l'on rallie — même par la douceur —, mais avec ceux qui la combattent (ceux-là seuls qui ont posé le problème algérien), il a consenti à un « préalable » : il s'agit bien d'un autre 6 février — non pas, cette fois, devant les ultras, mais devant l'armée. Plus excusable, sans doute (et il faut ajouter aussi que ce n'est pas lui qui a conduit l'armée là où elle est). Mais plus grave aussi.

De Gaulle y a consenti en pensant qu'il peut attendre, que lui seul peut attendre parce que, d'une part, tout de même, les

« miracles » de la fraternisation en Algérie peuvent déboucher sur « quelque chose » ; et que, d'autre part, son accession au gouvernement de la République a bouleversé les conditions intérieures et les données internationales de toute l'affaire algérienne. Que valent ces deux atouts ?

La mystique de Tanger

Même artificielle au départ, la fraternisation des « Forums » n'est pas un phénomène négligeable. Il est certainement possible qu'elle provoque, dans plusieurs régions, des ralliements chez les musulmans. Elle a surtout transformé l'attitude des Européens. Il faut le reconnaître. Il n'y a pas si longtemps que des délégations — avec à leur tête la maréchale Leclerc — venaient protester auprès du président Coty contre les mesures graciant des condamnés à mort algériens. Aujourd'hui, ce sont les tribunaux d'Alger qui évitent les condamnations à mort et *l'Écho d'Alger* y applaudit. En « captant leur énergie » pour une mission de « rénovation nationale », comme l'a dit de Gaulle, l'armée a fait oublier pour l'instant aux ultras leur mentalité de colonialistes et de privilégiés : l'intégration n'est pas l'exploitation coloniale, l'égalité ne peut se faire qu'au détriment des Algériens non musulmans. Enfin, dans l'hypothèse d'une pacification militaire victorieuse, on accepte que des représentants du peuple algérien décident ce que le général de Gaulle a appelé « le reste » — que l'on peut comprendre dans n'importe quel sens.

Mais tout cela suppose un FLN neutralisé — militairement et politiquement — et que la Tunisie et le Maroc soient consentants. Est-ce possible ?

Les messages adressés par le général de Gaulle au roi du Maroc et à M. Bourguiba témoignent des intentions libérales de l'homme de Brazzaville. Il est probable que le principe de l'évacuation des troupes françaises sera accepté d'ici peu et que la souveraineté tunisienne sera reconnue sur Bizerte. On constate aussi que la presse occidentale a changé de ton à l'égard de la politique nord-africaine de la France. De Gaulle est l'homme que l'on craint d'irriter : les Américains, en particulier, font preuve aujourd'hui d'une circonspection remarquée. La raison essentielle, un observateur américain n'a pas craint de l'écrire : « Nous reconnaissons que le président Bourguiba est vraiment un de nos derniers amis dans le monde arabe. Mais les États-Unis, l'Angleterre et les autres puissances de l'OTAN sont dans l'engrenage d'une politique mondiale. Or, sans la France, l'OTAN n'existe plus. Je vois très difficilement comment les États-Unis et la Grande-Bretagne peuvent exercer une pression en ce moment sur la France. Si maintenant nous envoyons des armes à la Tunisie, si même nos leaders font des discours exprimant l'espoir d'en arriver à une autonomie interne ou à un compromis en Algérie, il y aurait une réaction très violente dans la France de de Gaulle qui pourrait mener à la rupture des alliances. Actuellement, la France, avec toute son armée massée en Afrique du Nord, ne présente pas un poids très important dans notre défense commune, *mais toutes nos communications, nos lignes de ravitaillement traversent la France.* J'ai terriblement peur, si nous brusquons trop les Français, qu'ils ne quittent l'OTAN. En ce moment, ils en sont parfaitement capables et ce serait un péril terrible pour nous. »

A cet exposé des positions du State Department qui jouent en faveur du général de Gaulle, il faut ajouter deux choses : les États-Unis ne comprennent pas très bien pourquoi les Algériens refusent les « avantages économiques » de l'intégration ; et, pour le moment au moins, ils ne croient pas qu'il y ait un « chantage à l'Est » possible de la part des Tunisiens ou du FLN. Ils pensent en effet que, malgré les accords Khrouchtchev-Nasser, les Russes feront tout pour ménager les tendances « neutralistes » qu'ils prêtent à de Gaulle. La concurrence américano-russe sur le monde arabe se serait plutôt transférée sur la France gaulliste.

Ce sont là, sans doute, d'importants atouts pour le nouveau gouvernement français.

Et cependant, le 20 juin, le président de la République tunisienne et le chef du gouvernement marocain conféreront à Tunis avec les principaux leaders du FLN. Ils tenteront d'obtenir, contre la pression du colonel Nasser, que soit retardée la proclamation d'un gouvernement algérien en exil. Immédiate-

ment reconnu par Tunis et Rabat, ce gouvernement provoquerait la rupture totale de l'Afrique du Nord avec la France.

Au mieux, le FLN peut accepter un délai de quelques semaines. Mais l'irréparable sera commis quand le FLN l'aura décidé, parce que, depuis Tanger — cette conférence dont nos hommes politiques n'ont absolument pas compris le caractère décisif —, une solidarité, une mystique maghrébines sont nées, qu'il est impossible de tourner par la ruse. On en revient donc toujours au même point : au FLN.

En cédant à Alger, le général de Gaulle a choisi de négliger le FLN. Peut-être ce choix a-t-il été d'autant plus facile que le chef du gouvernement a estimé que le FLN allait s'affaiblir intérieurement et s'isoler diplomatiquement. Mais, même si cela était vrai (alors que les combats les plus meurtriers ont repris dans toutes les fameuses « régions pourries »), le Général n'a pas pensé *à la solidarité nord-africaine,* qui est un élément fondamental. Celle-ci peut se révéler terriblement dangereuse. Le FLN a gagné la partie sur ce point : il a commencé à rendre la coopération avec la France impossible en Tunisie et coupable au Maroc. Les Tunisiens et les Marocains n'accepteront pas l'écrasement du FLN. Avant qu'il ne parvienne « aux affaires », le général de Gaulle déclarait savoir qu'il ne pourrait y avoir en Afrique du Nord qu'une solution d'ensemble. La réception d'Alger l'a contraint, semble-t-il, à l'oublier.

D'où vient la force du FLN ? En particulier de ce que Germaine Tillion a très justement appelé l'« Algérie extérieure » et dont elle nous prévenait que, « si nous obtenions cette victoire militaire promise depuis plus de trois ans, nous devrions nous attendre à voir cette Algérie extérieure s'enfler démesurément et se fixer dans une agressivité chronique ». Elle ajoute : « Que cela nous pèse ou non, cette Algérie extérieure, formée par les exilés en Tunisie et au Maroc, est inexpugnable là où elle est, et elle est en mesure de détruire toute possibilité d'essor et de paix dans le continent africain et, à coup sûr, de ruiner nos espérances sahariennes. »

Cette analyse est aujourd'hui la réalité. L'Algérie extérieure du FLN est puissante, organisée, influente. Là où elle est, elle constitue un État dans l'État et imprègne de son esprit les milieux environnants. Forte du soutien du monde arabe, elle a réussi à donner un complexe de culpabilité et même à faire considérer comme « apostats » — « traîtres à la religion islamique » — tous ceux qui ne se solidarisaient pas avec le combat nationaliste algérien. Aujourd'hui, les Tunisiens et les Marocains ont adopté les perspectives, les méthodes et jusqu'au langage même du FLN. J'ai assisté, à Rabat, à cette impressionnante évolution qui vient de se faire, un an après, selon les mêmes processus qu'en Tunisie.

Or, que veut le FLN ? Toutes les expressions du général de Gaulle constatant la dignité bafouée, l'injustice sociale et le mépris montrent qu'il l'a parfaitement compris — en principe.

Dans des conditions dramatiques, des formes irritantes, des méthodes outrancières, le FLN demande qu'on lui ouvre la voie vers un destin qui soit le sien. Il le fait *au nom* du peuple algérien, et aussi (pourquoi pas ? toutes les minorités révolutionnaires en sont là) *malgré* une partie de ce peuple. Il incarne ses aspirations profondes. Souvent avec irréalisme ou cruauté. Toujours avec authenticité.

Ce que l'on attendait du général de Gaulle, c'est qu'il éprouve ce FLN, dont chacun se plaît à déclarer qu'on ne peut pas s'entendre avec lui, pour justifier toutes les abdications devant le pouvoir d'Alger.

Dans un ensemble fédéral, sur un calendrier même long ayant au bout la constitution d'un État algérien, l'épreuve peut être faite et de la maturité politique du FLN, et de la bonne volonté des Tunisiens et des Marocains. Aucune autre voie ne peut conduire à la paix, ni surtout à la réconciliation.

Cela seul pourrait donner aux fraternisations — que personne, évidemment, ne peut songer à bouder après tant d'années de larmes et de sang — un avenir véritable. On n'aurait pas alors à refréner un enthousiasme auquel on ne demande qu'à se laisser aller.

Il n'est pas possible que le plus noble des nationalistes français, en ne comprenant pas le nationalisme des autres, fasse perdre à la France, à laquelle il s'identifie, sa dernière « chance historique ».

Logique de la société militaire

S'il fallait que le Général perde cette chance et la fasse perdre à la France, il faudrait alors redouter aussi d'autres catastrophes. *Car la logique de la société militaire française d'Alger, qui mène à l'intégration contrainte, c'est-à-dire à un despotisme indéfini sur l'Algérie, ne peut se concevoir que par une extension à la France entière de cette même société et de ce même despotisme.*

Le nouveau, et incroyable, communiqué du Comité de salut public d'Alger donne sur ce point de cyniques précisions. Pour appliquer l'intégration de l'Algérie française, il faut renverser la République. Les positions sont donc tout à fait claires.

Le général de Gaulle est ainsi acculé à une épreuve de force qu'il avait cru pouvoir éviter. En suscitant l'hostilité du FLN, il n'a pas pour autant désarmé, au contraire, la violence des revendications sudistes.

Ainsi, comme un certain nombre de ses prédécesseurs, le général de Gaulle va être obligé de défendre contre les ultras une consultation électorale dont il ne pouvait pas croire qu'elle faisait avancer le problème algérien tant que le FLN s'y opposait. D'autres avaient essayé de défendre un statut ou une loi-cadre...

En vérité, à Alger, il y a des risques à prendre dont nous avions cru que le général de Gaulle était seul capable de les prendre. Il ne l'a pas fait. S'il lui faut à tout prix, ce qui est concevable, offrir à l'armée de spectaculaires réparations, pourquoi ne pas l'associer aussitôt à la mise en œuvre d'une politique qui soit autre chose qu'une impasse — et la guerre étendue à l'Afrique du Nord ? Il y aurait des résistances ; mais elles sont inévitables : en tout cas, la preuve vient d'en être administrée. Alors, épreuve de force pour épreuve de force, ne vaut-il pas mieux qu'elle ait lieu dans la clarté et la vérité ?

De Gaulle va-t-il réussir en Algérie ? Oui, peut-être, s'il décide de mettre l'immense capital de prestige, dont des années d'attente de la part des Africains l'avaient investi, au service d'une politique de risques, pour créer enfin la Communauté franco-maghrébine. Non, mille fois non, s'il capitule, ne serait-ce qu'une seule fois encore, et fût-ce sur un détail.

(L'Express)

Octobre 1958

L'Algérie après Conakry : réalités et mystères du gaullisme

« La question entre nous, Africains et métropolitains, est uniquement de savoir si nous voulons, les uns et les autres, pratiquer ensemble, pour une durée que je ne détermine pas, une Communauté [...]. Cette Communauté, la France la propose : personne n'est tenu d'y adhérer. Je dis ici : l'indépendance est à la disposition de qui veut la prendre... »

En prononçant ces paroles le 25 août dernier, à Conakry, le général de Gaulle a placé la France dans une irréversible politique de décolonisation. Le droit à l'autonomie interne, à l'indépendance et même à la sécession a été inscrit dans la Constitution que le gouvernement a proposée. En quelques mots, une décision révolutionnaire a été prise, un engagement historique contracté, et surtout un mot magique démystifié : celui d'*indépendance*. Occupés à déceler les vices — d'ailleurs graves — du référendum ou de la Constitution, certains Français n'ont pas vu clairement la portée d'un tel discours. Les raisons profondes d'une telle politique sont-elles nobles ou non ? S'est-il agi d'isoler le problème algérien ou au contraire de préparer le cadre dans lequel l'Algérie pourra trouver sa place ? Il devient dérisoire de se livrer à la psychanalyse du général de Gaulle et à la savante exégèse des textes qui émanent de lui. L'important est de constater, les faits sont là, que des paroles ont été prononcées, des mesures prises par quelqu'un qui était seul à pouvoir le faire. En Afrique noire, dit-on, pour le Général, tout était facile. Rien n'était compromis, le sang n'avait pas coulé et la loi-cadre de M. Gaston Defferre avait préparé la voie. C'est possible. Mais, comme en convint M. Defferre précisément, personne d'autre n'était en mesure d'aller si loin et de façon si définitive.

Depuis la politique de Carthage inaugurée par Pierre Mendès France en 1954, la transformation de l'ancien Empire français était amorcée. Ce furent en fait les vrais débuts. Mais, depuis août 1958, on peut dire que c'en est fait de l'empire. A la question posée dans un retentissant article de M. Raymond Cartier dans *Match* : « Faut-il ou non garder l'Afrique noire ? », de Gaulle a répondu : « Aux Africains d'en décider. » L'avenir est tracé. Quels que soient les aléas des élections, la puissance des forces centrifuges ou au contraire de l'opposition intérieure, les décisions de de Gaulle sont contraignantes : elles permettront à ses successeurs ou, si besoin est, elles les forceront à bâtir une Communauté compétitive. Le pari qu'un leader d'Afrique noire, M. Houphouët-Boigny, a demandé que l'on fît consiste à prouver aux Africains que leurs intérêts et aussi leur dignité s'accommodent d'une association avec la France, plutôt qu'avec le Ghana, par exemple, ou avec d'autres fédérations envisagées par le Maghreb ou Le Caire. Pour que cette concurrence soit féconde, ce pari gagné, les leaders africains vont être amenés à être de plus en plus exigeants à la fois sur la latitude de l'autonomie, l'importance de l'aide économique, mais aussi l'orientation de la politique générale de la France. Le caractère *contraignant* de la nouvelle communauté à bâtir est sans doute ce qu'il y a de plus original dans la révolution véritable opérée par le discours de Conakry.

A l'étranger, tout cela a été clairement perçu. Au point que les Américains, s'inquiétant de l'éventuelle sécession de certains territoires, ont demandé à leurs spécialistes d'étudier l'importance de la contribution économique de la France à ces territoires (leur politique consistant, on le sait, à ne pas laisser de vide par crainte qu'il ne soit comblé par l'Est). Contrairement à ce que pense le Français moyen, c'est avec une inquiétude intense que les États-Unis envisagent une rupture de l'Afrique française avec la métropole. En Allemagne, où l'on cherche des débouchés africains qui ne sont possibles qu'avec le seul équilibre français, mais où l'on ne veut pas être soupçonné de colonialisme, la politique de Conakry a été saluée avec un soulagement que les réactions des extrémistes africains ont aussitôt atténué. Enfin, au Caire, après Suez, après Port-Saïd, en pleine guerre d'Algérie, la Communauté proposée par de Gaulle est loin d'être boudée.

Parmi les *contraintes* de la Communauté, il y a naturellement l'Algérie. Pour le moment, on ne sait qu'une seule chose de précise : c'est que la Constitution, et particulièrement les articles 72 et 73 du titre XI sur les collectivités territoriales, permet l'établissement d'un statut particulier pour l'Algérie. Là, nous n'avons pas affaire à une décision mais à une virtualité : rien n'est exclu, alors que les hommes d'Alger qui ont imposé le Général au gouvernement de la France exigeaient que toute autre solution que l'intégration fût explicitement exclue. Tout le reste est hypothèse, que l'on envisage avec plus ou moins de faveur selon qu'on est opposant ou non à la politique *intérieure* du général de Gaulle. Et ces hypothèses sont contradictoires. Comment M. Soustelle accepterait-il une autre France que celle qui va, selon sa formule, « de Dunkerque à Tamanrasset »? Comment M. Gaston Defferre a-t-il au contraire pu inviter les socialistes à voter « oui » au référendum, parce qu'il était certain d'une paix négociée en Algérie (certitude qui lui viendrait des assurances à lui données par le général de Gaulle lui-même) ? On pourrait allonger à l'infini la liste des convictions opposées. On n'avancerait pas pour autant. De même que l'on n'avance pas en s'interrogeant sur les motifs qui ont conduit le Général à laisser véritablement « pourrir » la situation algérienne : le terrorisme en France, la scandaleuse organisation du référendum à Alger, la répression sans limites, l'anarchie administrative du fait des pouvoirs donnés à l'armée, etc. Peur des hommes d'Alger ? Mais ces derniers n'étaient pas d'accord avec l'évacuation de la Tunisie et du Maroc, avec le rétablissement des échanges franco-égyptiens, avec ce qu'ils appellent la « braderie » de l'Afrique noire. Volonté de laisser l'armée « aller jusqu'au bout de son échec » dans l'attente d'une position plus solide en métropole ? Mais de Gaulle avait toujours dit que le drame algérien était la source de tous les maux [1] et il n'a jamais été plus fort que dans

1. « Un problème trop grand pour un régime trop faible. » A rapprocher de Pierre Mendès France : « La guerre d'Algérie a tué la IVe République. »

les premiers jours de son arrivée au pouvoir. Illusion[1] sur la « fraternisation » et l'*action psychologique* des colonels ? Peut-être pendant quelques jours, mais, en même temps, des chargés de mission officieux prenaient contact avec le FLN. A vrai dire, nous sommes dans l'obscurité et l'équivoque, et ma thèse personnelle, que je donne ici pour ce qu'elle vaut, est qu'on oublie toujours que le problème algérien est l'un des plus complexes qui se soient jamais posés à un gouvernement quel qu'il soit depuis très longtemps et que, très simplement, le Général n'a pas su tout de suite par quel bout le prendre.

L'essentiel reste de savoir si l'on peut opérer une décolonisation aussi totale dans tous les territoires et faire un néo-colonialisme intelligent en Algérie — *même si ce néo-colonialisme provisoire est commandé par les nécessités de la situation et l'intérêt de toutes les populations.* Exemple : à l'époque de la politique de Carthage, il tombait sous le sens de tous les Tunisiens eux-mêmes que la Tunisie avait besoin de cinq années d'autonomie interne avant d'accéder à l'indépendance. Non pas pour la France. Mais pour la Tunisie. Après l'octroi de l'indépendance au Maroc, il n'a pas été possible de ne pas aligner la politique tunisienne sur la politique marocaine contre l'intérêt des Tunisiens. Naturellement, cet exemple est à prendre, *mutatis mutandis :* l'Algérie en guerre n'est pas dans la situation de la Tunisie au moment de l'autonomie interne, et il y avait plus d'interférences entre la Tunisie et le Maroc qu'il n'y en a aujourd'hui entre l'Afrique noire et l'Algérie. Mais le principe garde sa force : dans ces pays qui donnent tort à Marx et à Lénine, parce que les révoltes s'y nourrissent d'une passion de la dignité parfois déraisonnable et contre la genèse économique du mal, justifier une mystique c'est lui insuffler une puissance dont on ne peut plus être maître, c'est surtout la rendre démesurément contagieuse. C'est ce qui a fait dire à certains — qui pensent que le général de Gaulle était conscient

1. Cette illusion a paru nette au cours de certaines déclarations d'André Malraux, imprudemment faites, mais qui reflétaient, un moment, une partie de la pensée du Général (« La fraternisation est aussi importante que la révolution chinoise ! » L'égarement est dans la formulation de Malraux, mais il traduit l'anxiété de de Gaulle : désir de croire à la possibilité de ne pas négocier).

de cette contagion — que l'homme du 18 juin se voulait cette fois contraint par les faits : alors l'alignement algérien sera partout accepté.

Ce que l'on sait en gros du FLN, c'est que, sous la réserve d'une reconnaissance du droit de l'Algérie à l'indépendance, et d'un octroi *à terme* de cette indépendance, il accepterait une coopération transitoire assez longue, raisonnable et qui pourrait s'accommoder, pendant la transition au moins, de la Communauté telle que l'envisage de Gaulle. Mais cette reconnaissance de l'indépendance, il est évidemment insensé de croire qu'elle sera moins exigée ou de façon moins intransigeante qu'avant le discours de Conakry. Bien plus : il est grave de ne pas deviner que tous les leaders africains qui parient sur la Communauté [1], en proie aux surenchères des extrémismes, refusant d'être apostats ou renégats, souffrant d'être isolés des mouvements de Bandoeng, ne vont pas peser de plus en plus sur les décisions françaises concernant l'Algérie. Tant que la guerre dure, la décision de n'importe quel territoire de s'associer à la France sera prise dans le malaise. A Conakry, de Gaulle s'est contraint à en terminer très rapidement avec le conflit algérien.

Du coup tombent *en fait* tous les arguments justifiés *en droit* que l'on opposait à la revendication de l'indépendance. Lorsqu'ils n'étaient pas des alibis purs et simples du colonialisme, ces arguments mettaient en avant l'ancienneté de la colonisation française, l'inexistence d'une patrie sinon d'un État algérien avant 1830, l'inaptitude du FLN à représenter *tous* les éléments d'une population dont tous les membres ont des droits égaux à l'autodétermination, le degré poussé de l'intégration économique franco-algérienne, la présence sur le territoire métropolitain de plusieurs centaines de milliers de travailleurs algériens et sur le territoire algérien d'un million de Français, etc. Autant d'arguments qui, lorsqu'ils n'étaient pas utilisés pour couvrir une simple entreprise de reconquête, avaient et ont leur force juste. Ce sont eux qui justifieraient ce qu'on

1. M. Houphouët-Boigny a pour le moment le courage d'ignorer les injures que le FLN lui adresse de Tunis, de Rabat et de Conakry. Combien de temps les supportera-t-il ?

appelle ici néo-colonialisme [1], là, *émancipation, sans revanche, dans la justice et le progrès*. Toute négociation doit avoir lieu sur ces bases. Mais, tandis qu'il y a quelques années on pouvait en exclure la promesse de l'indépendance, aujourd'hui, après la guerre et désormais après Conakry, on ne voit plus que cela soit possible. Seul en guerre, le FLN s'estime seul à avoir des titres revendicatifs et, à l'intérieur ou à l'extérieur de la Communauté, ces titres ne sont naturellement pas inférieurs à ceux des Noirs.

La recherche du « statut particulier » correspond-elle au minimum exigé par le FLN ? Évidemment non. Mais ici les « gaullistes de gauche » répondent aussitôt : « Il s'agit d'une recherche de statut *avec le FLN*. » En ce cas, elle entraîne une promesse d'indépendance à terme. Car les Algériens n'acceptent même pas ce qu'avaient proposé en leur nom les Tunisiens : un référendum librement organisé où le FLN aurait pu faire sa propagande électorale et où les électeurs auraient eu à choisir entre l'indépendance, l'association et l'intégration. De toute façon, si la France acceptait un pareil référendum, le FLN, en refusant, se mettrait dans une position difficilement justifiable. Mais nous n'en sommes pas là. Les paroles les plus audacieuses qui ont été prononcées par le général de Gaulle — et qui ont suscité d'ailleurs l'indignation des Comités de salut public et de quelques officiers généraux — concernent l'autonomie d'une province algérienne dans un cadre français. Encore n'est-on même pas sûr de la notion d'autonomie.

Il est bien vrai que les thèses de M. Soustelle sont fondées : tout ce qui ne mène pas à l'intégration conduit à l'indépendance [2]. Il est probable aussi qu'en excluant l'intégration, en

1. Cette expression n'est pas née sous la plume d'un colonisé fanatique. Elle a été forgée par des intellectuels marxisants et tourmentés, qui pensent plus au salut de leur âme qu'à l'intérêt des colonisés et qui ont transféré le terme de néo-capitalisme dans un domaine où leur recherche du « péché colonial » est devenue une obsession sommaire. Or, si le néo-capitalisme tourne toujours le dos à la révolution, le néo-colonialisme peut être un progrès vers l'indépendance véritable.

2. La formule est de M. Le Pen. Elle est excellente et a conduit ce capitaine de parachutistes, député ex-poujadiste, à une intéressante confession à l'Assemblée nationale, indiquant comment il avait triomphé « de ses préjugés » lorsqu'il eut compris la nécessité de l'intégration. Les préjugés étaient d'ordre raciste et colonialiste. Et il est bien vrai que, pour vaincre le FLN, les hommes de droite ont été amenés à se renier en tant que tels...

recherchant un statut, en assouplissant les liens administratifs et surtout en établissant le collège unique, le général de Gaulle a dû comprendre que l'indépendance à terme ne pouvait pas être rejetée. On peut penser, dans l'interprétation la plus favorable, que de Gaulle souhaite voir les Algériens se prononcer après l'édification de la Communauté pour inviter les populations algériennes à enlever aux revendications du FLN ce qu'elles ont d'outrancier et de précipité. Le problème revient alors non plus à décider si l'indépendance doit ou non être octroyée à l'Algérie, mais si cette indépendance peut se réaliser par des étapes suffisamment longues et raisonnables pour que la France ne perde pas un précieux pont avec l'Afrique noire — pont dont l'absence remettrait en question la Communauté — et pour que les Algériens prennent conscience de leurs responsabilités sous une forme moins passionnelle en jugeant, sur preuves, de ce que leur offre la France.

Ici, nous allons jusqu'à la logique extrême d'un raisonnement, jusqu'aux conséquences ultimes de la politique de Conakry, mais rien sur place en Algérie ne permet de dire que le problème est pensé en ces termes. Comme les autres, ceux du « système », le Général ment à l'armée[1] et il ment aux Français d'Algérie, en leur laissant croire, sinon en les assurant, que l'Algérie sera française. Et ces mensonges vont achever d'exaspérer une population lorsqu'une solution surviendra.

Mais même si l'on se résigne à l'abstraction d'une analyse, c'est-à-dire à dégager les entraînements inévitables des décisions prises en Afrique noire, on perçoit les immenses dangers du projet africain conçu avant la solution algérienne. En soi, il n'est pas absurde de préparer le cadre où l'on veut installer l'Algérie. A la condition que l'édification même de ce cadre ne soit pas compromise précisément par la guerre d'Algérie. A la condition surtout que le principe même de ce cadre ne soit pas l'obstacle majeur à l'inévitable négociation vers laquelle on sait devoir se diriger. Le général de Gaulle s'est compliqué la tâche : on ne saura jamais si c'est par capitulation devant les

1. Plus exactement, il joue sur les mots avec ce sens de l'obscurité noble et de l'équivoque seigneuriale qui eût ravi Saint-Simon.

colonels d'Alger ou par hésitation devant la négociation avec le FLN. Ce qui est certain, c'est que, plus qu'aucun autre, il a poussé l'Algérie vers l'indépendance et qu'il aura plus de mal encore, désormais, à y défendre les droits et les justes intérêts français. Sans de Gaulle, la révolution de Conakry n'était pas possible. Mais après Conakry, l'urgence de la solution algérienne devient tragique.

(Preuves)

15 novembre 1958

Algérie : l'heure des responsabilités

En Algérie, on en est arrivé à l'heure des contacts. L'impasse était si totale, les positions si entièrement enlisées dans une guerre sans issue que les deux parties, après avoir vainement cherché une solution soit dans la destruction de l'autre, soit dans la diplomatie extérieure, se retournent l'une vers l'autre pour s'interroger. Soudain, l'idée est venue que, plutôt que d'aller vers la mort ensemble, on pourrait peut-être songer à une construction commune. Aucun obstacle n'est levé, aucune difficulté n'a disparu, la solution est encore très loin, mais cette idée est enfin arrivée et c'est, depuis le début de la rébellion algérienne, la première lueur dans l'affreux tunnel.

L'espoir est né pendant les premières semaines d'octobre. Il y avait toujours eu des contacts secrets et officieux. Par l'intermédiaire des ambassadeurs de Tunisie et du Maroc à Paris. A l'occasion des conférences internationales. Aux moments mêmes des grands débats à l'ONU, MM. Guy Mollet, Bourgès-Maunoury et Gaillard se sont toujours préoccupés de savoir où en étaient les dernières positions des rebelles algériens, sur quelles bases éventuelles pourraient être envisagées des négociations.

Pourtant, lors de ces contacts, personne ne pensait sérieusement qu'il pouvait y avoir un aboutissement. Aujourd'hui, au contraire, nombreuses sont les personnalités qui n'écartent pas un commencement de solution au conflit algérien. Pourquoi ? En premier lieu, il faut le dire, parce que c'est le général de Gaulle qui s'applique avec acharnement à trouver cette solution. Là, il faut s'arrêter un moment, surtout pour des lecteurs belges, car j'ai eu personnellement l'expérience de malentendus assez graves.

Invité récemment à faire à Rome un exposé sur la situation intérieure politique française par des écrivains européens, j'ai pris conscience des justes préventions que l'on nourrissait à l'étranger contre le nouveau président du Conseil français. A vrai dire, ces préventions étaient les miennes. Mais en plus, chez mes interlocuteurs, l'obsession de la marche sur Rome les conduisait à identifier les conditions d'avènement au pouvoir du général de Gaulle à celles qui ont eu pour résultat le fascisme mussolinien.

Je ne dirai pas qu'ils avaient tort. Il est bien vrai qu'il y a eu à Alger, le 13 mai dernier, une insurrection contre le pouvoir légal. Il est bien vrai que, sans la caution donnée à cette insurrection par le général de Gaulle, les généraux d'Alger n'avaient que très peu de chances de mener à bien des projets d'ailleurs vagues. Il reste vrai, enfin, que pendant toute une période l'arme principale du gaullisme a été le chantage à la guerre civile. Tout cela relève évidemment de ce qu'on appelle encore le fascisme, faute d'un autre mot plus moderne pour exprimer un despotisme dépourvu de visées extérieures, de racisme et de régression sociale. Il est injuste, cependant, de ne pas remarquer en même temps que les institutions parlementaires de la IVe République ont craqué d'elles-mêmes. Les partis de gauche n'ont pas trouvé en eux, ni au niveau des chefs ni au niveau des troupes, une foi capable de les défendre. Avec la vitesse acquise, ces institutions eussent sans doute survécu encore un certain temps, dans une métropole lasse et prospère où le jeu des partis et les conflits d'intérêts finissaient par ne plus concerner qu'une minorité intéressée, sans rapport vrai avec la nation elle-même.

C'est la guerre d'Algérie qui a tué la IVe République. Avec le recul, tout devient désormais évident, et même banal. La caractéristique du temps de guerre, c'est le règne de l'armée et la suspension, pendant la durée des hostilités, de la démocratie. Eh bien, pendant quatre ans, la France a laissé vivre et donc régner la partie la plus dynamique de son armée. A 1 500 kilomètres de Paris, 500 000 hommes, commandés par des états-majors tout-puissants, ont progressivement — parce qu'on les en avait chargés — pris en main le destin de la France en Algérie. De là des contradictions, des conflits et parfois même des bouleversements de toutes sortes. L'armée n'avait pas à juger la guerre qu'elle livrait, elle n'avait que la mission de vaincre. Ne soyons pas pharisiens : on sait ce qu'il en est des guerres et même des guerres dites justes. Pour vaincre, cette armée a successivement employé tous les moyens habituels, tous ceux qu'emploient toutes les armées du monde et parfois aussi, hélas, tous ceux qu'emploient les armées du monde moderne, c'est-à-dire l'inexcusable interrogatoire, l'indéfendable torture, etc. Il s'agit là d'une tare commune à notre société du XXe siècle.

L'Algérie, pays en guerre, donc en dictature logique, coexistait cependant avec une métropole en démocratie. En France métropolitaine, la vie se déroulait exactement comme si la guerre d'Algérie n'existait pas. Ou même mieux : il est arrivé que, sur certains plans économiques précis, des milieux d'affaires tirent profit de la prospérité artificielle que connaissait l'Algérie du fait des mouvements de troupes et des recherches pétrolières. Une armée faisait la guerre au nom d'une nation qui vivait en paix. Aussi bien, le hiatus allait s'accroissant et les valeurs de plus en plus différaient. Comment comprendre de Paris qu'on détienne arbitrairement des suspects à Alger : les intellectuels s'émouvaient et protestaient. Ils ont cessé de s'émouvoir et de protester dès que le terrorisme a sévi à Paris même. Ce n'est pas un procès que je leur fais : je suis des leurs. C'est pour bien montrer que très souvent l'autodéfense triomphe des principes et l'instinct de conservation de l'idéalisme moral. Ces chocs, ces contradictions entre deux parties de la France ne pouvaient pas indéfiniment durer.

A l'origine de tout cela, il y avait la démocratie française, les hommes d'État de gauche, voire socialistes, qui avaient créé le mythe de la pacification. Comme la guerre d'Algérie donnait mauvaise conscience, on décréta que ce n'était pas une vraie guerre. D'abord, cela permettait de minimiser l'action des rebelles, ensuite cela invitait les Français à continuer de vivre dans l'inconscience. En France, il n'y avait pas ou très rarement de journaux saisis. Aucune atteinte n'était portée aux libertés habituelles d'une démocratie en temps de paix. Le poids de la guerre ne paraissait pas un fardeau trop lourd, et les autorités pouvaient ainsi s'enliser dans leurs chimères ou dans leurs mensonges, croyant tantôt à la fin de la rébellion, tantôt à l'impossibilité définitive de la négociation, vouées à l'impuissance d'une part par leur complexe d'hommes de gauche à l'égard de la « braderie », d'autre part par une docilité confortable devant les militaires d'Alger.

En un sens, il est vrai que la guerre d'Algérie n'est pas une vraie guerre. Ou du moins ne l'est plus. Il n'y a pas de batailles rangées comme en Indochine ou en Corée. Alger n'offre pas du tout le visage d'une capitale en guerre. Mais, du point de vue des incidences sur la métropole, cela revient exactement au même. L'important, c'est qu'il y a en Algérie une dictature, et il saute aux yeux qu'on ne peut laisser sans danger pour le pouvoir central des dictateurs régner au nom d'un État républicain. Tôt ou tard, il fallait ou aligner l'Algérie sur la France, ou la France sur l'Algérie, ou séparer les deux.

La révolution du 13 mai a été conduite par certains pour aligner la France sur l'Algérie. Et là c'était le fascisme. Or, depuis le 9 octobre, date de la lettre adressée par le général de Gaulle au général Salan, il y a une tentative sans précédent pour aligner au contraire l'Algérie sur la France et cela c'est la République. C'est même la première grande restauration depuis des années de l'autorité républicaine. On ne peut pas sous-estimer la portée d'un tel acte. Sur un ton impératif — et qui a été accepté —, Paris donne des ordres précis, exigeants, à Alger. Aucune autre personnalité politique de France n'aurait pu écrire une telle lettre avec l'assentiment général de la métropole et l'obéissance complète des militaires d'Alger. Devant cette constatation, les anciennes préventions disparaissent nécessairement, et l'espoir naît.

En dehors de la personnalité du général de Gaulle, d'autres facteurs contribuent à faire espérer une solution. En Algérie, la France a devant elle le Front de libération nationale, qui rassemble non seulement l'armée des maquisards mais la quasi-totalité des élites. Aidés par la Tunisie, le Maroc et l'Égypte, soutenus par le monde arabe, certains gouvernements du bloc oriental et l'opinion « avancée » des pays démocratiques, des leaders algériens ont longtemps parié sur la lassitude des

Français et le progrès de la pression internationale. Ce pari s'expliquait par le fait que la rébellion a été décidée et conduite par des militaires algériens et non par des responsables politiques. Pour ces militaires, jusqu'à maintenant, le combat ne pouvait se terminer que par l'obtention de l'indépendance immédiate, complète, sans condition. Pour obtenir cela, il fallait évidemment compter sur autre chose qu'une victoire militaire impossible, s'organiser en vue d'un conflit extrêmement long et remplacer l'acceptation des étapes par des initiatives diplomatiques.

Mais au milieu de la France et du FLN, il y a ce peuple algérien dont personne ne parle, pour qui personne ne témoigne, et aux souffrances duquel j'ai assisté tout dernièrement lors de mon récent voyage pour le référendum. A ce sujet, il faut dire la vérité, quitte à choquer des amis de tous les bords. Le peuple algérien n'est ni politisé ni révolutionnaire. Il est misérable, infiniment misérable. Il parle arabe (presque partout en tout cas), il est plus ou moins musulman, ce qui lui donne de grandes complicités sentimentales avec tous les arabo-musulmans du monde. Évidemment, il se sent davantage représenté par des hommes qui parlent sa langue, pratiquent sa religion et sont proches de ses mœurs comme de ses préoccupations. Les masses algériennes font confiance d'abord à ceux qui sont sortis de leurs rangs. Donc, en principe, elles suivent toutes le FLN.

Mais tout cela est plus complexe. La seule leçon du référendum (on n'a pas le droit d'en tirer d'autre) est que le peuple algérien est à bout de souffle. Une anecdote vécue peut résumer cet état d'esprit. Pendant le référendum, j'étais dans une région où le FLN passe pour être très fort. Je suis entré dans un bureau de poste et j'ai vu un Arabe, en djellaba et en turban, voter. Lorsqu'il est sorti, je l'ai suivi et accosté. Il était méfiant, apeuré, il n'a commencé à se détendre que lorsque je lui ai prouvé que j'écrivais dans *l'Express*. Il m'a dit qu'il avait voté « Oui », c'est-à-dire « pour le général de Gaulle » et je l'ai fait parler :

« Mon fils aîné est en prison. Ma sœur a été tuée avec ses deux enfants, on ne sait pas par qui. Cela fait deux fois que nous abandonnons notre maison et tous nos biens. Les combattants sont dans notre région, alors les militaires viennent les chercher ; chaque fois qu'il y a eu un attentat, ils viennent chez nous. La première fois, nous avons été forcés de partir parce que les Français étaient sûrs que je ravitaillais les combattants. Je leur ai répondu : " Quand un de mes frères vient chercher à manger, je le lui donne. " La deuxième fois, ce sont les combattants qui sont venus, pour nous punir parce qu'un autre de mes fils se bat avec les Français. Et celui-là aussi, quand il venait chez moi, je lui donnais à déjeuner.

— Pourquoi se bat-il avec les Français ?

— Parce qu'il s'est disputé avec des nationalistes, et puis son capitaine l'a installé dans une petite maison, il est gentil avec lui. Je ne lui en veux pas. Je n'en veux à personne. Je voudrais que tout finisse. On ne peut plus supporter la guerre. Ils nous prennent tout, tous de chaque côté. Et les Français sont trop forts, certains sont braves, on peut vivre avec eux. Ils ont changé. Ils veulent nous donner beaucoup de choses. »

A quelques termes près, c'est une confession que j'ai entendue cent fois, mille fois en Algérie. Les Français parlent de 10 millions d'Algériens qui voudraient s'intégrer à la France. Le FLN parle de 10 millions d'Algériens qui sont prêts à mourir pour l'indépendance de l'Algérie. Les deux choses sont également fausses. C'est un peuple comme tous les autres, épris de bien-être et de paix, incapable de vivre dans la misère et l'héroïsme quotidien. C'est un peuple profondément meurtri et surtout divisé. Le destin des guerres coloniales est qu'elles débouchent toujours sur des guerres civiles parce que la cruauté du conflit invite souvent une partie des populations à se ranger du côté du plus fort.

Mais en plus, en Algérie, la cohabitation franco-algérienne a été si longue (même dans la servitude), le sentiment national algérien si faible que la division y est plus facile. Le FLN ne peut pas dire en même temps que la France a détruit la patrie algérienne et que cette patrie existe, qu'elle a dépersonnalisé l'Algérie et que cette personnalité est intacte. La seule certitude incontestable, c'est qu'une longue humiliation a suscité des révoltes, et que des élites ont fini par se construire une patrie dans le combat. Pour ces élites, pour une grande partie de la jeunesse, pour ce qu'on appelle les forces vivantes d'une nation, on peut dire en effet que la patrie algérienne est une réalité. Le peuple, lui, ne suit pas : il n'en peut plus. Ce n'est pas un succès de la France. C'est à coup sûr une défaite du FLN.

On peut donc penser que les leaders algériens réfléchissent à deux fois avant d'exclure une possibilité de trouver un accord avec la France. Ils peuvent hésiter devant la perspective de prolonger pendant cinq années encore (les cinq années de la présidence du général de Gaulle) un conflit si fatal à leur peuple. Certains d'entre eux disent : « Nous n'avons pas pris les armes et sacrifié tant de morts pour devenir des députés français. » C'est vrai. Mais d'abord il s'agit de trouver des interlocuteurs qui permettent une évolution par étapes de l'indépendance de l'Algérie. Ensuite, ils devraient ne pas se permettre d'imposer à leur peuple le dilemme « la liberté ou la mort ». Car quelle autre perspective ? C'est la menace qu'ils agitent au cas où le gouvernement français se refuserait à négocier sur leurs bases. Mais cette extension n'est pas facile. Les États tunisien et marocain ont envie de construire, non de guerroyer.

Ce sont toutes ces considérations qui conduisent à une certaine espérance. Pourtant, les obstacles paraissent insurmontables. Comment le gouvernement algérien pourra-t-il accepter sa propre liquidation ? Comment, dans la meilleure hypothèse, le FLN accepterait-il d'être représenté dans une assemblée non pas algérienne mais française ? Comment l'armée d'Algérie, reniant ainsi sa révolution du 13 mai, protégera-t-elle les candidats partisans de l'indépendance ? Comment MM. de Gaulle et Ferhat Abbas triompheront-ils de leurs extrémistes respectifs ?

Toutes ces questions ont, semble-t-il, fait l'objet de conversations à Rabat, à Tunis, à Genève, au Caire et aussi dans les coulisses du Colloque méditerranéen de Florence. Il ne paraît pas qu'on y ait encore apporté des réponses qui font avancer les choses. La question essentielle consiste, bien entendu, dans la possibilité d'une trêve. Un cessez-le-feu provisoire qui permettrait des libérations de prisonniers et de détenus, des rencontres à tous les échelons, des échanges qui briseraient le sectarisme. Cela peut être davantage réalisable.

Le général de Gaulle a fait une offre retentissante. On l'a soulignée dans le monde entier. Les Algériens auraient pu venir à Paris, discuter librement, avec le président du gouvernement de la République française. Comment cette offre a été faite, sur quel ton, dans quel contexte ? Cela ne devrait pas être important. L'heure des responsabilités a sonné en Algérie. Les leaders révolutionnaires ne doivent jamais oublier qu'ils font une révolution, non pour une idée abstraite, mais pour le salut de leur peuple, et qu'en ce moment ce peuple se meurt.

(Revue générale belge)

11 décembre 1958

Le projet du siècle

« Tu as vu, le bâtard, il a pas dit le mot. Quand je te disais qu'il nous faisait un sac d'embrouilles, celui-là !

— Il a pas dit le mot, d'accord ! On peut pas lui sortir de la gorge. L' " intégration ", il aime pas le mot et alors ? N'empêche, il a fait le plan de Constantine [1]. C'est pas l'intégration ça, Marcel ? C'est pas l'intégration ?

— Le plan de Constantine, c'est pour les " parts entières ", nous on veut le mot ; un sac d'embrouilles, il nous fait, le grand Charles, je te dis. Il a dit : " L'Algérie virgule la Communauté et la France. " Pourquoi virgule ? Tu sais ce que ça veut dire, virgule, toi ? On va encore l'avoir dans l'os, un point et c'est tout. Moi je dis pas virgule, je dis un point ! »

C'est l'heure de l'anisette à l'un des bistrots d'Alger ; on commente avec l'accent et les gestes de Bab el-Oued la dernière déclaration du général de Gaulle avant son retour à Paris. Deux jours auparavant, ce sont les mêmes hommes qui avaient crié au passage du président du Conseil : « Salan, restez ! » Des cris poussés sans conviction par des groupes d'ailleurs peu nombreux. Mais nulle part dans Alger, bien discrètement pavoisée, il n'y eut de cris : « Vive de Gaulle ! »

Pas de revanche

Plus aucun enthousiasme. Sans doute parce que c'est le cinquième voyage en Algérie. Sans doute aussi parce que les

1. Plan de Constantine, 3 octobre 1958 : plan de cinq ans destiné à faire de l'Algérie un pays industrialisé. *(N.d.É.)*

élections ont suscité partout un malaise chez les Européens comme chez les musulmans. Mais, en fait, c'est la caractéristique de la ville d'Alger, raidie, réticente et qui a gardé ses anciens réflexes antimétropolitains, « anti-francaoui ». De Gaulle le sait. Il choisit toujours de n'y venir qu'en fin de voyage et il y séjourne le moins possible. Entre l'accueil de Touggourt, l'oasis lumineuse, et celui d'Alger, il a pu une fois encore vérifier l'écart.

Il ne s'agit cependant que de réticences de principe. En fait, tout ce qui compte à Alger comme civils et militaires européens a été conquis. Le Général a payé de sa personne. Rajeuni, souriant, détendu, plus en forme que jamais, il a fait des scènes de charme de grand style. M. Pierre Lagaillarde, qui proclamait volontiers son antigaullisme, s'est déclaré « fortement impressionné ». Un colonel dont l'importance à Alger s'accroît chaque jour est « tout à fait rassuré » :

« Le général Salan ? Quand on connaîtra l'étendue de ses attributions nouvelles, on verra si c'est un limogeage ou, au contraire, une extraordinaire promotion ! Le retour aux pouvoirs civils ? Il sera lent, progressif et d'ailleurs limité à certaines régions pacifiées. Massu ? Il est inconcevable qu'il soit déplacé ! Non, il n'y a aucune revanche, ni réelle ni apparente sur les hommes ou l'esprit du 13 mai. »

Le général de Gaulle, en effet, continue d'orienter une vague dont il a senti depuis les élections la force plutôt que de s'opposer à elle : c'est ce qu'ont bien compris ses nouveaux chargés de mission. Une fois cette grave décision prise, il fait une résistance verbale. « Il ne prononce pas le mot. » Et il prépare son projet du siècle.

L'illumination saharienne

Quel est ce projet ? A vrai dire, il révèle toute la politique algérienne du Général.

Du fait de la décadence française, pense le Général, un dynamisme révolutionnaire est né en Algérie qu'il convient de mettre au service de la résurrection nationale. Ce dynamisme pouvait être inemployé : la guerre d'usure en Algérie est génératrice de désordres en métropole. Il fallait trouver un point d'application à toutes ces énergies. Par miracle, il est né de la difficulté même : le Sahara, c'est comme la finalité du gaullisme. Il a été inventé pour lui. Il est à sa source. Devant « les derricks de Hassi-Messaoud et d'Edjelé », « les torches de gaz de Hassi-R'Mel qui flambent sur le sable », de Gaulle a trouvé tout naturel de parler de « l'extraordinaire rencontre de la France avec son destin ».

Un de ses ministres disait récemment que le rêve de de Gaulle était d'intituler le quatrième tome de ses mémoires : *la Paix en Algérie.* Je jurerais aujourd'hui qu'il se trompe et que le nouveau titre projeté est : *l'Illumination saharienne.* Tout le monde y a pensé dimanche matin à la cathédrale d'Alger, lorsque le Général a entendu lire l'épître à saint Paul : « Oh ! toi, qu'as-tu trouvé dans le désert ? » Tout simplement le destin ! Et les propos de de Gaulle en Algérie en ont été plus concis, plus émus, plus denses, plus inspirés aussi qu'ils n'avaient jamais été.

Tel est le cheminement de l' « idée saharienne ». Il faut ajouter que, lorsque le général de Gaulle a assisté aux transformations sociales créées par la prospection pétrolière (au point que le caïd qui le recevait crut opportun de se plaindre des perturbations suscitées par les salaires trop élevés donnés aux ouvriers musulmans), il est bien certain qu'il a pu être tenté par de hâtives extrapolations. Car s'agit-il d'un miracle ? Ne force-t-on pas la note ? Les journaux ont été remplis de ce qui nous est promis pour 1962 : n'y a-t-il aucune réserve ? L'exploitation des richesses sahariennes constitue-t-elle vraiment la solution définitive au conflit algérien et aux problèmes économiques de la métropole ? C'est une autre histoire…

Mais, dans les nouvelles perspectives, le seul fait de poser une question aussi « réaliste » nous écarte des cimes où souffle l'esprit de grandeur. C'est sordide langage de « consommateurs », alors que ce qui compte c'est la souveraine impulsion, lorsqu'elle entraîne la modification de faits économiques ou non et la transformation des hommes : « La nation a un but : ce qu'il fallait pour sauver l'Algérie et la France. » Et voici, selon mes conversations algériennes, quelle est la politique algérienne du futur président de la Communauté (titre dont de Gaulle va être amené à se servir beaucoup plus que de son titre de président de la République).

Cette politique a été exposée par le Général lui-même à Paul Delouvrier, quarante-quatre ans, ancien inspecteur des Finances, aujourd'hui chargé des responsabilités civiles en Algérie. C'est un technicien de l'économie européenne qui, il y a un mois encore, faisait partie de l'état-major de Luxembourg (CECA). Lorsqu'il a été convoqué à la présidence du Conseil, il n'avait pas revu le général de Gaulle depuis dix ans. Ancien directeur du cabinet de M. René Pleven en 1947, puis de M. René Mayer, il s'était spécialisé dans les problèmes d'échanges internationaux. La réputation qu'il s'est faite est celle d'un « technicien-qui-obtient-des-crédits » ; c'est-à-dire qu'il a une manière incomparablement convaincante de démontrer, par la solidité d'une étude et l'habileté de la présentation, l'impossibilité d'un refus d'une subvention ou d'un prêt.

On ne repousse pas un dossier Delouvrier, disait-on à l'OECE, à l'organisme de coopération économique des Six et partout où il est passé. Sur l'Algérie, il avait une idée, d'ailleurs partagée par presque tous les « Européens », c'est que l'intégration risque d'être ruineuse. Quand il a su de quoi le Général voulait le charger, réfléchissant aux aspects politiques de sa mission, il a fini par répondre : « Je ne suis pas de taille. » De Gaulle a répondu : « Vous grandirez. » Il a ajouté qu'en tant que président de la Communauté, non seulement il retournerait lui-même en Algérie, mais qu'il ne cesserait pas de s'occuper des affaires algériennes. Et il a ensuite développé le point de vue suivant :

Le complexe de Bône

Selon le président du Conseil, il conviendrait d'ignorer ceux qui pensent que rien ne peut être tenté avant l'écrasement complet des rebelles. Les partisans de cette thèse sont ou bien des intégrationnistes qui préfèrent reculer l'heure de l'intégration, car elle entraîne la perte de leurs privilèges, ou bien des militaires qui craignent le double jeu des musulmans, ou encore, évidemment, les rebelles eux-mêmes qui ont intérêt à faire croire que l'on doit choisir entre la négociation et la guerre. Le refus du FLN de venir à Paris, le boycott des élections et le « contexte général » rendent pour le moment impossible « une solution politique raisonnable ».

Mais, cependant, il faut faire le maximum pour réintroduire la démocratie en appliquant « à fond » le plan de Constantine. En particulier, il faut scolariser et employer à outrance. Ces mesures doivent servir à une transformation du pays telle qu'elle doive permettre un nouveau dialogue pour étudier la place distincte, mais étroitement liée à la métropole, de l'Algérie. Les rebelles ne sont pas aujourd'hui à même de connaître leurs vrais intérêts. La guerre d'un côté, les progrès sociaux et économiques de l'autre, ou bien les rendront raisonnables, ou bien les couperont définitivement de leur pays. Pour cela, il faut « lancer » économiquement l'Algérie : favoriser les investissements, vaincre les « réticences européennes » et le « défaitisme économique » (M. Delouvrier comprit facilement ces allusions).

Le voyage du Général est, de ce point de vue, une grande entreprise publicitaire.

L'avenir et le présent

M. Delouvrier se déclare optimiste en ce qui concerne le complexe sidérurgique de Bône qui lui paraît « raisonnable ».

Est prévue aussi la création de grands ensembles industriels. Pour cela, il faudrait le concours des industries de la métropole, soit qu'elles créent des filiales nouvelles, soit qu'elles se regroupent en Afrique du Nord pour la réalisation en commun de complexes audacieux qui dépassent leurs capacités respectives.

Mais M. Delouvrier se déclare moins sûr des effets immédiats de la recherche saharienne, sauf pour créer un « mouvement économique ». Les techniciens étrangers que la France a fait venir se heurtent, dit-il, à des obstacles d'infrastructure : les ports sont trop loin des gisements, le transport est extraordinairement onéreux, le prix de revient est pour le moment de beaucoup supérieur au prix d'achat du pétrole du Moyen-Orient. Les possibilités pour l'avenir sont incontestables. Les répercussions pour le présent sont hasardeuses[1].

Enfin, M. Delouvrier aura à choisir entre les projets des « politiques », qui veulent favoriser l'embauche immédiate par la création d'une multitude de petites usines à rentabilité douteuse, et ceux des « techniciens », qui veulent construire des réalisations solides, à long terme. Faire les deux ? C'est évidemment une question de crédits : pour 1959, 105 milliards pourront être dépensés. C'est à la fois énorme comme dépense nouvelle, et dérisoire devant ce qu'on voudrait faire.

Si l'on passe à l'agriculture, on découvre tout de suite l'incidence de la guerre. L'extraordinaire exode rural d'une grande partie des 4 millions de musulmans qui s'efforcent de vivre de l'agriculture est dû principalement à la guerre. On redécouvre, comme par accident, une situation que de savants projets tiennent pour négligeable. Si les fellagha n'existaient pas, on aurait pu faire de tels projets. Avec eux, sont-ils réalisables ? Toute la question est là.

Qui s'intéresse encore, ici, à ce que pensent les musulmans, sauf pour savoir s'ils font partie ou non du FLN ?

Le choix de M. Delouvrier

En dehors du Sahara miraculeux et des villes-lumières du Nord pacifiées, en dehors surtout d'Alger, ville-champignon qui s'accroît démesurément, qui est entourée de chantiers, dont l'expansion prodigieuse donne une mesure du dynamisme européen et porte la marque de son ancien maire libéral, Jacques Chevallier, il y a toujours le bled en proie au conflit. A Alger, point de chambres d'hôtel, points de places dans les spectacles, impossible de stationner. A quelques kilomètres, si l'on s'écarte des routes nationales et départementales, c'est le vide dont on ne sait pas ce qui le remplit dès la nuit tombée. Il

1. En fait, les experts économiques, à Paris, se montrent au contraire rassurés sur les perspectives pétrolières (20 millions de tonnes par an dès 1962) et nettement réticents sur le complexe industriel, car l'énergie initiale (le gaz) sera d'un prix de revient très élevé, et les transports également très coûteux. *(N.d.l.R.)*

m'a fallu plus de deux heures pour doubler un convoi militaire. Jamais il n'y a eu autant de troupes ni autant de mouvements de ces troupes. Jamais on n'a eu autant l'impression d'un pays en état de mobilisation.

Les arrestations évidemment continuent. Évidemment, les prisons et les camps sont toujours pleins. Déroulement « normal » de la guerre contre le FLN ? Oui, en un sens. Mais aussi sabotage évident, permanent, des instructions du général de Gaulle. Qu'a pu obtenir jusqu'à maintenant M. Patin, président de la Commission de sauvegarde des droits et libertés individuels, de tout ce qu'il a demandé ? Qu'a obtenu M. Brouillet[1] ? Et d'ailleurs ce sabotage a une signification politique précise. La mystique de l'intégration « de Dunkerque à Tamanrasset » exclut toute « faiblesse », toute indulgence, toute justice devant les formes même les plus modérées et pacifiques du nationalisme.

Un nationaliste algérien selon de Gaulle, c'est-à-dire désirant un ensemble économique franco-algérien, acceptant une autonomie politique progressive dans un cadre résolument français, un tel nationaliste est impitoyablement pourchassé dans l'Algérie d'aujourd'hui s'il cherche à s'exprimer. Ce scandaleux paradoxe saute aux yeux des moins lucides.

M. Delouvrier est-il là pour supprimer un tel divorce entre Paris et Alger ? Va-t-il être gaulliste selon la lettre et l'esprit ? On ne lui donne pas six mois, s'il le tente dans l'appareil actuel. Sinon, à quoi servira sa technique ? Seulement aux nobles batailles, comme celles menées sans espoir, depuis septembre, par M. Henri Hoppenot. Constatons que cela ne fait guère avancer les choses.

Et le FLN ?

Mais à tout prendre, un nationaliste algérien comme celui que je décrivais plus haut existe-t-il ? Eh bien, je le crois. J'ai rencontré, au cours de ce séjour, de nombreux jeunes gens qui, en quatre ans, ont beaucoup vu, beaucoup souffert, beaucoup

1. René Brouillet : secrétaire d'État aux Affaires algériennes. *(N.d.É.)*

réfléchi. Ils ne diront jamais un mot contre le FLN « sans qui les musulmans d'Algérie seraient toujours humiliés », mais ils sont revenus de l'arabisme et de l'indépendance inconditionnelle.

Ils en ont tellement vu, en vérité, qu'ils ont perdu la force de haïr, gagné la lucidité de leurs intérêts et seraient prêts à la réconciliation si, sur place, dans leur vie quotidienne, les preuves en étaient réellement données.

Mais, d'une part, ils s'aperçoivent qu'en dehors des avantages scolaires dont ils profitent avidement, la « fraternisation » a rapidement tourné court. D'autre part, ils ont été durement éprouvés par l'échec des tentatives du général de Gaulle pour ramener la paix.

Ceux d'entre eux qui en rendent responsable le FLN et qui lui reprochent d'avoir repoussé l'invitation du Général ne se sont pas « ralliés » pour autant : ce que les colonels d'Algérie ne paraissent pas comprendre, c'est que les élites musulmanes continuent de se situer moralement par rapport au FLN et qu'elles ne cesseront jamais de le faire, quelles que soient les intransigeances et les erreurs politiques du FLN. Il est leur conscience. On peut le regretter ou non, mais au moins qu'on le sache, qu'on s'en aperçoive et qu'on en tienne compte. Cela transformerait peut-être la façon d'approcher les problèmes pour la propagande d'Alger.

Quant au FLN lui-même, il apparaît qu'il reste encore bien vivant. Le nombre des engagements n'a pas sensiblement diminué ces derniers temps — malgré un verrouillage sévère et d'ailleurs efficace des frontières, une adaptation plus grande des unités françaises à la guérilla et, dans certaines régions, selon des officiers dignes de foi, une baisse de la combativité à l'approche de l'hiver. Un ouvrier nationaliste m'a affirmé sur un ton d'apocalypse : « Vous allez voir : cela va commencer en Tunisie, et au Maroc, les événements seront graves : les États-Unis ne pourront pas rester indifférents ; la France les a engagés au Sahara : ou bien ils se dégageront, ou bien ils attireront les Russes. En ce moment, le monde entier bouge. La radio vient de nous annoncer que les " nôtres " avaient été reçus triomphalement en Chine et en Guinée. Tous les peuples africains et asiatiques vont être aidés maintenant par la Chine et par la Russie. La France gagne du temps. Ce que le FLN seul ne pourra faire, tous ses alliés vont le faire pour lui. Cela va simplement durer un peu plus longtemps, mais ni vous ni nous ne sommes au bout de nos souffrances. » C'est évidemment le langage de quelqu'un qui ne compte plus sur une victoire immédiate des combattants algériens. Mais c'est aussi celui de quelqu'un qui s'installe dans la résistance et dans un conflit démesuré. Cela nous révèle peut-être aussi les plans de cette Algérie en exil.

En tout cas, ceux qui ne sont pas prêts d'oublier l'existence de cette force sont ceux qui s'y sont affrontés. Le général Massu, qui a récemment « regoûté » aux opérations militaires, paraît en avoir tiré une leçon assez précise. C'est de lui, de façon surprenante, qu'est venue une nouvelle évocation de la « paix des braves » proposée par de Gaulle. Quant au président du Conseil, il a crié son impuissance devant « les attardés de la guerre civile », il a appelé à la fraternisation, à la construction en commun, à la collaboration « depuis l'Atlantique jusqu'au Nil et à la mer Rouge ». Exaltantes paroles !

Aux jeunes musulmans qui les écoutent, dévoués à leur lutte pour une patrie algérienne, elles paraissent pénibles. Alors on leur répond qu'au terme du « projet grandiose » du Général, « l'indépendance, personne n'y pensera plus »...

(L'Express)

15 janvier 1959

Nouvelle tentative

Jusqu'au dernier moment, quelques hommes politiques ont cru pouvoir éviter les mesures d'amnistie qui ont été rendues publiques à l'issue du Conseil des ministres de mardi soir.

Quelques heures avant ce Conseil, *Paris-Presse* avait, en première page, publié les anciennes déclarations de M. Michel Debré sur « les assassins de la rébellion » et « l'Algérie française ».

Déjà, le vendredi 9 janvier, le même journal avait mis le feu aux poudres en faisant allusion aux « bruits sur les intentions de clémence du général de Gaulle à l'égard non seulement des internés politiques, mais aussi des condamnés algériens. Jamais le Général n'a été aussi loin, dit-on au Palais-Bourbon, où certains traduisent même qu'il s'agit d'une véritable promesse d'autonomie interne. Déjà on reparle d'une nouvelle ouverture vers le FLN ».

Aussitôt, les couloirs du Palais-Bourbon s'animaient. Et à 16 heures, ce même vendredi, l'Agence France-Presse diffusait en Algérie et à l'étranger — mais non pas à Paris — une dépêche donnant avec réserve des précisions sur l'amnistie et ceux (Ben Bella entre autres) qu'elle concernait. Le quotidien *Nice-Soir* l'annonçait dès après sur huit colonnes en caractères d'affiche. Et, samedi matin, Alger était en effervescence.

Les yeux et les oreilles

Le dispositif de résistance était mis en branle : intervention auprès de Mlle Sid Cara, secrétaire d'État aux Affaires musulmanes, pour qu'elle donne sa démission ; alerte aux « organisations patriotiques » d'Alger ; visite au général Salan pour voir « sur quels militaires on pouvait compter ». En bref, ce qu'on peut appeler, à la lettre et pour une fois, une véritable campagne de démoralisation, laquelle relève de l'atteinte à la sûreté extérieure de l'État et au moral de l'armée.

Qu'on en juge en effet : après des éditoriaux alarmants, *l'Écho d'Alger* diffusa les communiqués des organisations patriotiques algéroises qui témoignèrent d'une agressivité rare. « De Gaulle a des yeux et il ne voit pas. Il a des oreilles et il n'entend pas [...]. La voie est ouverte à l'indépendance : 50 % des Français d'Algérie vont quitter le pays [...]. La crise va être plus grave encore qu'avant le 13 mai, car elle sera plus émotionnelle. L'armée est bafouée. Si les départements algériens n'obtiennent pas le statut de départements français, les conséquences vont être terribles... »

M. Delouvrier, qui était depuis longtemps au courant des intentions du général de Gaulle, décidait alors de venir à Paris pour s'entretenir avec M. Michel Debré, non point des réactions algéroises, prévisibles et négligeables, mais d'une véritable affaire de fuites.

Qui avait orchestré l'agitation ? Qui avait cru bon de parler de la mise en résidence surveillée de Ben Bella, avant la présentation du nouveau gouvernement devant l'Assemblée nationale ? Qui avait le contact direct avec M. Alain de Sérigny, directeur de *l'Écho d'Alger* ? Au cabinet de M. Delouvrier, comme au cabinet du général Challe, tout le monde était au courant des projets gouvernementaux ou plutôt présidentiels, mais le secret avait été gardé : de cela, on était certain.

Les secrets d'État

Depuis les indiscrétions sur les pourparlers secrets, le général de Gaulle avait donné des instructions formelles. Faisant allusion à des personnalités aussi bien françaises que FLN, il avait déclaré, irrité : « Que sont ces individus qui se voudraient hommes d'État et qui ne savent même pas garder un secret d'État ? »

C'est pourquoi, samedi après-midi, il y avait déjà une difficulté sérieuse entre le Palais de l'Élysée et l'Hôtel Matignon. Quand une difficulté de ce genre naît, chacun évidemment a le regard tourné vers M. Jacques Soustelle. Ses contacts avec les députés algériens sont fréquents et attentifs. Il entend garder son rôle de tuteur de « l'aimée et souffrante Algérie ». Mais, en plus, il vient de prendre à son cabinet l'un des activistes les plus perfides parmi les ultras d'Alger, M. Decrept, agrégé de grammaire, qui a passé le plus clair de ses années d'enseignement à Alger à préconiser la formation de milices combattantes pour l'Algérie française.

Les jeunes professeurs libéraux des lycées algérois ont gardé de lui un souvenir précis. Plusieurs d'entre eux lui doivent d'avoir été inquiétés, parfois déplacés.

Il paraît vraisemblable que MM. Soustelle et Decrept ont estimé l'heure venue de tirer la sonnette d'alarme, de déclarer aux députés algériens que la trêve était terminée, que c'était à eux de « faire le reste » comme on le leur avait promis, que leur réseau algérien et que les milieux militaires devaient être alertés. Un échec de détail les avait déjà d'ailleurs inquiétés : sur proposition de M. Decrept, M. Soustelle voulut donner l'investiture UNR à M. de Sérigny pour les élections sénatoriales. MM. Michel Debré et Michelet s'y opposèrent violemment en déclarant que c'était incompatible avec le gaullisme algérien tel qu'il allait se révéler bientôt et il n'en fut plus question.

Des plans très vastes

Le plus piquant est que les alertes ont été données de façon fort indirecte et qu'une personnalité socialiste a contribué de façon déterminante au climat passionnel qui a suivi la dernière proclamation du président de la République.

Il ne s'agit pas de M. Guy Mollet, lequel, depuis quelques mois, fait amende honorable, sur la politique algérienne, s'attribue la responsabilité de tous les pourparlers secrets qui ont précédé la conférence de presse du général de Gaulle et déclare à qui veut l'entendre qu'il a toujours cherché une négociation raisonnable. Il ne s'agit pas non plus de M. Robert Lacoste, qui demande vainement audience au général de Gaulle pour lui exposer que, « quoi qu'on fasse, on ne pourra jamais s'entendre avec le FLN et qu'il convient de choisir entre la braderie et l'écrasement des maquis ».

Selon des milieux proches de l'Hôtel Matignon, il s'agirait purement et simplement de M. Max Lejeune, ancien secrétaire d'État aux Armées sous le gouvernement de M. Guy Mollet et qui, en octobre 1956, lors de l'interception de l'avion qui transportait Ben Bella et ses compagnons à Tunis, réclama avec ostentation la paternité glorieuse de ce haut fait d'armes. M. Max Lejeune considère que cette arrestation lui appartient en propre et qu'à travers lui on « renie la France et l'armée » en adoucissant le sort de ces prisonniers. Déjà il avait regretté qu'on fît « de ces bandits de droit commun des détenus politiques ». Le général de Gaulle se voit ainsi combattu par un socialiste (dont on dit, il est vrai, qu'il a envisagé de changer de formation politique...).

L'affaire est d'autant plus grave que les plans algériens du général de Gaulle sont très vastes, au seuil de la nouvelle année, et que, si un simple commencement d'exécution déclenche de telles opérations politiques, ces plans pourraient être voués, dès le départ, à l'échec.

Les intentions présidentielles concernant la mise en résidence surveillée du leader algérien Ben Bella et de ses compagnons étaient bien connues. Il y a quelques semaines, le général de Gaulle l'a confirmé à Me Chérif, bâtonnier de l'ordre des avocats de Tanger, codéfenseur (avec Me Stibbe) de Ben Bella et conseiller juridique auprès du roi du Maroc. Le « moment psychologique » seul était à trouver. Tout cela a été tu par les journalistes responsables et ne fut révélé que par des politiciens aveugles. C'est même au nom de ces informations secrètes que certains d'entre nous se sont fait un devoir de séparer la politique algérienne du général de Gaulle de sa politique intérieure, pour constater l'obstination tranquille avec laquelle le nouveau président de la République progresse vers ses objectifs.

Un climat de prénégociation

Le climat favorable à une négociation pourrait bien être cette fois réalisé. Le FLN demandait que les rebelles pris les armes à la main fussent internés dans des camps, conformément aux conventions de Genève : on peut révéler aujourd'hui que, depuis trois mois, ces camps existent en Algérie. Il demandait que les condamnés à mort fussent passés par les armes et non guillotinés : cela est fait depuis un mois. Il demandait que les chefs politiques ne fussent pas exécutés : tous sont graciés. Enfin, il réclamait la libération de Ben Bella, « vice-président du gouvernement algérien », et des « ministres » codétenus : ces derniers, pour n'être pas mis en résidence surveillée, sont « transférés dans une enceinte fortifiée ». Le compromis, qu'ont arraché les amis de M. Soustelle, ne peut voiler la signification de ce geste. Sans doute le FLN sera-t-il tenté de voir une manœuvre dans la libération du vieux leader rival Messali. Mais l'unité de la résistance algérienne n'est pas une affaire française.

Si, enfin, l'on ajoute à tout cela la solennelle proclamation du président de la République le jour de son installation à l'Élysée, promettant « une place de choix à l'Algérie de demain, développant elle-même sa personnalité et étroitement associée à la France », il est impossible de nier que la voie est désormais ouverte à de féconds pourparlers. Il y a même des chances pour que la certitude de pourparlers positifs ait été obtenue avant que ce climat n'ait été réalisé.

Mais jusqu'où veut-on mener vraiment d'éventuelles *négociations*, pour appeler ces pourparlers par leur nom? Il faut revenir aux conceptions premières du général de Gaulle, puisqu'il apparaît que, malgré les difficultés de départ, il tente avec opiniâtreté de les mettre en pratique.

Le président de la République a toujours jugé que le seul problème consistait à installer en France un « État fort ». Le reste devant suivre très normalement. Tous les gestes qui, venant d'un État faible, apparaissent des « abandons » deviennent des actes de grande politique quand ils sont le fruit de l'autorité de l'État. Au surplus, confiant en son destin, le général de Gaulle pensait que les difficultés disparaîtraient dès son arrivée au pouvoir. Les « circonstances » (auxquelles, d'ailleurs, il devait prendre sur le tard une part plus ou moins grande) l'ont fait buter sur deux obstacles : l'armée française et le FLN.

La reconversion politique

Pour l'armée française — dont il a compris le drame, en militaire —, une tactique d'une souplesse parfois inquiétante lui a tout de même permis de neutraliser l'état-major de l'Action psychologique, de ramener le général Salan à Paris, de pourvoir de missions opérationnelles à peu près tous ceux qui nourrissaient des rêves politiques et enfin d'installer solidement ses meilleurs « compagnons » : les généraux Challe, Gambiez et Gilles. Le général de Gaulle pense-t-il aujourd'hui avoir totalement son armée « en main » ? Un récent télégramme de félicitations aux généraux Massu et Faure, à propos d'une opération ordinaire en Kabylie, peut en faire douter…

Quant aux FLN, de Gaulle s'est aperçu — avec une certaine impatience — qu'il ne pouvait pas les traiter comme de simples Chouans, auxquels il eût accordé l'autonomie relative d'une Bretagne bretonnante. L'approche, par lui, du sentiment national algérien, qui demeure l'origine véritable de l'insurrection des élites et qui nourrit aujourd'hui l'ardeur guerrière des maquis, cette approche a été — et est encore — extrêmement difficile. D'autant que ce sentiment national s'exprime au moyen d'une armée révolutionnaire à laquelle le FLN tient plus qu'à toute autre chose et qui rend très ardue la reconversion *politique* des nationalistes.

Le pont

Pour le moment, les positions restent très éloignées les unes des autres. Le FLN estime qu'il est l'exclusif représentant d'une nation algérienne déjà organisée, structurée et vivante. Il entend ne juger de son association avec la France qu'une fois sa souveraineté reconquise.

Le général de Gaulle souhaite pouvoir, d'un coup, donner existence à la nation algérienne et l'intégrer en même temps dans un ensemble, dont la réalisation ne peut être que reculée.

Pour rapprocher ces deux positions, il existe le pont, bien connu, de l'Union franco-maghrébine (entre la France et les trois pays d'Afrique du Nord). Mais il n'est pas sûr que Tunisiens et Marocains, malgré le retentissant discours de M. Bourguiba à la radio française le 1er janvier, soient prêts pour une telle union. Ce qu'on paraît avoir obtenu de Tunis et de Rabat, c'est, plus modestement, de nouveaux « bons offices ».

Les semaines qui vont suivre seront importantes, tant par les combats politiques intérieurs qui peuvent encore une fois complètement dénaturer les véritables intentions du président de la République, que par l'examen des réactions du FLN. Il faut souhaiter, en tout cas, que ce dernier se rende compte de l'effort du général de Gaulle pour progresser.

(L'Express)

7 mai 1959

La stratégie du Général

Dans une semaine, le mercredi 13 mai, il y aura exactement un an qu'une conjonction de complots civils et militaires, alimentés par l'irresponsabilité ou la complicité de ministres « républicains », triomphait d'une République, la IVe, qui, depuis longtemps, ne trouvait plus personne pour la défendre.

En France, cette IVe République était surtout critiquée parce qu'elle se révélait inapte à faire la paix. En Algérie, elle était au contraire honnie parce qu'on la jugeait impuissante à faire la guerre et qu'on craignait qu'elle ne s'apprête à négocier « une paix d'abandon ».

Quels que soient les vices du « système », le fait essentiel demeure que c'est la guerre d'Algérie qui a tué la IVe République. La Ve République est née depuis près d'un an, mais la guerre d'Algérie continue. La question la plus urgente, pour ces journées d'anniversaire, est de se demander si cette guerre peut avoir raison de la Ve République, comme elle a eu raison de la IVe.

Un avertissement

On ne peut plus aujourd'hui, en effet, ignorer les dangers d'une explosion algéroise, comme on l'avait fait avant le 13 mai 1958. On sait désormais qu'une mer seulement nous sépare d'une poudrière dont dépendent directement le sort du régime et l'avenir de la nation.

C'est dans cette perspective qu'il faut analyser les déclarations du général de Gaulle à M. Pierre Laffont, directeur de *l'Écho d'Oran.* Une phrase de ces déclarations résume la préoccupation déterminante des Français et entend répondre à la question posée plus haut : « La situation actuelle n'est pas ce qu'elle était il y a un an. Si le 13 mai a réussi, c'est parce que, derrière Alger, il y avait toute la France et l'armée aussi. » C'est à la fois une analyse et un avertissement. Le général de Gaulle prévient les activistes — qu'il nomme « agitateurs » — que l'heure des complots est terminée parce que la métropole et l'armée ne sont plus avec eux. L'armée surtout. Et il cherche, visiblement, à isoler ces agitateurs en les ridiculisant ou en les critiquant avec une violence nouvelle : « Il y a des gens, à Alger comme à Paris, qui s'efforcent de tout embrouiller et qui sautent sur toutes les occasions pour le faire.[...] Ceux qui crient aujourd'hui le plus fort " intégration" sont ceux-là mêmes qui, jadis, étaient contre cette mesure. Ce qu'ils veulent, c'est qu'on leur rende l'Algérie de Papa. Mais l'Algérie de Papa est morte et si on ne le comprend pas, on mourra avec elle.[...] La fraternisation des deux communautés ne s'est pas faite le 13 mai avec M. Lagaillarde.[...] Tous ceux qui dressent les Français d'Algérie contre moi retardent le retour de la paix. »

Tout cela est net, précis, définitif. La condamnation des ultras par la plus haute autorité de l'État français ne peut laisser indifférents ceux qui, depuis des années, s'efforcent de dénoncer leur entreprise de démoralisation.

De plus, si l'on rappelle que l'homme choisi pour recevoir ces déclarations est député d'Oran, c'est-à-dire d'une ville où les ultras d'Alger n'ont jamais été populaires, et qu'il est directeur d'un quotidien qui, depuis des semaines, affirme qu'« Alger n'est pas l'Algérie », alors la tactique du général de Gaulle devient claire : il s'agit bien d'isoler les agitateurs.

Des assurances

Pourquoi ? Simplement parce qu'ils ne sont précisément pas isolés et que, si la métropole (en dehors du lobby algérien qui va de *Paris-Presse* à *Rivarol* en passant par *Carrefour* et certains cabinets ministériels) ne les suit pas, il n'est pas prouvé, au contraire, qu'une partie active de l'armée ne les soutienne pas. Et, en fait, on va voir que c'est particulièrement à l'armée que le président de la République s'est adressé :

« L'Algérie de Papa » est une savoureuse trouvaille qui ne peut qu'être populaire dans l'armée, où il est devenu courant de proclamer « qu'on n'est pas là pour défendre les privilèges des gros colons ». Ayant ainsi rappelé aux militaires la mission égalitaire qu'ils se sont donnée à eux-mêmes le 13 mai, il s'empresse aussitôt de leur donner des assurances.

Les mesures de grâce ? Ce sont elles qui ont favorisé les ralliements. Autrement dit, on ne doit pas penser qu'elles s'inscrivent dans une perspective de négociation, mais dans une politique de pacification. L'intégration ? Il n'en a pas prononcé le mot parce qu'on a voulu le lui imposer, mais : « Qu'ai-je donc fait depuis que je suis au pouvoir ?[...] Le plan de Constantine, n'est-ce pas cela la véritable intégration ? Quant à la signification politique du mot, quelle est-elle ? Que l'Algérie est française ? Il est inutile de le dire puisque cela est. »

Enfin, en ce qui concerne le FLN, de Gaulle rappelle qu'il se refuse à le reconnaître et qu'il rompt les relations diplomatiques avec les pays non arabes qui le reconnaissent. L'offre de dialogue est maintenue, mais seulement si les leaders algériens viennent à Paris.

Ces assurances ont désorganisé les troupes du 13 mai qui étaient à la veille de redevenir homogènes. Le Comité de salut public d'Algérie et du Sahara a éclaté. Le troisième personnage de l'administration algérienne, M. Regard, a été mis en congé. La tactique a donc réussi.

Le contenu de ces assurances n'en marque pas moins un net et grave recul. Cependant, on a peu prêté attention au fait que le président de la République a aussi formulé une pensée, pour la première fois, teintée de solennité sombre : « Je crois qu'une solution heureuse ne peut être trouvée que dans une transformation totale de ce pays. C'est ce que je m'efforce de faire. Nous n'avons que le temps de la réussir. Si cette évolution échoue, *même si la pacification était définitive,* l'Algérie serait rapidement perdue pour nous. Car, à la première occasion, elle se soulèverait de nouveau et, cette fois, il n'y aurait plus de solution. »

Jamais, jusqu'alors, un chef de gouvernement n'avait autant limité la portée de la réponse militaire à la situation algérienne... Autrement dit, vaincre le FLN ne constitue pas une politique aux yeux du général de Gaulle. Un pari est fait sur la transformation de l'Algérie. Puisque notre avenir, à tous, dépend de ce pari, il faut voir clairement en quoi il consiste et ce qui a été tenté, récemment encore, pour le gagner.

« Une force importante »

D'après ce que l'on peut apprendre de certains de ses collaborateurs ou de ses ministres, le général de Gaulle a une idée précise — et depuis très longtemps arrêtée — sur l'attitude à adopter à l'égard du FLN.

L'organisation politico-militaire de l'insurrection ne peut prétendre, selon lui, à une souveraineté quelconque, directe ou indirecte, sur l'Algérie. Le peuple algérien ne lui en a donné aucune délégation. Cette organisation ne doit donc être jamais reconnue comme telle, et ce, sous n'importe quelle forme. Il convient d'ailleurs de rendre cette thèse de plus en plus vraie, en donnant à l'Algérie, qui est aux neuf dixièmes musulmane, une physionomie aux neuf dixièmes musulmane. Le jour du dialogue, la France devra se présenter avec des députés musulmans, des harkis musulmans, des hauts fonctionnaires, des conseillers municipaux, bref le plus grand nombre possible de cadres musulmans qui auront choisi sinon la France, au moins une orientation définitivement française. Et c'est le sens de la pression qui vient d'être exercée pour que la ville d'Alger ait son premier maire musulman depuis 1830.

Plus le FLN tarde à accepter le dialogue dans les conditions exigées par de Gaulle, plus, selon ce raisonnement, le succès de la pacification et les réalisations sociales et économiques conduiront à accroître l'élite musulmane. Cette élite prendra peu à peu les places occupées par les Français d'Algérie. Plus ou moins fabriquée au départ, elle finira par avoir une représentativité égale à celle du FLN. Il faut surtout arriver à une véritable auto-administration locale des musulmans.

Mais le FLN est une « force importante ». Il ne peut prétendre représenter l'Algérie, ni même l'ensemble des Algériens musulmans, mais c'est lui qui fait la guerre, c'est lui qui bénéficie des appuis extérieurs, il a derrière lui une jeunesse nombreuse et ardente, et avec lui, « un jour ou l'autre, il faudra bien finir par en arriver à la discussion ».

L'invitation à Paris devrait donc être l'idéal — toujours selon l'Élysée — pour les deux parties. La France considérera qu'il s'agit de la délégation d'une force politique algérienne parmi d'autres. Libre aux chefs algériens de donner à cette invitation tel autre sens qui leur conviendra.

L'été dernier, pour bien montrer qu'on ne tenait pas le FLN pour un adversaire négligeable ou pour une force politique exclue, on l'avait invité à donner ses conditions à une participation aux différentes consultations électorales. Puis ce fut l'invitation publique à Paris que le gouvernement algérien a repoussée sans diplomatie. Cette thèse a été une nouvelle fois communiquée au FLN il y a exactement deux mois par deux diplomates : *l'un est indien, l'autre libanais.*

L'initiative de cette tentative de médiation revient aux diplomates eux-mêmes. Sans être chargés de mission, ils ont ajouté à leur exposé qu'un entretien sur le cessez-le-feu était inséparable d'un examen des conditions pratiques du cessez-le-feu, lequel examen devait nécessairement déboucher sur les conséquences, pour l'avenir immédiat de l'Algérie, de l'éventuelle entrée en scène du FLN comme formation politique. A New Delhi, M. Abbas n'est pas allé rechercher, comme on l'a écrit, la reconnaissance du gouvernement algérien par l'Inde, mais le résultat des dernières conversations du représentant de M. Nehru à Paris.

La réaction la plus récente du FLN devient alors particulièrement intéressante. M. Abbas se contente de demander qu'une rencontre en terrain neutre « sans préalable ni ordre du jour » avec un collaborateur du général de Gaulle précède d'éventuels entretiens *à Paris*.

Pour le FLN, le pas est considérable. D'abord, il ne relève pas les propos du président de la République sur l'Algérie française. (Il est vrai que l'on a été invité à retenir l'esprit et non la lettre de ces déclarations...) Ensuite, le préalable de l'indépendance n'est pas mentionné et M. Abbas ne craint pas de déclarer qu'il voudrait simplement savoir si la France est prête à offrir aux Algériens une « fin honorable » au conflit.

En principe donc, peu de chose s'oppose désormais à une rencontre. Normalement, elle devrait avoir lieu. Le seul obstacle, c'est l'entretien « en terrain neutre », qui, pour de Gaulle, équivaut à une reconnaissance. Quel sens le FLN donne-t-il à la rencontre en terrain neutre ? Ses dirigeants déclarent ne pas vouloir venir à Paris comme des citoyens français, mais comme les représentants de l'Algérie future. Ils veulent avoir un minimum d'informations sur la qualité qu'on leur accorde. De leur point de vue, pourtant, c'est peut-être discutable, car l'arrivée à Paris de chefs insurgés revêt un caractère spectaculaire qui devrait apaiser leurs doutes.

Mais, d'un autre côté, les gouvernements de la IVe République ont déjà envoyé auprès du FLN des personnalités comme MM. Commin, Begarra, Goëau-Brissonnière. Et même en ce qui concerne le général de Gaulle, ne peut-on parler de la mission de MM. Farès et Amrouche comme d'une médiation officielle en terrain neutre ?

Les objections ne paraissent donc pas très sérieuses, ni d'un côté ni de l'autre. On devrait pouvoir tôt ou tard les surmonter. Cela est-il possible pour le moment, du côté français ? Les arguments avancés en haut lieu sur ce point sont significatifs.

Avant le 18 juin

On dit, d'abord, que le président de la République ne veut avoir aucun intermédiaire, ne faire donner aucune assurance qui l'engage et entend mener cette entreprise tout seul. On dit ensuite et surtout qu'il y a précisément « trop d'hommes » à Alger, comme à Paris, qui ont intérêt à ce que l'entreprise échoue pour risquer un dialogue en deux temps. Une phrase m'a frappé que je tiens de la bouche d'un homme « autorisé » : « Il n'y a pas de secret possible dans la situation actuelle. » C'est le résumé de la faiblesse d'un régime.

Et voici qui nous ramène à la question liminaire. Le

machiavélisme tactique, même noble et efficace, du général de Gaulle, réussit-il à faire disparaître les menaces que la guerre d'Algérie continue de faire peser sur le régime ? Pour le moment : non. Il les éloigne, il les transforme, il ne les fait pas disparaître.

Le « malaise » de l'armée n'a jamais été aussi vif. L'opposition des généraux Zeller et Jouhaud et de l'amiral Nomy, à M. Guillaumat[1], ministre des Armées, a un caractère politique : c'est une opposition directe au général de Gaulle. Le président de la République est accusé d'avoir inspiré à M. Guillaumat l'éparpillement des chefs militaires du 13 mai. Comme pour compenser l'éparpillement, ces chefs ont été promus, ils peuvent parler haut dans les postes clefs qu'ils occupent.

Le chef de l'État doit par ailleurs faire face à deux extrémismes qui, consciemment ou non, s'entraident et se complètent. Les derniers événements de Constantine le prouvent. Aux élections, les ultras ont été écrasés. La municipalité contient quelques musulmans à la fois gaullistes et nationalistes modérés. Tant que les conversations ne sont pas engagées, le FLN n'a aucun intérêt à ce qu'une telle évolution ait lieu. Il a choisi Constantine comme lieu de cruelles agressions contre les civils. Aussitôt, les ultras sont tombés dans le piège et ont répliqué par des manifestations dont *l'Écho d'Alger* déclare qu'elles constituent une victoire pour le FLN. Ces manifestations sont connues en Algérie sous le nom de ratonnades.

Si bien que le général de Gaulle se trouve écartelé actuellement entre la crainte d'une prolongation de la guerre qui empêche la transformation de l'Algérie et conduit l'armée à se politiser et, d'autre part, la crainte d'une explosion suscitée par une tentative de rétablissement de la paix.

Pour être juste, on ne pouvait pas dire jusqu'à maintenant que ces deux craintes avaient dicté sa conduite, l'avaient écarté de sa ligne ou avaient influencé ses déclarations. Au contraire, il n'est pas jusqu'à la célébration de l'anniversaire des journées du 13 mai pour laquelle il n'ait donné des ordres bien

1. Pierre Guillaumat : ministre des Armées jusqu'en février 1960, où il sera remplacé par Pierre Messmer. *(N.d.É.)*

significatifs : ce n'est pas l'anniversaire du mouvement insurrectionnel le jour du 13 mai qui sera célébré, mais les journées qui ont suivi, en principe consacrées à l'amitié franco-musulmane.

Pour la première fois, les propos sur l'intégration et l'Algérie française ont marqué, de sa part, une retraite stratégique. Comment va-t-il utiliser cette stratégie avant le 18 juin, date possible du voyage du roi Mohammed V à Paris ? Le jeu est serré. Il va être décisif. En tout cas, la Ve République est sans aucun doute menacée.

(L'Express)

14 mai 1959

Le 13 mai : bilan

Depuis trois semaines, le fait qui paraît le plus avoir retenu l'attention de l'Élysée, c'est la nouvelle propagande ultra dans l'armée.

Comme avant le 13 mai 1958, et imitant les fameuses « tournées » dans le bled de M. Delbecque [1], des leaders du MP 13 — extrémistes parmi les ultras — ont parcouru l'Algérie avec une liste de « contacts » qui augmentait à chaque entretien pour informer les officiers « patriotes » de ce qui se préparait à Paris. En remplaçant certains noms par d'autres, on peut y trouver exactement le même langage que celui dont on sait qu'il a provoqué en 1958 le désarroi, la complicité, puis la participation et l'émeute : « Nous allons vers une braderie. La patrie peut être de nouveau en danger, il faut que l'armée se tienne prête à la sauver de nouveau. »

L'État menacé

Dès qu'ils ont appris qu'un tel langage ne manquait pas d'avoir des répercussions dans certains milieux militaires restreints, mais actifs, ceux qui en furent l'an dernier les bénéficiaires craignirent d'en devenir les victimes. A Bourges, le

1. Léon Delbecque, gaulliste. Avait été très actif pour le retour du général de Gaulle. En 1957, il avait été chargé par Jacques Chaban-Delmas d'établir une « antenne » à Alger, poste d'écoute placé sous le contrôle du ministère de la Défense. Le 13 octobre 1959, il démissionne de l'UNR avec huit autres « dissidents ». *(N.d.É.)*

président de la République a été particulièrement net sur ce point : « Il y avait, il y a encore le problème dont tout dépend, celui de nos institutions. Elles ont été changées dans le bon sens. Sans doute le signal est venu d'Algérie. Mais il n'y aurait eu rien que guerre civile, anarchie et déconfiture si la nation tout entière, dans ses profondeurs, ne s'était pas prononcée. Elle l'a fait et désormais les institutions de la République doivent permettre au pouvoir la clarté, l'autorité et la continuité, sans lesquelles un État ne marche pas bien et sans lesquelles un pays court les plus grands risques. Le peuple a voulu ces institutions et m'a mandaté pour veiller sur elles. »

Ces propos montrent bien que le général de Gaulle ne sous-estime plus les forces qui pourraient éventuellement mettre les institutions en danger. Ces forces sont celles qui, entre autres, lui ont permis d'être là.

Que sont devenues, aujourd'hui, les idées-forces, les mythes « révolutionnaires », au nom desquels le 13 mai 1958 a été provoqué à Alger ?

Sans doute l'idée-force la plus populaire du 13 mai, celle dont la vertu explosive a été la plus contagieuse dans tous les milieux, est-elle la dénonciation de ce qu'on a appelé la « dégradation de l'État ». Mais il faut tout de suite donner une précision. Les hommes (les « ultras » civils et militaires) dont Pierre Brisson dans *le Figaro* du 16 mai 1958 et Hubert Beuve-Méry dans *le Monde* du même jour demandaient en vain qu'ils fussent dénoncés par le général de Gaulle avaient une idée précise de cette « dégradation ». Ils voulaient non pas rétablir l'autorité de l'État, pour le principe, mais bien pour éviter à jamais une négociation avec le FLN, pour obtenir les moyens d'écraser la rébellion, et parfois même pour tenter en Tunisie et au Maroc des expéditions punitives sur les bases du FLN.

M. Lacoste me l'avait dit clairement : « Sakiet aurait dû être diplomatiquement défendu comme un bombardement nécessaire à la juste cause de la France en Algérie. » Et il n'exprimait que la thèse des généraux qui l'entouraient.

Or le général de Gaulle a commencé par rassurer les Tunisiens et les Marocains. Il a pris l'importante décision de faire évacuer les troupes françaises de Tunisie. Il a fait pénétrer en Algérie les journaux d'opinion partisans de la négociation. Il a pris un certain nombre de mesures de clémence et il a même invité les leaders du FLN à Paris. S'il n'a donc pas donné tort aux hommes d'Alger le 16 mai, il les a souvent désavoués dans les faits ensuite. En tout cas, l'idée-force est bien atteinte.

Le second mythe de l'insurrection militaire algéroise, c'est la fraternisation franco-musulmane, la fin de la guerre par la paix locale des braves, et surtout l'intégration territoriale aussi bien que politique, sociale et administrative de l'Algérie dans l'État français. Mais, là aussi, il faut préciser.

Un communiqué « stupéfiant »

Cette querelle de l'intégration n'est intéressante en effet que si l'on fait état des arrière-pensées. Une partie des Européens d'Algérie a bien fait sur le Forum, l'an dernier, sa « nuit du 4 août » et a abandonné ses privilèges. Mais, s'ils réclament avec tant d'acharnement que le président de la République parle d'intégration, c'est parce que celle-ci est une garantie contre la négociation ou même le plus simple dialogue. L'intégration suppose la capitulation sans condition du FLN. C'est d'ailleurs pourquoi ils sont encore aujourd'hui insatisfaits.

M. Lauriol [1] écrit fort justement cette semaine que la seule intégration valable est une intégration territoriale. En ce cas, il n'y a plus à discuter du sort des Algériens, du choix futur des habitants de l'Algérie, il n'y a plus à exprimer l'espoir — comme le fait le général de Gaulle — qu'au bout d'un certain nombre de transformations les Algériens réclameront d'avoir des liens solides avec la France.

Les activistes d'Alger disent, très sérieusement, que les Algériens ont déjà choisi au cours des différentes consultations électorales. Mais ils ne sont pas à une contradiction près, et ils viennent de publier un communiqué, jugé « stupéfiant » par *le Figaro* lui-même, et dans lequel ils dénoncent l'intervention de l'armée, sa pression dans les manifestations musulmanes, sa

1. Marc Lauriol : député intégrationniste, membre de la première heure du Rassemblement pour l'Algérie française (RAF) créé le 19 septembre 1959. *(N.d.É.)*

décision de transporter par camions les populations arabes qui doivent acclamer le général de Gaulle. J'ai ouvert mon poste de radio au milieu d'une émission et, lorsque j'ai écouté la lecture de ce communiqué, j'ai cru qu'il s'agissait du FLN et de sa propagande. On peut espérer en tout cas que ce communiqué fera réfléchir les militaires sur le patriotisme des ultras. Mais enfin, comme les élections ont été décidées, approuvées et ratifiées par le général de Gaulle, il est normal que les députés européens d'Algérie et leurs troupes considèrent les résultats de ces élections comme valables. C'est vrai que ce résultat est un choix en faveur de l'intégration. Cette idée-force n'est pas morte.

L'exaspération

Elle l'est d'autant moins que, pour l'armée, l'intégration est une arme psychologique. La guerre, qui devait être terminée grâce aux fraternisations et aux cessez-le-feu locaux, fait l'objet chaque semaine de communiqués d'état-major qui en disent long sur son intensité.

Le récent rapport d'un général en fonction sur les événements de Constantine révèle que l'exaspération de la communauté européenne de la capitale de l'Est algérois vient du divorce qu'il y a entre les proclamations officielles apaisantes et les terribles réalités de la guerre. Il y a donc, de ce fait, une situation à nouveau explosive. Tant que la guerre durera, les mêmes événements auront lieu, les mêmes méthodes seront employées, les transformations économiques et sociales seront ou réduites à néant, ou privées de signification. La primauté du cessez-le-feu sur toute autre chose est un impératif aujourd'hui ressenti par chacun, quelle que soit sa fonction et dans n'importe quel camp. Il faut rappeler que, depuis les fameuses « fraternisations », la guerre a provoqué ce qu'on appelle pudiquement le « regroupement » d'un million de musulmans. Un million de « personnes déplacées ».

Boucs émissaires

Malgré des succès importants, l'armée française sait donc qu'elle peut avoir à livrer un combat de très longue durée. Alors, certains de ses chefs recherchent des boucs émissaires. C'est, pour quelques-uns, Bourguiba. Et la tentation est encore très vivante de répondre au moindre prétexte donné par le FLN à une expédition punitive en Tunisie. C'est, pour d'autres, de Gaulle lui-même, qui pratique la « douche écossaise » avec ses discours. Et la tentation reste grande de prêter une oreille favorable à la propagande ultra.

Où en sommes-nous donc aujourd'hui ? L'armée dans son ensemble n'est pas gaulliste, mais ne s'opposera pas au général de Gaulle. Sauf incident lui permettant de faire croire qu'elle se trouve dépassée. En cas de négociation même noble et digne, même respectant les formes et le prestige, les mesures ne sont pas encore prises, les discours ne sont pas encore tenus, qui autorisent à négliger un mouvement où les militaires auraient une tolérance complice.

Le seul fait nouveau, et d'ailleurs important, c'est que les ultras ne peuvent plus utiliser les musulmans et que l'armée elle-même ne peut les utiliser que dans un sens gaulliste. Il y a maintenant une très forte majorité de députés, de conseillers municipaux, de maires et bientôt de sénateurs musulmans. Ces hommes prennent de plus en plus publiquement position en faveur du président de la République, ce qui devient presque un acte de courage en Algérie. A Constantine, le maire musulman proclamait sa fidélité au général de Gaulle, tandis que les jeunes Européens ultras lacéraient son portrait. Toute la propagande de l'Action psychologique en milieu musulman a été faite sur le nom de de Gaulle et continue de se faire sur son nom, bien qu'elle le lie à l'intégration. Le président de la République a pour soutiens en Algérie une partie de l'armée et une masse musulmane.

Cette confusion ahurissante est la rançon de l'équivoque. En ne parlant pas clairement, depuis un an, aux chefs militaires, aux Français d'Algérie, à la nation tout entière, le président de la République l'entretient.

(L'Express)

21 janvier 1960

La crise Massu

Dans la *Süddeutsche Zeitung* du 18 janvier 1960 (de Munich) paraît un entretien entre le général Massu et le journaliste Klaus Kempski, dans lequel le général Massu se dit profondément déçu par la politique du général de Gaulle ; que l'armée avait peut-être commis une erreur en le ramenant au pouvoir en 1958 ; et où il laisse entendre que bien des officiers n'exécuteraient pas inconditionnellement les ordres du chef de l'État.

Ces propos valurent au général Massu d'être destitué du commandement du corps d'armée d'Alger et remplacé par le général Crépin.

Grâce au journaliste allemand qui s'est entretenu avec le général Massu, le président de la République, « chef des armées », se voit informé d'un état d'esprit qu'il faisait profession de négliger. La réunion, sous sa présidence, le 22 janvier, des principaux chefs militaires français d'Algérie a pris ainsi un intérêt accru.

C'est que le démenti opposé par le général Massu au reporter de la *Süddeutsche Zeitung,* un des journalistes les plus respectés d'Allemagne, n'a fait illusion à personne. Et ceux-là mêmes qui accréditent la version d'une « bonne foi surprise » demeurent persuadés que, s'il n'y avait pas accord précis sur la publication, il y a eu correspondance entre le texte publié et la pensée du général Massu.

Pourquoi personne n'a pris le démenti en considération ? C'est que, depuis de longs mois, on peut lire dans toute la presse (et celle, en particulier, qui sert de tribune à l'état-major d'Alger) une description du « malaise » des officiers activistes qui ressemble point pour point à celle que le journaliste allemand prête au général Massu. A une réserve près, cependant, et qui concerne les menaces contre le chef de l'État français. La délégation générale a d'ailleurs « précisé » que le général Massu avait consenti à recevoir le journaliste allemand « pour une conversation, non pour un entretien » !...

La IVe en pire

En fait, la personne du général Massu est négligeable dans cette histoire. Il reste à se demander s'il ne faut pas y voir un véritable « signal ». Le même « signal » que M. Alain de Sérigny crut apercevoir dans les propos « démentis » de M. Lacoste, deux semaines avant le 13 mai ; M. Lacoste avertissait l'armée qu'elle était menacée d'un Diên Biên Phû diplomatique. Après quoi, il déclara qu'il s'agissait « d'une conversation privée, non d'un entretien public ».

Mais quel est aujourd'hui le contexte ? Pour ce qui est de l'Algérie, à peu près le même qu'avant le 13 mai. L'armée a le sentiment d'obtenir de considérables succès dans la pacification et en même temps des échecs non moins considérables sur le plan politique. Impossible de trouver une troisième force ; impossible de faire cesser le renseignement aux fellagha ; impossible, enfin, de convaincre les musulmans de se détourner moralement de l'insurrection.

L'explication, pour elle, est simple : « L'autodétermination, c'est l'indétermination. » On ne peut pas, depuis « le coup d'État du 16 septembre », faire une guerre psychologique sans un objectif déterminé. La Ve République, c'est la IVe en pire, parce que le recours à de Gaulle n'est plus possible et qu'il est plus délicat de s'insurger contre de Gaulle que contre les ministres éphémères de la IVe.

Mais les deux Républiques, aux yeux des activistes, se valent. Le Parlement est « manœuvré », sauf lorsqu'il s'agit de la retraite des combattants ou des bouilleurs de cru. Le pays est amorphe, à l'exception des communistes « alliés aux fellagha », qui ont corrompu la majeure partie de la presse et qui ont décidé de soutenir de Gaulle pour une nouvelle alliance franco-russe. Le ministère de la Défense nationale est aussi « truffé de mendésistes » que l'Élysée, et les dernières instructions de

M. Guillaumat en témoignent. Il n'y a plus nulle part d'autorité. Enfin, les seuls vrais patriotes sont les ultras et c'est sur eux que la vraie renaissance s'appuiera.

Trois faits

Tout cela, qui révèle la mentalité profondément fasciste des activistes militaires et qui a l'air de surprendre les pouvoirs officiels, constitue un fait banal, mille fois connu, de tous ceux qui, voyageant en Algérie et aussi d'ailleurs dans certaines régions métropolitaines, se sont contentés d'ouvrir leurs oreilles et d'écouter. Chaque fois qu'ils en ont fait le récit, ils se sont vu répliquer avec cette hauteur qui devient aujourd'hui si dérisoire : « On ne complote pas contre de Gaulle. » Et l'on ajoutait en plus qu'il s'agissait d'un mot de de Gaulle luimême...

Jusqu'à ce dernier mois (fin décembre), tel était donc l'état d'esprit d'Alger lorsque survinrent trois faits. D'abord, une démarche faite à l'Élysée par un groupe de députés musulmans d'Algérie, parmi lesquels on avait la surprise de trouver des partisans de M. Bidault : « Nous sommes très inquiets — déclaraient ces députés —, la situation empire. Les exactions deviennent de plus en plus nombreuses. Le capital de prestige du général de Gaulle commence à s'épuiser. Il faut faire un geste, n'importe quoi, mais quelque chose d'assez retentissant pour que les musulmans conservent leur espoir en de Gaulle. La contradiction entre les déclarations du président de la République et les faits locaux est trop flagrante. Pourquoi ne pas faire, par exemple, une large amnistie à l'occasion du Jour de l'An ? » A l'Élysée, il fut répondu qu'en premier lieu l'amnistie était incluse dans un plan de cessez-le-feu qui ne serait appliqué que lors des pourparlers avec le FLN et qu'ensuite la situation algérienne se prêtait mal à de telles mesures de grâce. Mais à Alger on fut tenu au courant de l'éventualité de ces mesures de grâce, éventualité qui avait pourtant été écartée.

Le départ de M. Pinay

C'est alors que commença (et c'est le deuxième fait) la campagne pour lier la recrudescence du terrorisme à l'insuffisance des institutions judiciaires, au petit nombre des condamnations à mort et aux mesures de grâce. Cette campagne a pris des dimensions qui relèvent du délire. Oubliant en effet qu'il convenait de prétendre que l'ennemi était à terre, qu'il mordait la poussière et que la pacification touchait à son but, certaines feuilles (dont celle de M. Bidault) se sont transformées en véritables bulletins des victoires du FLN. Le dernier numéro d'*Ici la France* pourrait parfaitement servir de tract de propagande à l'état-major de l'Armée de libération nationale.

Tout cela est devenu classique dans l'histoire algérienne : pour s'opposer à Paris, on n'hésite jamais à pousser l'alarmisme jusqu'à la glorification de l'ennemi. Mais cette fois-ci il s'agissait en plus de mobiliser pour des formations paramilitaires.

Le troisième événement, ce fut le départ d'Antoine Pinay. Depuis quelques semaines, M. Pinay n'est plus le « bradeur de La Celle-Saint-Cloud » qui a accordé l'indépendance au Maroc et qui est responsable du retour du Sultan, de l'humiliation du Glaoui et de l'assassinat des caïds fidèles à la France. Il n'est plus le partisan d'une solution libérale en Algérie, qui disait à Saint-Louis du Sénégal devant plusieurs témoins : « Cela fait plusieurs mois que je demande au général de Gaulle l'autorisation de prendre contact avec le FLN, quitte ensuite à être désavoué, mais le Général refuse. »

Une brèche

Au contraire, réconcilié avec M. Duchet [1], M. Pinay prépare le futur congrès des indépendants, où il a promis de jeter du lest sur l'Algérie. Contre le général de Gaulle, il y a pour le moment d'autres chevaux de bataille. Certains milieux améri-

1. Roger Duchet : l'un des quatre « mousquetaires » de l'Algérie française, avec Soustelle, Bidault et Morice. Membre, dès sa création, du RAF. *(N.d.É.)*

cains n'ont-ils pas reçu avec compréhension les doléances de M. Pinay sur la politique atlantique et européenne du général de Gaulle ? M. Pinay a su organiser sa popularité. Il peut servir de trait d'union entre le Français moyen de la métropole et le Français dynamique d'Alger. Au Parlement, les indépendants espèrent rallier tous les radicaux et grignoter l'UNR.

Soudain, ainsi, les ultras algérois ont vu une brèche, une ouverture politique. Avant le 22 janvier, dont on dit qu'un nouveau pas y sera fait dans le sens de l'autodétermination, il faut que de Gaulle comprenne : ou composer, ou s'opposer. Le « signal », c'est l'avertissement au président de la République.

Devant cette situation, quelles sont les réactions du général de Gaulle ? Il a fait immédiatement convoquer à Paris le général Massu. Grâce au « signal », le problème de l'armée et de l'autorité de l'État en Algérie a pris soudain le pas sur les autres problèmes. Le président de la République était très loin d'une telle perspective. Il n'y arrive que contraint et peut-être, hélas, que provisoirement. Il n'est pas sûr en effet qu'il ne revienne très vite à sa hiérarchie personnelle des urgences.

Tandis, en effet, qu'à Alger se trament les complots, quelles étaient les préoccupations du Général ? Depuis sa rentrée de vacances, il n'a marqué, paraît-il, d'intérêt que pour deux choses : la diplomatie internationale et les nouvelles qui pouvaient parvenir de Tripoli. Activement, il ne s'est préoccupé que d'un seul problème : les institutions françaises.

Il a convoqué plusieurs ministres pour des entretiens privés. A l'un d'entre eux, il a tenu le langage suivant : « Je serais très heureux de savoir comment vous envisagez ma succession. Ne protestez pas : il ne s'agit évidemment pas d'une nouvelle retraite. Il s'agit de l'éventualité de ma mort. Dans l'état actuel des choses, si tout d'un coup j'étais appelé à disparaître, qu'arriverait-il ? L'avez-vous prévu ? Je peux vous dire, moi, ce qui se passerait. Ce sera le triomphe de certains milieux bourgeois français. Je sais déjà quel est le journal de droite qui dissimulera mal sa satisfaction. Ce sera le triomphe de M. Pinay et l'on s'empressera, une fois aux affaires, et devant l'immensité des tâches, de tout remettre entre les mains de ces organismes européens qui évitent à la France de faire prévaloir son génie particulier. Une certaine Europe n'est que l'alibi d'une certaine carence française. Après cela, qui aura paru insupportable aux Français, vous aurez une réaction chauvine dont les communistes sauront profiter. Nous aurons alors une sorte de national-communisme, les communistes étant parfaitement capables de canaliser la réaction chauvine. »

Et l'armée ?

Le ministre a alors demandé : « Et l'armée ? » Le Général a répondu : « Oh ! l'armée, on en parle beaucoup et je sais bien qu'elle vit dans le drame et les convulsions. Mais elle a une peur, d'ailleurs très saine, du pouvoir politique. Elle n'a pas de tête. Livrés à eux-mêmes, les petits condottieri ne pourraient que s'entre-déchirer. Mais non ! elle saura se rabattre sur Antoine Pinay... »

Mais avant que ces prévisions ne deviennent réalité et du même coup pour qu'elles ne deviennent pas des réalités, le général de Gaulle pense que sa mission est double : faire accepter à tout prix aux Américains un certain rôle de la France tant en Europe que dans les organisations atlantiques et, d'autre part, convaincre le FLN qu'il est urgent d'emprunter l'itinéraire gaulliste pour l'association avec la France. Jusqu'à mardi encore, trois interlocuteurs du général de Gaulle étaient déconcertés par sa sous-estimation de l'agitation algéroise. Pourtant, récemment, il avait marqué par deux fois son irritation.

Les mains libres

La semaine dernière, frappé par la lecture du rapport de la Croix-Rouge internationale, il avait prescrit à M. Guillaumat des instructions particulièrement fermes et qui sont restées secrètes. Il avait convoqué M. Maurice Patin, président de la Commission de sauvegarde, et, devant l'un de ses fidèles, il avait eu (selon ce dernier) un mot douloureux sur les conditions de cette guerre. Le général de Gaulle a ensuite manifesté très vivement son impatience devant les motions des organisations algéroises qui, à l'occasion de la recrudescence du terrorisme, mettaient en cause l'Élysée. C'est sur son ordre que des poursuites ont été engagées contre les auteurs de ces motions.

Mais aussitôt après, le président de la République revenait à ce qui l'intéresse : la définition de la politique ; jamais le moyen de l'exécution. Où en est le voyage d'Adenauer aux États-Unis ? Comment s'organise l'arrivée de Khrouchtchev en France ? L'Angleterre est-elle présente dans les événements du Cameroun ? Enfin, qui empêche les hommes du FLN de comprendre leurs vrais intérêts et de venir à Paris ? Ce furent ses plus vives préoccupations. A côté de cela, tout lui paraît d'une grotesque insignifiance. Et comme le temps lui est compté, il voudrait désormais réaliser au plus vite.

Comment avoir les mains libres ? Le régime présidentiel, c'est-à-dire un président entouré de techniciens ? C'était son vœu en 1958, mais il ne l'a pas réalisé pour avoir Guy Mollet, Pflimlin et Pinay. La présence de ces trois personnalités politiques devait montrer aux Français que la continuité républicaine était respectée et qu'il s'agissait « d'une réforme, non d'une révolution ». Mais aujourd'hui ? Eh bien, aujourd'hui, on ira vers ce régime présidentiel sans le dire. M. Pinay prépare sa « succession » ? On le remplace par un technicien : M. Baumgartner. A l'Éducation nationale, c'est M. Joxe, apolitique, qui succède à M. Boulloche. Si d'autres difficultés surgissent, il y aura d'autres techniciens. Reste le Parlement.

Selon le général de Gaulle, le Parlement est « grognon et vague ». Les mœurs politiques de la IVe République sont lentement revenues. Les intrigues, les jeux des partis, la préoccupation des postes, la lutte des ambitions et des intérêts, c'est tout cela, qu'il connaît bien, que l'auteur du *Salut* retrouve avec écœurement. Le 13 mai, la situation algérienne, sont-ils pour quelque chose dans ce retour à la fameuse « dégradation de l'État » ? Le Général ne se le dit pas un instant. Il fait comme s'il s'agissait d'une maladie du « peuple le plus capricieux de la terre » et il désire passer outre.

Il a convoqué, pour ce faire, deux membres du Conseil constitutionnel : MM. Léon Noël et Gilbert Jules. Il les a informés qu'il demanderait une « trêve » au Parlement. Mais si ce dernier refusait la trêve ? Alors le président de la République voudrait utiliser l'article 38 de la Constitution qui stipule : « Le gouvernement peut, pour l'exécution de son programme, demander au Parlement l'autorisation de prendre par ordonnances, pendant un délai limité, des mesures qui sont normalement du domaine de la loi. »

Si ces ordonnances ne suffisaient pas, il faudrait alors recourir à l'article 11 : « Le président de la République [...] peut soumettre au référendum tout projet de loi portant sur l'organisation des pouvoirs publics. » Cet article pris au sens large permet tout : le référendum peut, par exemple, proposer au pays la mise en sommeil du Parlement pendant un certain délai (de Gaulle ne voulant pas en effet de dissolution suivie d'élections qui amenuiseraient l'UNR au profit des extrêmes).

Mais déjà l'opposition s'organise et l'épreuve de force se prépare. Le tremplin demeure uniquement l'Algérie. Si, vendredi, les généraux obtiennent du général de Gaulle une sorte de compromis qui ferait qu'à l'intérieur de la politique d'autodétermination la France définirait la façon dont elle entend rester présente *dans tous les cas* en Algérie, alors M. Biaggi [1], qui se trouve déjà à Alger, et M. Bidault, qui s'apprête à l'y retrouver, se verront retirer le soutien de l'armée. Sinon, les hommes politiques, comme avant le 13 mai (à l'époque où M. Lacoste disait à l'armée qu'elle était menacée d'un Diên Biên Phû diplomatique), s'engagent à mener à Paris le combat contre de Gaulle.

« Un mauvais génie »

Les collaborateurs du Général disent maintenant, ce qui est bien nouveau : « On ne peut pas éviter le coup de chien à Alger. » Mais ils ajoutent aussitôt : « Mais on ne peut pas le faire pour rien. Si cela ne débouche pas sur la paix, ce sera à recommencer dans quelques mois. » C'est pourquoi on a attendu avec un tel intérêt des nouvelles de Tripoli. *La relation entre un raidissement FLN et la situation algérienne n'est jamais*

1. Jean-Baptiste Biaggi : avocat, gaulliste de droite, très actif dans la formation du Comité de défense de l'Algérie française en janvier 1956. *(N.d.É.)*

faite à l'Élysée. Que l'on puisse agir sur le FLN en manifestant son autorité à Alger est une évidence qui échappe probablement à l'homme qui s'estime élu de droit divin. Voici d'ailleurs ce qu'un ministre m'a dit de la dernière position algérienne du général de Gaulle : « Les refus du FLN sont mystérieux pour le président de la République. Il lui paraît qu'un mauvais génie, qui ne peut être qu'étranger, s'emploie à lutter contre la France, l'Algérie et leur destin commun. Il n'est pas arrivé à comprendre pourquoi la délégation FLN n'est pas venue, surtout après le 12 novembre, date à laquelle il lui semble qu'il est allé jusqu'au bout de toutes les précisions demandées. Et il estime qu'il s'agit d'une méthode de grignotage : plus il donnera, et plus il lui sera demandé. Chaque fois il y aura un préalable, chaque fois il y aura un nouvel événement dont on fera tout dépendre. Il a donné des instructions pour que les négociations avec le Mali se fassent dans les meilleures conditions possible et que nos interlocuteurs soudanais et sénégalais soient la preuve vivante de la bonne foi française et de l'option irréversible en faveur de l'évolution des peuples sous tutelle française. Il en fait un test pour la Communauté et pour l'Algérie et il ne comprend pas l'immobilisme du FLN. »

Un test

Et le ministre m'a demandé : « Sincèrement, croyez-vous que, dans le contexte actuel, il puisse aller publiquement plus loin qu'au cours de sa conférence de presse du 12 novembre ? » Dans cette perspective, on en arrive à faire dépendre entièrement la situation française sur tous les plans de l'attitude du FLN. C'est d'ailleurs la conclusion à laquelle en viennent tous les hommes politiques que j'ai pu rencontrer cette semaine. Ce n'est pas une conclusion complètement fausse : il est bien vrai que le FLN dispose actuellement de cartes maîtresses dans le jeu français (il est vrai aussi d'ailleurs que le FLN paraît ignorer qu'il dispose de ces cartes). Mais ce qui paraît le plus grave, dans une telle analyse, c'est non seulement l'abandon au FLN de toutes les initiatives, mais aussi, et plus encore, l'impossibilité admise de tenter une nouvelle politique.

La continuation de la guerre compromet chaque jour davantage les moyens d'appliquer n'importe quelle politique : ainsi, l'autodétermination, qui n'a pas abouti encore à réaliser la paix, est déjà mise en question par l'armée. C'est pourquoi personne ne songe à demander au général de Gaulle de « donner plus et publiquement », mais bien de s'entendre sur le minimum et secrètement avec le FLN.

Or comment cette entente est-elle possible ? D'une seule façon : en montrant à chaque Algérien, sur place, qu'il n'y a qu'une seule autorité et que c'est le gouvernement de Paris, que ses instructions ne peuvent pas être sabotées, que les hommes, enfin, qui invitent le FLN à des pourparlers disposent de pouvoirs suffisants pour se faire obéir à tous les échelons en Algérie.

Le cas du général Massu était un de ces tests.

(L'Express)

28 janvier 1960

De Gaulle face au drame

Le 24 janvier 1960, sous le prétexte du limogeage du général Massu, Joseph Ortiz[1] d'une part, et Pierre Lagaillarde[2] d'autre part, déclenchent l'émeute. La grève générale est décrétée et une manifestation organisée au monument aux morts d'Alger. Les manifestants dressent des barricades dans les rues d'Alger : du côté de l'université (Lagaillarde) et en face de la Grande Poste (Ortiz).

Le général Challe espère éviter l'effusion de sang, mais la fusillade éclate lorsque les gendarmes mobiles descendent les marches du Forum en rangs serrés pour tenter de refouler les insurgés. Ils sont pris au piège au milieu de la chaussée, mitraillés depuis les fenêtres et les toits. 6 morts et 24 blessés parmi les civils; 14 morts et 125 blessés parmi les gendarmes.

C'est le début de la « semaine des barricades ». Elle se terminera le 1er février 1960 à 11 heures par la reddition de Pierre Lagaillarde. Joseph Ortiz s'était enfui le 31 janvier.

Tout s'est joué cette nuit du 24 au 25 janvier. Tout ? Une nuit comme celle-là n'est sans doute jamais que le produit de celles qui l'ont précédée. Mais, pour le général de Gaulle, ce fut la nuit de la révélation.

Le dimanche 24 au soir, même après la fusillade, son autorité était intacte. L'armée s'était montrée fidèle. Aussi fidèle que, pendant la guerre, les Français libres, en 1941 et 1942, lorsque à Dakar et en Syrie il avait fallu, aussi, tirer sur des Français. C'était dur. Le destin du martyr continuait à vingt ans

1. Joseph Ortiz : cafetier poujadiste dont la milice, le FNF (Front national français), compte environ 3000 hommes. *(N.d.É.)*

2. Pierre Lagaillarde : jeune avocat, député d'Alger. *(N.d.É.)*

d'intervalle. Mais l'avenir justifierait le geste d'Alger comme il avait finalement justifié les autres.

Les nouvelles étaient bonnes ; avec fermeté, le général Challe avait décrété l'état de siège : « L'émeute ne triomphera pas de l'armée française. » Un propos de Challe à la manière de de Gaulle. C'était la victoire. Une gifle à M. Guy Mollet : « Dans la Ve République, il n'y a pas de 6 février. M. Lagaillarde, comme M. Pinay, s'est trompé de République. »

Mais douze heures plus tard, le lundi 25 janvier, alors que « tout rassemblement de plus de trois personnes était interdit », il y avait près des barricades 5 000, puis 10 000, enfin 15 000 personnes. C'était l'échec ; l'autorité bafouée. Un nouveau 6 février, mais où le général Challe eût joué le rôle de M. Guy Mollet. C'est du moins la version qui fut donnée lundi matin à l'Élysée — pendant quelques heures seulement, il est vrai.

3 heures du matin

Que s'est-il passé ? Nous sommes le 24 janvier à minuit. Le général de Gaulle est rentré de Colombey. M. Brouillet, son directeur de cabinet, lui soumet les derniers télégrammes. Arrivé de Bretagne, M. Michel Debré vient conférer avec lui. La décision à prendre est grave : il y a eu déjà 20 morts et 149 blessés. Pour réduire le camp retranché où sont les hommes d'Ortiz et de Lagaillarde, faut-il risquer une hécatombe ? On examine la situation et surtout la possibilité d'obtenir une reddition sans combat. Le général Challe répond d'Alger que cela est vain. Y a-t-il lieu de réunir les ministres présents à Paris ? Le général de Gaulle décide que non. Il assumera tout seul cette immense responsabilité. Il laisse s'en retourner M. Michel Debré.

Vers 3 heures du matin, il donne des instructions directes à Alger pour qu'on en finisse dans la nuit. Qu'est-ce à dire ? Faudra-t-il tirer ? En tout dernier recours, si toutes les chances de pourparlers ont été épuisées, et si les insurgés tirent, oui, il faudra se résigner à tirer. Mais combien sont-ils ? A peu près 600, en tout, dans les deux retranchements. *Ils ne sont que 600 au moment où le général de Gaulle prend connaissance du dossier*. Et de plus, à ce moment, ils ne disposent d'aucune arme lourde.

Une grande latitude de mouvement est donnée, comme il est d'usage, au général Challe pour décider de ce qu'il convient de faire. Évidemment, il faut commencer par isoler le réduit. Le commandant en chef fait établir tout d'abord un cordon de sécurité autour d'Alger. Il a placé sur toutes les routes qui conduisent à la capitale les bataillons du 1er régiment étranger de parachutistes, commandé par le colonel Dufour, et du 1er régiment de chasseurs parachutistes, commandé par le colonel Broizat. Les deux colonels ont pour mission d'interdire l'accès d'Alger à quiconque pendant cette nuit. A l'instant où le général de Gaulle rédige son message et où il écrit : « Quant à moi, je ferai mon devoir », il a l'impression que les insurgés sont isolés, qu'il leur donne un dernier avertissement et qu'aussitôt après, c'est-à-dire vers 4 h 15, il n'est pas exclu que l'assaut puisse être donné.

Or, à cette heure-là, la situation s'est déjà transformée : des capitaines et des lieutenants parachutistes ont laissé passer un convoi d'insurgés venant de Blida avec le ravitaillement et les armes. En même temps, on apprend que des armes lourdes (mitrailleuses 12/7), qui ne sont habituellement pas détenues par les unités territoriales, viennent d'être livrées au PC des insurgés. Plus tard, le général Challe devait réunir les colonels parachutistes Dufour, Broizat, Bréchignac et Bonnegal. Ces officiers informaient le commandant en chef qu'il y avait eu des complicités contre lesquelles ils ne pouvaient rien. L'état de siège ne peut être appliqué. Il faut une autre tactique. Le maximum qu'on puisse demander aux troupes, c'est une certaine « neutralité ». Encore faut-il donner l'assurance qu'en aucun cas l'armée ne tirera. Le matin, le général Challe déclare qu'il est dans la situation d'un homme en proie à deux craintes contradictoires, « celle de ne pas obéir au général de Gaulle et celle de donner des ordres qui ne soient pas exécutés ».

Un principe de guerre

Les morts de la veille ont provoqué chez les uns une sorte d'égarement, chez les autres une espérance politique. Non pas, sans doute, pour aider les activistes à renverser le gouvernement actuel. Le général Challe affirme au contraire que personne dans l'armée n'y pense vraiment. Mais enfin, pourquoi le cacher, la majorité des officiers « qui comptent » partage les critiques des ultras contre l'autodétermination. Alors, comment tirer sur ces ultras ? Et même si on les croit fous, puisqu'ils sont là, et que la population est derrière eux, comment ne pas s'en servir pour faire comprendre au général de Gaulle qu'on ne peut pas faire la guerre avec le principe d'autodétermination ?

Le général de Gaulle en est informé : il est atterré. Il a déjà entendu ces mêmes discours, il y a quelques jours, à propos de l'affaire Massu, et de la bouche même du Premier ministre et du ministre de la Défense nationale. Cela a été dit sur tous les tons et avec le maximum de prudence, de précautions : « Même des hommes qui vous seront à jamais fidèles, comme les généraux Gambiez et Olié, estiment que la politique d'autodétermination ne peut pas constituer un principe de guerre. Cela n'a rien à voir avec les ultras qui, eux, luttent pour leurs privilèges racistes. L'armée prétend pouvoir gagner la guerre au nom de l'Algérie française. Une fois la paix rétablie, alors, on pourra réenvisager l'application de l'autodétermination. »

Le président de la République avait toujours entendu ces arguments avec impatience. D'abord, le principe d'autodétermination ne datait que du 16 septembre dernier ; or l'armée, avant, n'avait pas réussi à mener la pacification à son terme. D'un autre côté, en attendant l'acceptation, par les rebelles, de discuter du cessez-le-feu, il n'avait interdit à aucun général de parler de l'Algérie française. Mais, pour lui, qui avait engagé la parole de la France aux yeux du monde, il ne reviendrait jamais sur ce qu'il avait dit. Et non seulement il n'y reviendrait jamais, mais, au contraire, il profiterait dorénavant de n'importe quelle occasion pour réaffirmer la politique du 16 septembre. L'armée ? Il ne la connaissait que trop. « Elle a été contre Dreyfus, pour Pétain, et maintenant elle est pour l'intégration : trois erreurs. » Elle voulait être commandée ? Elle l'est. Massu ne retournerait pas à Alger. Entre Lagaillarde et moi, de Gaulle, on verra qui l'armée choisira.

Massu prend peur

Pendant trois jours, tous les interlocuteurs du général de Gaulle, ceux surtout qui étaient au courant de ce qui se préparait à Alger, étaient désespérés. Le Général ne se rendait pas compte. « Il est bien plus haï en Algérie que Mendès France. Les organisations paramilitaires disposent de véritables arsenaux ; elles ont reçu des garanties d'une partie de l'état-major d'Alger. Le dispositif est prêt. Avec l'éviction de Massu, tout peut exploser. »

Le général de Gaulle répondit à l'un d'entre eux : « Eh bien, peut-être le coup de chien est-il inévitable... — Oui, repartit le visiteur, mais il sera donné dans les pires conditions. » Le plus paradoxal était que ce visiteur tenait ces informations du général Massu. A Paris, ce dernier n'est plus l'homme d'Alger. Il sait qu'il était le « verrou » : lui parti, tout peut sauter. Chaque fois qu'il le dit, on croit que c'est pour reprendre son poste. Mais non, il en a fait son deuil. Il pense à la situation explosive que, sous son commandement, et avec son assentiment, ses collaborateurs ont organisée. Soudain, il prend peur.

Sentimentalement, il est attaché au général de Gaulle. La seule inexactitude que contenait une reproduction, même fidèle, de ses propos par le journaliste allemand concerne la possibilité de s'insurger contre de Gaulle. A l'un de ses intimes, il dit : « Je lâche du lest, je suis mes officiers, mais pour mieux les dériver au dernier moment. »

Lorsque Massu rédige le communiqué qui devait mettre en fureur le général de Gaulle, c'est parce qu'il a été rassuré par M. Guillaumat : l'incident de l'interview peut être classé ; il faut maintenant penser à la situation algéroise. Avec naïveté, Massu rédige un communiqué destiné dans son esprit à calmer ses amis. Le général de Gaulle ne devait prendre connaissance de ce communiqué que par la presse. Il entre en fureur. Recevant MM. Debré et Guillaumat, pour la première fois, il élève le ton. Tour à tour coléreux et cassant, il informe que le remplaçant du général Massu prendra son commandement le lendemain. Et il va jusqu'au bout : M. Bidault n'ira pas à

Alger, la politique d'autodétermination sera réaffirmée, une déclaration du général de Gaulle sera radiodiffusée le 29 janvier et le Général se rendra à Alger le 5 février, pour quelques jours. C'est-à-dire qu'il y sera le 6 février, quatre ans jour pour jour après la défaite de M. Guy Mollet et de la IVe République.

La détermination devenait contagieuse. Tous les ministres, ou presque, étaient « regonflés », et optimistes. Samedi, je me trouvais chez l'un d'entre eux, une heure avant son départ pour l'étranger. Pour la première fois depuis longtemps, je le trouvais ragaillardi : « Il faudrait bénir Massu. Sans lui, le gouvernement s'enlisait dans l'immobilisme. Le président de la République pouvait difficilement faire un nouveau pas pour convaincre le FLN de venir à Paris. Avec une telle manifestation d'autorité, ce nouveau pas est fait. De plus, sur le plan intérieur comme sur le plan international, cela réduit à néant les histoires de malaise gouvernemental ou du départ d'Antoine Pinay. Vous vous préoccupez de l'armée ? Elle marche tout entière derrière de Gaulle, même lorsqu'elle n'est pas gaulliste. Elle sait bien que, sans de Gaulle, c'est le vide, c'est-à-dire l'anarchie. Non, voyez-vous, je pars serein. La dernière réunion de l'Élysée a eu lieu dans une excellente atmosphère. Davantage : je vous le dis, pour la première fois, j'ai l'impression que la paix en Algérie est très proche. »

Un atroce accident

En bref, la situation algérienne n'inspirait plus d'inquiétudes. Il semble que, quand on vit près de de Gaulle, on s'estime détenteur d'une parcelle de cette divine immunité dont il avait fini par se croire lui-même recouvert.

Revenons au lundi de l'échec. Des militaires arrivent d'Alger, qui ont assisté à la fusillade de la veille. A l'Élysée, on leur pose des questions : « Qui a donné l'ordre de remplacer les gendarmes mobiles par les parachutistes ? Qui a laissé les convois de ravitaillement et de munitions passer du côté des insurgés ? Pourquoi n'a-t-on rien fait pour isoler les deux camps retranchés et n'a-t-on encore coupé ni l'eau, ni le gaz, ni le téléphone ? » Les militaires n'en reviennent pas que de telles questions soient posées ! Le divorce est donc si grand entre l'Algérie et la métropole ? Les informations sont donc si parcimonieuses ou si travesties ?

Et ils racontent : la fusillade a été un atroce accident. Les manifestants ont pris des grenades lacrymogènes pour de vraies grenades. Quand ils ont tiré, la fusillade a eu lieu, mais si cela avait été des parachutistes, l'accident ne se serait pas produit. Dès qu'il y a eu des morts et des blessés, l'interpénétration des deux camps a été totale. On était effrayé par ce qui venait de se passer. Le sang français avait coulé. Les uns soignaient les blessés des autres. Tout le monde s'exhortait réciproquement à la fraternité et au calme. Bien sûr, les gendarmes qui venaient d'avoir deux de leurs officiers tués devenaient plus « durs » : si l'on voulait que cela cesse, il fallait les relever.

On ne se rend pas compte : insurgés et forces de l'ordre sont devenus les membres d'une même communauté. Chez les uns, il y a d'anciens parachutistes ; chez les autres, il y a d'anciens territoriaux. Les paras d'Alger ont défendu pendant quelques années les Algérois. Ils ont été adoptés par la population. Ils ont souvent épousé des Françaises d'Algérie. Et puis, il y a le souvenir du 13 mai qui cimente le tout. Ceux qu'on appelle ici les ultras, à Alger, ce sont simplement des héros un peu téméraires, des jeunes gens sympathiques « qui vont trop loin ». C'est tout. Pendant un an, on a répété dans tous les journaux, dans toutes les réunions, que de Gaulle voulait brader l'Algérie, et on a mis sur pied les organisations armées pour l'insurrection. Tout a été fait publiquement, au grand jour : ainsi parlaient les militaires, ahuris, devant la stupéfaction de leurs puissants interlocuteurs.

Et c'est comme cela que la situation a évolué. Dans les messages parvenus d'Alger au gouvernement, le commandant en chef avait eu affaire d'abord à de véritables « cadets de l'Alcazar », prêts à se faire tuer, et qui ne transigeraient sur rien, et qui prétendaient, en outre, se sacrifier pour que l'armée puisse obtenir satisfaction dans ses principales revendications. Ensuite, le général Challe déclara avoir affaire non pas à une poignée de factieux, mais aux représentants approuvés et soutenus par une population tout entière. Sans doute les musulmans n'étaient pas présents; et l'armée restait « neutre » : mais toute l'Algérie s'embrasait.

Le rôle de l'armée

Telle fut bien la thèse que rapporta d'Alger M. Michel Debré après son voyage éclair dans la nuit de lundi à mardi. Cette thèse laisse évidemment dans l'ombre l'essentiel. C'est-à-dire le rôle actif de l'armée. Non seulement l'état de siège n'a pas été appliqué, non seulement les manifestations n'ont pas été interdites, mais encore, sous le prétexte d'utiliser la tactique du « pourrissement », de « laisser se défouler les foules » ou de satisfaire à la dignité des obsèques, dans presque toute l'Algérie l'armée a organisé l'expression collective du soutien aux insurgés d'Alger pendant les deux premiers jours. Qui en accuser ? Il est bien probable que, même dans un lointain avenir, il ne sera pas possible de le déceler avec précision.

Dans l'armée française d'Algérie, en 1960, le commandement n'est plus conforme à la hiérarchie, il est plutôt fonction de la personnalité et de l'activisme des officiers, quel que soit leur rang. A la condition que cet activisme aille dans le sens de la philosophie militaire née en Indochine, un officier de valeur est capable de disposer, au sein de cette guerre, à la fois d'une autonomie et d'une pression sur ses chefs. Cela, les mutations et les promotions récentes indiquent que le général de Gaulle l'avait compris. Mais si l'armée est peut-être toujours celle qui commet les erreurs politiques dénoncées par le chef de l'État, elle se laisse moins facilement manœuvrer, surtout lorsqu'elle occupe des positions où elle est reine et surtout quand elle fait la guerre.

Le général de Gaulle s'y est pris trop tard et, d'autre part, a trop compté sur la compréhension du FLN sans donner à ce dernier toutes les possibilités de comprendre. On dit partout maintenant : « Ah ! si le FLN était venu à Paris il y a un an !... » Oui, s'il était venu, nous n'en serions probablement pas là. Mais c'est un cercle vicieux, car depuis que nous en sommes là, le FLN prétend se féliciter de n'être pas venu.

Pas de « négociation »

Quoi qu'il en soit, ce n'est évidemment plus le passé qui compte. On peut dire soit que, du fait du 13 mai, le général de Gaulle ne pouvait pas vraincre l'esprit et les hommes du 13 mai, soit que l'attitude actuelle de fermeté du général de Gaulle prouve qu'il aurait très bien pu imposer, il y a quelques mois, sa politique libérale, au moment où, même en Algérie, son autorité était indiscutée. C'est le présent qui compte. Tout est suspendu à la résistance de cet homme qui entre dans sa soixante-dixième année. En face des faits, volontairement négligés, et qui se révèlent à lui dans un fanatisme déchaîné, comment réagit-il ?

Il se sent près de la mort. Le point de vue « historique » qu'il a sur les événements le conduit à considérer comme des « péripéties » un certain nombre de choses qui paraissent essentielles aux hommes. S'il échoue, sa silhouette historique n'en sera pas moins grande à ses propres yeux : il a déjà intégré l'échec et l'ingratitude dans le concept même de grandeur. La disproportion entre ce qu'il rêvait de faire pour la France cette année même et l'assaut dont il se voit menacé est d'une telle dimension que cela peut l'inviter à s'en aller réfléchir dans la solitude sur « l'insignifiance des choses ».

Mais ce qui peut aussi le sauver, c'est précisément cette force qu'on lui a reprochée le plus : qu'il s'identifie à la France. Il est l'État français, l'incarnation du passé, de la conscience et du pouvoir politique actuel de la France. Grâce à quoi il répète à chaque Conseil des ministres, lors de chaque entretien : « La France ne peut pas céder », « La France ne peut pas manquer à sa parole », et, politiquement, cela se traduit par le fait que le général de Gaulle maintient le principe d'autodétermination et maintient aussi sa décision de se rendre en Algérie le 5 février. Sous son impulsion, M. Michel Debré a fait le discours sans aucun doute le plus net de sa carrière, répétant, au retour d'un voyage qui ne devait pas être pour lui très agréable, qu'il ne pouvait y avoir de solution sans la libre expression de chaque Algérien et qu'on ne pouvait rendre français ceux qui se refusaient à l'être. Le général de Gaulle a refusé la démission de M. Michel Debré, comme il a refusé la démission de M. Paul Delouvrier et comme il se refuse à lui-même une retraite qui le tente.

Au Conseil des ministres de lundi dernier, personne n'a osé devant lui ne pas condamner entièrement et sans réticence les insurgés algérois. Lorsque s'est posée la question de décider, à nouveau, s'il y aurait ou non un assaut contre les bastions d'Ortiz et de Lagaillarde, trois ministres ont demandé que l'on interdise à l'armée de tirer. Le général de Gaulle a répondu qu'aucune « négociation » avec les insurgés n'était payante, qu'il s'agisse de la dignité de l'État ou du réalisme politique le plus étroit.

80 % des Français

Oui, mais si l'organisme d'exécution, l'armée, ne répond pas, ou plutôt répond de telle manière qu'elle s'érige en arbitre, alors la question n'est plus de savoir s'il convient de négocier avec les insurgés, mais si l'on est contraint de négocier avec l'armée. M. Guillaumat est un partisan de cette dernière négociation. Il s'est opposé à l'éviction du général Massu, à l'épreuve de force et, enfin, à l'idée de réduction des îlots insurrectionnels d'Alger. Non point, disent ses amis, par principe, mais parce qu'il est bien placé pour connaître les résultats d'une épreuve. Il sait que l'armée n'est pas gaulliste et qu'il suffit d'une occasion pour que renaisse en elle le violent ressentiment qui l'habitait naguère. Où le général de Gaulle prendrait-il sa force ? Sur quoi s'appuierait-il ?

A cela, le général de Gaulle a répondu mardi matin au cours d'un entretien : il tire sa force de la volonté du peuple français de mettre fin à la guerre d'Algérie. Il ne se fait plus aucune illusion, ni sur l'attachement qu'on lui voue ni sur la fidélité des partis ou des hommes. Il sait seulement que 80 % des Français métropolitains peuvent plébisciter, demain s'il le faut, sa politique algérienne. D'autant plus que, lorsqu'elle est combattue de cette manière à Alger, les imperfections de cette politique deviennent secondaires. En dehors de la protection de l'autorité de l'État, le combat actuel contre les hommes d'Alger prend en effet un sens exceptionnellement fécond.

Car enfin, que demandent les insurgés ? Simplement que l'on proclame l'Algérie française. Si le général de Gaulle tient jusqu'au bout, il aura combattu pour ne pas prononcer ce mot, pour ne pas préjuger la décision des Algériens, prouvant ainsi au monde et au FLN que l'autodétermination est considérée assez sérieusement pour qu'on se batte pour elle, et justifiant du même coup les combats de l'armée française ainsi transformés en combats pour la liberté d'expression des Algériens.

L'épreuve de force transforme ainsi toutes les données de la politique gaulliste. Une victoire sur Alger, une vraie victoire, pourrait déboucher sur la paix, cela n'est pas exclu. Mais cette vraie victoire est-elle possible ? Pour réduire l'insurrection, ne faudra-t-il pas céder à l'armée et se rendre encore plus dépendant d'elle ?

Le destin de de Gaulle

En un sens, il n'est pas si désavantageux qu'une partie de l'armée, celle qui, de toute façon, sabotera n'importe quoi, s'oppose au général de Gaulle. Si le peuple de France arrive à imposer sa volonté aux activistes civils et militaires, il sera mille fois plus libre dans l'avenir immédiat pour aller jusqu'au bout de sa victoire : une entente avec le FLN pour une autodétermination qui garantit dans tous les cas les vrais intérêts de la France comme des Français d'Algérie.

Le destin du général de Gaulle devient à coup sûr fascinant. Cet homme de la grandeur et de l'unité se voit poursuivi par un rôle de diviseur et associé aux plus grands déchirements de son pays. Ce nationaliste survient à un moment où l'intérêt contraint de décoloniser. Ce militaire est en conflit avec l'armée. Ce conservateur est contraint de s'appuyer sur des hommes de gauche qui, après avoir manifesté contre lui le 13 mai, s'apprêtent à manifester pour lui aujourd'hui. Ce Français, enfin, aura été par deux fois celui qui aura pris la décision de « faire couler le sang français ». Aujourd'hui, dès lors que les événements le lavent soudain du « péché originel » du 13 mai, des millions d'hommes espèrent en lui.

(L'Express)

4 février 1960

L'Élysée et l'armée

L'après-midi de lundi a été pour certains ministres, à l'issue du Conseil qui venait de les réunir à l'Élysée, une occasion de règlements de comptes indirects. Le bruit avait très vite couru que le général de Gaulle, parlant des jours d'épreuve de l'insurrection algéroise, avait une fois de plus pris conscience de sa solitude et tenait d'amers propos sur le comportement des membres du gouvernement : « Je les ai continuellement tenus à bout de bras. »

Sans doute y avait-il eu Sudreau et Malraux ; et aussi Couve de Murville, Joxe et Jeanneney ; et enfin Michelet et Buron. Mais les autres ! Ces autres, précisément, venaient protester de leur fermeté rétrospective, et, au moment de la victoire, mettaient la dérobade ancienne sur le compte d'un voisin. De ces derniers, un secrétaire d'État devait dire : « Ils ont joué le Général perdant, maintenant ils le jouent gagnant ; deux jugements bien prématurés... »

Il est en tout cas certain que quelques ministres, qui se sont plusieurs fois réunis en conseil particulier pour adopter une ligne politique commune, ont joué le général de Gaulle perdant. D'ici à vouloir le perdre, il n'y a qu'un pas que l'on franchit bravement dans la jungle politique. Mais le scénario de la perte était-il depuis longtemps mis au point ? On l'assure ouvertement depuis quelques jours dans les milieux les plus officiels.

Pour le printemps

Dans ces milieux, à tous les observateurs politiques qui parlent du nouvel arbitrage de l'armée, de la puissance des militaires, du règne des états-majors, on répond : « Tout cela ne serait rien sans une organisation politique dont le complot a échappé aux services du ministère de l'Intérieur et qui a failli réussir. »

Quel complot ? A cette question, on répond par une autre question : pourquoi Lagaillarde et Ortiz ont-ils été certains jusqu'au dernier jour que Paris céderait ? Pourquoi n'ont-ils pas accepté le compromis inespéré que le délégué général Delouvrier leur a offert imprudemment (« Allons ensemble la main dans la main au monument aux morts ») et qui aurait mis le général de Gaulle dans une tragique impasse ? A cause de garanties données par certains militaires ? Peut-être. Mais d'où venaient ces garanties ?

Voici en quoi aurait consisté le complot politique, toujours, je le répète, selon des personnalités officielles. Depuis longtemps, un dispositif d'alerte est prévu à Alger par des organisations paramilitaires complètement tenues en main à l'intérieur même de l'armée. Ces éléments de l'armée obéissent à deux principes essentiels : d'abord, les activistes civils ne devront rien faire seuls et devront totalement être soumis aux militaires ; le déclenchement du dispositif n'aura lieu que lorsque l'heure sera venue d'opérer une substitution du pouvoir politique préservant l'unité de l'armée. Le complot n'est prévu que pour le printemps, lorsque survient l' « affaire Massu ».

Après la convocation à Paris du général Massu, le général Challe, quittant Alger pour se rendre à la réunion algérienne du 22 janvier, promet qu'il reviendra à Alger avec Massu ou qu'il ne reviendra pas. Massu étant évincé, le général Challe offre sa démission. Elle est refusée avec énergie. D'autant plus, ajoute le général de Gaulle, que le commandant en chef en Algérie n'en a pas pour longtemps, il doit remplacer le général Ély à l'état-major général. Le général Challe cède. Il revient à Alger. L'état-major du général Massu s'estime trahi. Il en fait confidence au chef des organisations algéroises.

Le dispositif d'alerte est alors prématurément déclenché. Mais les liaisons politiques sont rassurantes. M. Bidault ne peut pas venir à Alger ? On ne comptait pas sur lui comme homme d'action. D'autres émissaires, plus précieux, font la liaison. On en conclut que le contexte est privilégié. Le départ d'Antoine Pinay a affaibli le général de Gaulle. Les Américains sont très divisés et le Pentagone considère que de Gaulle menace l'OTAN. La Bretagne « bouge ». Les états-majors de Paris sont mécontents. Enfin et surtout, les indépendants sont passés dans l'opposition la plus hostile : donc la métropole aura exploité l'insurrection d'Alger, pour peu qu'elle prenne une ampleur assez vaste et qu'elle tienne à tout prix plus d'une semaine au moins. A ce moment-là, il faudra un nouveau 18 juin. La voix autorisée d'un grand militaire, au prestige international, et qui devra cautionner et l'insurrection et l'arbitrage d'une armée apparemment neutre. On souhaite, on prévoit même, que ce sera la voix du maréchal Juin.

Le général de Gaulle ne pourra pas céder : ce n'est pas conforme à son caractère. Il se retirera. Antoine Pinay deviendra président de la République et on lui demandera de distribuer des portefeuilles. Premier ministre ? André Morice. Défense nationale ? Alphonse Juin. Commandant en chef en Algérie ? Le général Jouhaud. Intérieur ? M. Baylot. Préfecture de police ? Le commissaire Dides. Affaires étrangères ? Roger Duchet. Suivent les noms de Georges Bidault, Arrighi, Biaggi, etc. Enfin un Conseil supérieur de la guerre en Algérie réunirait les généraux Zeller, Salan, Allard et Massu... Tout s'opérerait par la pression mais dans la légalité : exactement comme pour le 13 mai 1958. L'armée ne subirait ainsi aucun traumatisme, aucune cassure.

La succession

Cette version *a posteriori* des événements de la semaine dernière est-elle scrupuleusement exacte ? Les personnalités ici mises en cause étaient-elles d'accord *avant* ou, plutôt, savait-on pouvoir compter, *après,* sur leur assentiment ? Pour telle ou telle d'entre elles, on n'en sait trop rien. Mais, selon le ministre que je cite plus haut, « tout s'est passé comme si ». Et c'est à tout cela qu'aurait fait allusion le général de Gaulle vendredi dernier en disant : « Et tandis que les coupables, qui rêvent d'être des usurpateurs, se donnent pour prétexte la décision que j'ai arrêtée au sujet de l'Algérie, qu'on sache partout, qu'on sache bien que je n'y reviendrai pas. »

C'est pour toutes ces raisons aussi que le chef de l'État devait prier M. Michel Debré de recevoir le maréchal Juin et le général Salan.

Tandis, en effet, que la presse croyait pouvoir conclure, de l'entretien du Premier ministre avec le maréchal Juin, à l'attribution au profit de ce dernier d'une importante mission, on apprenait que M. Debré avait demandé des comptes au maréchal des activités de son chef d'état-major, le colonel Puga. Aujourd'hui, selon les mêmes sources d'information, chacun nie avoir participé à un complot quelconque. Dans le meilleur des cas, on fait observer qu'il y a en Algérie une situation explosive, du fait surtout de la politique d'autodétermination, que le général de Gaulle répète à l'envi qu'il n'est pas immortel et qu'il n'est donc, par suite, interdit à personne de se préoccuper de l'avenir de la France et de la succession du Général. Aux yeux du chef de l'État, M. Georges Bidault a, lui, au moins, le mérite de la franchise : mais c'est parce qu'il est inoffensif.

Mais alors, à supposer que cette version — encore une fois très *officielle* — soit exacte, qu'est-ce qui n'a pas « marché » ? Pourquoi le complot a-t-il raté ? Pourquoi la voix autorisée ne s'est-elle pas fait entendre ?

On répond que le signal devait être donné par la démission de certains ministres et que cette démission n'a pas eu lieu. Donc, ces ministres étaient « dans le coup » ? Pas tout à fait. C'était plus « complexe », plus « nuancé ». Peut-être l'un d'entre eux était-il au courant, mais sans approuver complètement : celui, par exemple, auquel M. Debré voulut céder la place le 26 janvier. Mais pour les autres, ils étaient timorés, dépassés, ils sentaient que tout craquait. Ils avaient l'impression que le général de Gaulle n'était pas conscient de son impopularité en Algérie. Ils subissaient d'immenses pressions de ceux-là mêmes qui voulaient donner au pays le sentiment qu'un vide politique se créait et qu'il fallait au plus vite combler ce vide. Et c'est encore comme cela que l'on explique le propos du général de Gaulle au début du Conseil des ministres de jeudi dernier : « Que chacun d'entre vous prenne ses responsabilités. S'il en est qui veulent démissionner, qu'ils le fassent tout de suite, ils seront aussitôt remplacés. » Il n'y eut pas une seule démission : c'est qu'en un jour la situation commençait à se transformer.

En premier lieu, la fermeté du général de Gaulle devenait, aux yeux des faibles, contagieuse, et pour les autres elle paraissait inquiétante. Soudain, on s'avisait que rien n'était joué et que, bien au contraire, plus l'insurrection durait, plus le chef de l'État résistait. Moins que jamais il n'était question de retraite, ni de la plus petite concession. Le Général ne voulait entendre parler d'aucune espèce de compromis avec les insurgés.

Pourtant, très tôt, une certaine autorité militaire avait fait savoir qu'on pouvait traiter avec les hommes d'Ortiz, par exemple. Pourtant, d'un autre côté, les informations alarmantes arrivaient sur le comportement de tel général ou de tel colonel dont la réputation de gaullisme avait été chantée il y a quelques semaines encore. L'un des ministres dira plus tard : « De Gaulle s'est comporté exactement comme s'il était maître de la situation au moment même où tout lui échappait. » Quels furent ses atouts ?

Le silence des garants

Après la fermeté, il y a eu les circonstances. L'unanimité de la métropole a été un facteur déterminant. L'évolution du congrès des indépendants, allant d'un message de solidarité avec les parlementaires algériens jusqu'aux démentis embarrassés de M. Roger Duchet, en fut un témoignage. La pression de l'opinion publique a surtout joué un rôle sur les correspondants militaires et politiques métropolitains de l'insurrection algéroise. Revenant en Algérie après une mission de propagande en France, les parlementaires algériens devaient dire leur amertume devant l'hostilité des Français de France. Cette hostilité n'eût sans doute compté pour rien aux yeux des organisateurs de la rébellion d'Alger [1].

Mais l'unanimité nationale a énormément compté pour tous ceux qui, de Paris, avaient donné des garanties à l'insurrection ultra comme à la passivité complice de certains militaires. Les garants soudain étaient muets. Les cautions disparaissaient. C'est seulement à ce moment-là que les états-majors du Constantinois et de l'Oranais, plus soucieux de faire céder de Gaulle que de le faire remplacer, s'avisèrent du danger de cassure qui menaçait l'armée et, avec une déconcertante facilité, rétablirent l'ordre dans la fermeté et l'allégresse. Dès lors, il ne restait plus, comme vrai problème, que les régiments de parachutistes stationnés à Alger et autour d'Alger. Les régiments ou plutôt une poignée d'officiers trop engagés dans le combat commun avec les activistes, trop liés avec les chefs insurgés, et encore déterminés à transformer à leur profit une situation qui se dégradait.

Et ce fut le troisième atout du général de Gaulle : l'échec des unités territoriales dans leur tentative, en complicité avec certains paras, de rallier les masses musulmanes. Claude Krief explique plus loin [2] les raisons du « gaullisme » des musulmans non FLN. Il faut noter que, sans l'opposition musulmane à l'insurrection, opposition encouragée par M. Paul Delouvrier, nous pouvions avoir affaire à une situation posant les mêmes problèmes que le 13 mai, c'est-à-dire donnant le spectacle d'une fraternisation et donc indiquant à la métropole les erreurs de sa politique algérienne.

L'inventaire

Remarquons en passant que M. Paul Delouvrier a dû se dire avec regret que, s'il avait encouragé et cautionné le libéralisme

1. On relate en effet cette conversation entre le Premier ministre et l'un des colonels de paras, convoqué, la nuit du 24 au 25 janvier, par le général Challe.

M. DEBRÉ : « Toute l'opinion métropolitaine est contre vous. »

LE COLONEL : « Elle n'était pas tellement pour nous le 13 mai. Une opinion, ça se forme. »

M. DEBRÉ : « De Gaulle ne cédera pas. S'il part, vous aurez Thorez au pouvoir. »

LE COLONEL : « Nous l'en chasserons. »

2. Dans les pages de *l'Express. (N.d.É.)*

des Européens et des musulmans comme de toutes parts on l'y invitait depuis plus d'un an, il aurait trouvé à l'heure de l'épreuve de plus nombreux appuis qu'il n'en a eu...

En tout cas, l'inventaire est assez tragique. On a tiré sur des officiers de gendarmerie venus de la métropole pour défendre les Français d'Algérie. On a tiré sur des musulmans parce qu'ils criaient : « Vive de Gaulle ! » Pendant une semaine, dans la capitale de l'Algérie française, plusieurs dizaines de milliers de personnes ont défilé aux cris de « de Gaulle assassin » et « de Gaulle au poteau ». On a laissé sortir et rentrer, lorsqu'ils le voulaient, les chefs des camps retranchés. On a laissé briser les barrages et on s'est empressé de remplacer les unités qui voulaient maintenir l'ordre. On a laissé, et on laisse encore, une presse dont les appels au meurtre et les encouragements à l'insurrection s'étalent le long de toutes les colonnes, poursuivre une misérable besogne. Enfin, à Paris, aucun service de renseignements n'a informé le gouvernement des complots qui se tramaient, des activités subversives qui se préparaient presque au grand jour. Et ce sont pourtant, aujourd'hui, les responsables mêmes de l'autorité qui demandent avec effroi à leurs visiteurs : « Comment a-t-on pu laisser faire tout cela ? », et ils ajoutent ensuite que, décidément, tout est gangrené, que les organes de transmission et d'exécution ne répondent plus, que l'on sabote ou trahit à tous les échelons. Et, pour le moment, ils se contentent d'attendre dans l'angoisse le nouveau coup de baguette du magicien.

Or la leçon de tous ces événements est loin d'être entièrement négative. Et particulièrement pour le problème numéro un, qui est celui de l'armée. Contrairement au confortable défaitisme politique des hauts fonctionnaires, il est très possible, sinon facile, en ce moment encore, de renverser complètement le courant, c'est-à-dire de faire en sorte que, selon l'heureuse expression de François Mauriac à la radio, « la France n'ait plus à avoir peur de sa propre armée ». L'argument selon lequel on n'arrive jamais à avoir une véritable autorité sur une armée en guerre lorsque les pouvoirs lui sont alors délégués n'est qu'un alibi de la carence. En 1944, le général de Gaulle savait comment s'y prendre pour remettre dans le droit chemin l'impétueux de Lattre de Tassigny.

Il suffirait que le chef de l'État, pour un temps au moins, s'occupât autant de l'exécution de sa politique que de sa définition. Il n'y a pas si longtemps, par exemple, qu'un officier en permission déclarait avec humour : « J'attends le jour où il sera permis d'être gaulliste et partisan de l'autodétermination en Algérie. » On sait la forte attraction qu'exerce le pouvoir autant sur les carrières que sur les sentiments : il est remarquable que jusqu'à maintenant cette attraction ait opéré dans le sens de l'antigaullisme, ce qui dénote bien que la réalité du pouvoir a appartenu aux chefs militaires d'Alger et à un état-major parisien qui conçoit et réalise en marge de la nation dont ils devraient être le reflet. La récente fermeté du chef de l'État a montré tout ce que l'on pouvait tirer d'une armée clairement conduite.

La pression de l'opinion

Aussitôt, des vocations naissent que l'on ne soupçonnait pas, des visages apparaissent qui étaient inconnus. Samedi dernier à Alger, c'était à la tête de bataillons du contingent des officiers farouchement déterminés à isoler les insurgés et qui répondaient par des cris de « Vive de Gaulle » aux huées de la foule. Ce sont des officiers du bled qui écrivent aux journaux parisiens qu'ils n'attendent qu'un signe pour défendre la République. Ce sont des cadres d'active ou de réserve qui, en métropole, ont cherché à s'organiser pour combattre les factieux. Comment voulait-on que tous ces hommes se révèlent lorsqu'ils voyaient que les ménagements, les honneurs, les promotions, les avantages et les louanges n'étaient décernés qu'à la partie la plus antirépublicaine de l'armée ? Comment n'auraient-ils pas été eux-mêmes contraints de suivre dans le silence et l'amertume un courant qui était devenu le courant officiel ?

Les complicités du 13 mai ont conduit à cette situation ? En effet, et nous avions raison ; mais après la dernière épreuve de force, ces complicités ne peuvent plus survivre, ne devraient plus survivre, et aujourd'hui il est parfaitement possible de faire revenir l'armée à sa seule mission. Pourquoi ? Parce que j'estime qu'en fait de pouvoir d'arbitrage l'armée ne détient que celui qu'on lui laisse prendre. Sa mystique la plus puissante est celle de l'unité ? Sa phobie la plus grande, la division ? Soit. Raison de plus pour favoriser avec vigueur en son sein une tendance qui ne cherche qu'à s'épanouir et sur laquelle, le moment venu, on peut se reposer.

L'armée a tenté à Alger de faire la preuve qu'elle était l'arbitre de la situation. Mais, pour le moment, elle a échoué. Elle n'a pas fait céder le pouvoir politique. Sa seule opération a consisté à lier son obéissance à la proclamation de l'Algérie française en donnant une interprétation volontairement abusive de la déclaration du général de Gaulle. C'est pendant cette semaine et celles qui vont suivre que l'on saura à quoi s'en tenir sur la victoire ou l'échec de l'opération militaire d'Alger.

Si les principaux complices de l'insurrection ne sont pas châtiés, si l'on n'obtient pas que les chefs militaires demeurent fidèles dans leurs déclarations aux principes énoncés par l'exécutif, alors, mais alors seulement, on pourra dire que l'armée a fait payer au général de Gaulle le prix de son obéissance. On ne semble pas prendre, heureusement, le chemin de l'échec. De toute façon, et en dehors même des actes du gouvernement, les événements ont montré que l'une des principales pressions est celle d'une opinion publique résolue. La meilleure façon, en effet, de faire craindre à l'armée une division, c'est de lui montrer qu'elle se séparerait du peuple dont elle est l'émanation naturelle. Sur ce point, on peut dire que la nation républicaine a gagné la première manche.

Reste le principal, c'est-à-dire, en définitive, la guerre d'Algérie. Là aussi, l'issue du conflit, la possibilité des pourparlers, dépendent de l'alignement des chefs militaires sur le président de la République. Comme le dit très justement M. Georges Bidault, le général de Gaulle n'a en rien corrigé ses vues sur l'autodétermination et sur son désir que les Algériens fixent eux-mêmes, « sans que cela leur soit dicté », leur propre destin. Il a déclaré qu'il ne discuterait jamais de l'avenir politique de l'Algérie avec le FLN ? Mais M. Abbas vient de faire remarquer que le FLN n'exigeait pas une telle discussion : il ne veut plus parler que des conditions du cessez-le-feu et des conditions de l'autodétermination.

L'autorité de l'État

Il est vrai que le général de Gaulle a concédé à l'armée que le soin lui serait laissé d'organiser la consultation. Mais telle avait toujours été la pensée du chef de l'État. Simplement, il ajoutait que des observateurs neutres pourraient contrôler cette consultation. Il s'agit là d'une difficulté que l'on ne peut minimiser. Mais, d'une part, les dispositions politiques du FLN ont changé, paraît-il, et les conseils de raidissement de M. Bourguiba semblent ne pas devoir être davantage suivis que ses invitations à la modération. D'autre part, la démonstration de l'autorité de l'État sur l'armée française d'Algérie ne peut-elle diminuer la méfiance que l'on peut avoir sur l'impartialité de celle-ci devant l'éventuelle consultation ?

En vérité, quel que soit le problème que l'on étudie dans cette affaire, on en revient toujours à l'autorité de l'État. On peut dire, sans forcer les mots, que, pour la première fois dans l'histoire de l'Algérie, l'autorité a été enlevée des mains des puissantes féodalités militaires et civiles, et que le général de Gaulle est en train de restituer cette autorité à l'État. S'il va jusqu'au bout, tout est permis.

Il faudra alors se préoccuper d'un problème qui reste grave : celui de la communauté non musulmane d'Algérie. Si les agitateurs peuvent si bien exploiter la peur de toute une population, c'est que cette peur existe profondément. Si des hommes sont capables de se faire tuer pour une fausse conception de leur honneur et de leurs intérêts, cela démontre en tout cas un enracinement dans la terre natale que ni Paris ni Tunis n'ont le droit de sous-estimer.

De l'insurrection, il faut aussi tirer cette leçon : la situation algérienne ne connaîtra de règlement que lorsque les garanties les plus claires, les plus totales auront été données, et par toutes les parties en présence, aux Européens d'Algérie. Cela aussi, seul un gouvernement disposant de toute l'autorité peut le faire.

(L'Express)

10 mars 1960

Trop tard ou trop tôt !

Dans l'avion qui le ramène en France, samedi soir, le général de Gaulle est particulièrement détendu. Il estime, autant qu'à Sète, « avoir gagné ses journées », les trois journées de voyage dans le bled algérien. Après la lecture de la presse métropolitaine — celle du vendredi, c'est-à-dire la plus inquiète —, il a affiché un mépris bonhomme.

Impressions de voyage? Ceux qui l'ont accompagné les résument ainsi : en de Gaulle, le technicien a été satisfait. Dans les unités visitées, l'armée s'est parfaitement adaptée à sa tâche. Si parfaitement d'ailleurs qu'elle en a découvert les limites ; tel ce colonel qui, tout fier d'avoir obtenu dans son secteur un succès considérable sur le plan scolaire (70 % des enfants scolarisés), réclame maintenant la construction d'écoles techniques en sachant que celle-ci est impossible. Les difficultés locales de l'intégration sont ainsi perçues par ceux-là mêmes qui en deviennent parfois les partisans politiques. Les limites de la pacification ont été de même analysées, presque inconsciemment, par d'autres officiers. L'un d'eux prétend avoir « complètement nettoyé » son secteur. Le général de Gaulle pose la question : « Et si nous nous retirions ? » L'officier répond : « Alors tout recommencerait. »

Changer de clientèle

Selon le récit d'un membre de sa suite, le président de la République a liquidé l'intégration, fait admettre l'association, remplacé le slogan « Algérie française » par « Algérie algérienne », avec le *consentement grave* de ses interlocuteurs. C'est en cela que les journées ont été « gagnées ». Le 24 janvier, certains états-majors avaient cru, en se soumettant finalement à l'autorité de Paris, réaliser une « opération blanche » par l'amalgame « Vive de Gaulle ! Vive l'Algérie française ! » Ce n'est plus possible. Il est connu maintenant en Algérie que le gaullisme s'identifie à « l'Algérie algérienne associée à la France », au fameux « gouvernement des Algériens par les Algériens », prévu par la déclaration du 16 septembre [1].

Dans cette perspective, le général de Gaulle savoure les fruits d'un entêtement victorieux. Dans l'avion, il échange avec le ministre des Armées, M. Messmer, quelques propos qui en témoignent. La presse métropolitaine ne l'a pas compris ? Quelle importance ? La « vérité » deviendra évidente. Et puis, surtout, dans quelques jours, on entrera dans un cycle où l'affaire algérienne sera de plus en plus oubliée. Pendant le voyage de Khrouchtchev, le voyage en Angleterre et aux États-Unis, la conférence au sommet, qui se préoccupera de l'Algérie ? En tout cas, les principaux problèmes sont réglés : d'un côté l'autorité de l'État, confondue avec l'orgueil du chef de l'État, est assise sans concession, puisque l'association de l'Algérie à la France est proclamée ; d'un autre côté, l'armée a reçu confirmation que sa mission durerait encore longtemps et qu'aucune surprise ne mettrait en question sa présence en Algérie — ce qui était le doute le plus explosif à dissiper.

Mais le dimanche, à Colombey, n'est pas aussi serein.

Les réactions métropolitaines sont « étranges » et menacent de susciter un sérieux malaise. Il y avait déjà la « droite activiste » qui profitait de la crise paysanne, la « droite européenne », si proche de l'Amérique et qui s'agite avant la

1. Allocution du 16 septembre 1959 : le plus long discours du général de Gaulle consacré à l'Algérie, tournant décisif dans l'histoire de la colonisation française : « [...] je considère comme nécessaire que ce recours à l'autodétermination soit dès aujourd'hui proclamé. Au nom de la France et de la République, en vertu du pouvoir que m'attribue la Constitution de consulter les citoyens pourvu que Dieu me prête vie et que le peuple m'écoute, je m'engage à demander, d'une part aux Algériens, dans leur douze départements, ce qu'ils veulent être en définitive et, d'autre part, à tous les Français d'entériner ce que sera ce choix. » *(N.d.É.)*

venue de Khrouchtchev. Il faut compter aussi maintenant avec les socialistes : le précieux M. Guy Mollet étale ses angoisses et fait des appels. Un de ses adjoints téléphone avec anxiété à l'Élysée : « Franchement, dites-le-nous, M. Guy Mollet est près de moi et il veut le savoir : est-ce que le général de Gaulle est prisonnier de l'armée ? » On a ébranlé la volonté de paix du peuple français, cette volonté qui est à l'origine d'une grande partie de la popularité du Général. Un autre socialiste déclare à un interlocuteur officiel : « Si le Général allait dans le Midi aujourd'hui, il serait boudé cette fois. » L'interlocuteur répond : « C'est dans la destinée du Général, pour être fidèle à lui-même, il lui faut parfois changer de clientèle. »

Mais personne ne sait où se trouve cette nouvelle clientèle.

Une lassitude irritée

Le lendemain, lundi, les choses commencent à être prises très sérieusement. Les réactions internationales sont toutes très mauvaises. La moins sévère est évidemment en ce moment la réaction soviétique ; mais partout ailleurs, on exprime une surprise plus ou moins indignée. Le lundi après déjeuner, le directeur de cabinet d'un ministre reçoit un diplomate étranger, venu d'ailleurs pour une tout autre question ; il lui dit : « Mon ministre vient de s'entretenir avec le général de Gaulle. Ce dernier est formel : sa politique n'a pas changé, c'est l'autodétermination. Il n'a rien dit qui ne soit fidèle à la déclaration du 16 septembre. Le cessez-le-feu ? Force est de constater que le FLN n'en veut pas. Quant à la définition du cessez-le-feu, elle ne peut être donnée qu'au cours de pourparlers avec les rebelles. » Le diplomate n'est pas convaincu ; le directeur de cabinet ne l'est d'ailleurs pas davantage. La seule question que tout le monde se pose, dans les salles de rédaction, dans les antichambres des ministères, à l'Élysée et dans les chancelleries, est une question simple : le cessez-le-feu consiste-t-il, oui ou non, comme l'a affirmé le général de Gaulle le 3 mars à El-Milia (Nord-Constantinois) en une « reddition des armes » ? Si oui, que l'on convienne qu'il s'agit bien d'un fait nouveau et que ce fait implique qu'il n'y aura plus de pourparlers avec le

FLN, même des pourparlers exclusivement consacrés à l'arrêt des combats. Sinon, qu'on démente catégoriquement les propos prêtés au général de Gaulle par le journaliste de l'AFP qui était seul admis au voyage en Algérie.

Qu'elles émanent de gaullistes ou d'opposants, les adjurations sont faites sur un ton nouveau. Pour la première fois, une lassitude irritée prend le pas sur l'exégèse complaisante. Personne n'admet plus que, par ses obscurités, ses contradictions et son laconisme, le général de Gaulle transforme tous les cadres de la nation en casuistes ou en byzantins. Les collaborateurs du Général répondent à mille coups de téléphone. Tantôt l'on dit qu'en effet M. Geoffroy de Courcel, secrétaire général à la présidence de la République, aurait dû superviser les notes de l'AFP, ce qui laisse entendre que ces notes peuvent être inexactes ; tantôt — mais sans le dire explicitement —, on fait comprendre que « les informations du Général lui permettent de conclure que le FLN est dans l'incapacité d'accepter un cessez-le-feu, même très honorable », ce qui peut suggérer que des pourparlers militaires ont eu lieu et ont échoué.

Deux vérités ?

Un moment donné, une version est soutenue qui met le comble à l'exaspération : « Le voyage du président de la République était un voyage militaire, ses propos n'étaient destinés qu'à l'armée. » Cela a été déjà la version de la délégation générale en Algérie. Il y a donc deux vérités ? L'une pour le Midi civil, l'autre pour l'Algérie militaire ? Qui espère-t-on tromper, sinon tout le monde ?

Le trouble atteint un tel degré que le ministre de l'Information, M. Louis Terrenoire, suggère au président de la République d'annoncer une conférence de presse. Le général de Gaulle refuse : impossible du fait de la proximité de l'arrivée de M. Khrouchtchev. Sans comprendre, on s'incline.

Il faut se rabattre sur un communiqué. Le général de Gaulle corrige de sa main le projet de « mise au point officielle » qui lui est soumis. Très bien rédigée, cette mise au point répond à tout, sauf à la question essentielle que chacun se pose. La nouvelle définition du cessez-le-feu ne fait l'objet ni d'une confirmation ni d'un démenti. Plus de doute ; l'équivoque née de la proposition de « paix des braves [1] », ensuite dissipée par un an d'efforts, est volontairement réintroduite. Elle est désormais officiellement entretenue. Pourquoi ? C'est la seule question intéressante cette semaine.

Faisons la part la plus belle au chef de l'État. Je laisse la parole à l'un de ses plus fidèles compagnons : « Que voulez-vous, le général de Gaulle est en passe d'avoir à l'égard des leaders du FLN les mêmes réactions qu'il a eues à l'égard de Sekou Touré. La mauvaise humeur. Cela ne date pas d'aujourd'hui. Cela date du 28 septembre, au moment de la réponse du FLN à la déclaration sur l'autodétermination. Une fois encore, le Général avait cru que le FLN aurait l'intelligence d'envoyer une délégation, de se rendre compte que toute discussion sur le cessez-le-feu engrenait nécessairement sur les conditions de l'autodétermination. Non seulement le FLN n'a pas compris cela, mais encore, d'un autre côté, il a fallu faire face aux troubles d'Alger. On ne peut pas lutter longtemps sur plusieurs fronts : de temps à autre, il faut en réduire un, même provisoirement. »

Une certitude

Admettons que tout cela soit vrai. Il n'y avait aucun avantage, puisqu'un cessez-le-feu honorable était offert et refusé, à rendre, comme on vient de le faire, la proposition déshonorante. Puisqu'elle n'était pas acceptée, pourquoi la rendre inacceptable ? Les réactions internationales ne se sont d'ailleurs pas fait attendre. Chacun approuvait déjà que le FLN demandât des garanties sur l'autodétermination ; *a fortiori,* on

1. Conférence de presse du 23 octobre 1958 : « Je dis sans ambages que, pour la plupart d'entre eux, les hommes de l'insurrection ont combattu courageusement. Que vienne la paix des braves et je suis sûr que les haines iront en s'effaçant [...] Là où ils sont organisés pour la lutte, il ne tient qu'à leurs chefs de prendre contact avec le commandement. La vieille sagesse guerrière utilisée depuis longtemps, quand on veut que se taisent les armes, est le drapeau blanc des parlementaires. Et je réponds que, dans ce cas, les combattants seraient reçus et traités honorablement. » *(N.d.É.)*

approuve le rejet d'un cessez-le-feu qui se traduit par une reddition des armes. La thèse de la mauvaise humeur paraît peu vraisemblable.

S'agit-il de l'échec de pourparlers secrets ? Lundi soir, tout le monde à Paris parlait de la rencontre qui aurait eu lieu à Madrid entre le général Olié[1] et le leader FLN M. Boussouf ; des entretiens qu'aurait eus à Genève un autre leader et, enfin, de l'assurance donnée par le FLN à un émissaire de l'Élysée qu'un délégué algérien pouvait arriver à tout moment à Paris, *à la condition expresse d'être reçu par le chef de l'État lui-même.* D'un côté, les pourparlers militaires auraient échoué, les revendications algériennes paraissant exorbitantes à l'émissaire français ; d'un autre côté, les exigences du FLN auraient achevé d'impatienter le général de Gaulle, qui se serait plaint d'être traité « comme un quelconque Bourgès-Maunoury ». Rien de tout cela n'est contrôlé.

En revanche, un fait doit être rendu public, qui est particulièrement important. Pour vaincre les réticences françaises sur les garanties concernant l'autodétermination, M. Ferhat Abbas s'apprêtait à faire une nouvelle déclaration affirmant qu'après avoir discuté de telles garanties *il importait peu au FLN que le gouvernement français juge bon de s'entretenir avec d'autres secteurs de l'opinion algérienne des conditions de l'autodétermination.*

Il s'agissait là d'un geste considérable et qui levait l'une des dernières hypothèques. L'avenir de l'Algérie ? Le FLN laisse au peuple algérien le soin d'en décider. Les conditions de l'autodétermination ? Il exige d'en discuter, mais ne prétend même pas en décider seul et renonce donc jusqu'à l'apparence même d'une représentativité exclusive. C'est donc à la veille de la publication d'une telle déclaration, publication dont le projet était connu à l'Élysée, que les nouveaux propos sur le cessez-le-feu ont été tenus en Algérie. Contrairement aux informations citées plus haut, cela est une certitude.

1. Jean Olié : chef d'état-major de la Défense nationale. *(N.d.É.)*

La porte étroite

Restons encore dans les certitudes. Le général de Gaulle, sans pour autant avoir besoin de pourparlers secrets, découvre qu'il ne pourra appliquer *son* autodétermination. Un exemple ? Le délai de quatre années lui paraît essentiel pour l'adaptation de l'armée française, pour la prise de conscience par les populations de l'enjeu de la consultation. Ce délai est inacceptable pour le FLN. Quand bien même on serait d'accord sur tout, on n'arrivera pas à un accord sur ce point. D'un autre côté, un double aspect paraît favorable : répit diplomatique jusqu'à la conférence au sommet et succès local de la pression militaire (tous les rapports sur ce point sont optimistes). En ce cas, il ne reste plus qu'une seule chose à faire, c'est de profiter de la durée nécessaire de la guerre pour remplacer une mystique par une autre, l'utopie de l'Algérie française par la réalité de l'Algérie algérienne, avec l'espérance que, dans six mois au plus, l'armée se sera adaptée à ce nouvel objectif, fera naître une troisième force, exercera une pression sur Tunis, et qu'à ce moment-là le FLN aura à choisir entre le ralliement à l'association et l'isolement. Pour le moment, on ne ferme pas la porte au FLN, mais on lui fait la porte étroite.

Ne jugeons pas. Voyons seulement les résultats objectifs d'une telle attitude. La situation internationale soudain renversée : la France pourra être apparemment ménagée, on profitera de la moindre occasion pour exploiter sa situation de faiblesse. Une grande et juste idée discréditée : celle de l'Algérie algérienne qui, au lieu d'être l'objet de négociations et au lieu de constituer une limite, va paraître désormais aux Algériens comme le symbole d'un combat colonial ; le prestige atteint : celui acquis auprès des musulmans depuis le 24 janvier. Le doute, enfin, semé dans les esprits les moins prévenus. Tout cela pour quelques paroles prononcées le 3 mars dans le bled algérien et confirmées depuis. Un douloureux bilan.

(L'Express)

Mai 1960

Socialisme et anticolonialisme

La dernière livraison des *Temps modernes* pose le sérieux problème des devoirs de la gauche française envers le FLN. Pour ce faire, un éditorialiste croit devoir me mettre personnellement en cause, mais je ne m'y arrêterai pas. Sommes-nous en effet si nombreux à témoigner dans le conflit algérien ? Faudrait-il accepter une polémique qui sépare le petit groupe de ceux qui se croyaient, tout compte fait, d'accord sur l'essentiel ? Je ne l'ai jamais cru, depuis cinq ans, que je me sois trouvé à Alger, à Tunis ou à Paris. Une fois encore, peu m'importera que le ton soit si volontairement déplaisant, venant d'analystes épisodiques, et s'adressant à des hommes pour qui le drame algérien constitue, en plus, un problème personnel et permanent. Par discipline donc, je refuse la polémique ; mais j'accepte le débat : il en vaut la peine.

De quoi sommes-nous accusés ? De chercher à « comprendre » le gaullisme, de nous acharner à trouver des « virtualités positives » dans la politique algérienne du Général ; d'expliquer la perpétuation de la guerre par la seule intransigeance du FLN ; de ne pas nous interroger sur la notion d' « association » proposée par de Gaulle ; de contribuer à empêcher la gauche de proclamer sa solidarité entière avec le FLN et de faire perdre du même coup à cette gauche l'une de ses armes principales.

Je commencerai par plaider, résolument, coupable. Il est bien vrai, en effet, qu'une servitude professionnelle ainsi qu'une formation socialiste — laquelle me conduit à préférer l'analyse des situations objectives au manichéisme — m'invitent à un intense effort de compréhension. Cela m'a permis, entre autres choses, d'éviter un certain nombre d'erreurs que j'aurais pu commettre en réclamant toujours des faits qu'ils vérifient mes principes.

Il est vrai d'autre part que, familier des horreurs de la guerre d'Algérie, je suis passionnément attentif à toutes les « virtualités positives » qu'une situation peut offrir pour convertir en un combat politique *victorieux* une violence dont le succès, au surplus, n'est plus assuré. Sur ce point, qui me paraît essentiel, je voudrais m'arrêter un instant. La violence a posé le problème ; elle ne suffit pas à le résoudre. Davantage : on en est arrivé à un équilibre des violences, une exaspération de deux nationalismes, une entraide de deux extrémismes. Encourager l'un, c'est renforcer l'autre. Ce n'est pas pour rien qu'on parle aujourd'hui, à peu près partout, du partage de l'Algérie. Alger et Tunis vivent, objectivement, dans une véritable symbiose. C'est l'heure de se poser le problème de la fin et des moyens et de ne pas oublier la finalité de la violence révolutionnaire. La violence ne peut jamais servir qu'à préparer, pour en profiter le mieux possible, l'occasion historique.

Non seulement donc, ici, les accusations des rédacteurs des *Temps modernes* sont fondées, mais j'ai fait de l'attitude qu'ils me reprochent une véritable doctrine. Parce que cette guerre est affreuse, parce qu'elle atteint de chaque côté les miens, parce que l'hémorragie concerne principalement le peuple que l'on entend émanciper, et parce que enfin je me rappelle à chaque instant que ce n'est pas moi qui combats dans les maquis, je m'interdis tout comportement qui conduirait à laisser passer une seule chance, si mince soit-elle, de recouvrer la paix.

Une chance a-t-elle été donnée par le gaullisme ? C'est là tout le débat. Il faut cependant, auparavant, se débarrasser d'une question de principe. Une chance *peut-elle* être donnée par le gaullisme ? Le régime d'usurpation, issu du 13 mai, et assis sur la réaction, peut-il rejoindre les revendications minimales des nationalistes algériens ? Comme socialiste, il me serait intellectuellement confortable de répondre non. Je serais heureux de penser, d'un point de vue doctrinal, que la décolonisation passe nécessairement par la gauche. Cela est faux, il convient de le constater avec courage. Pour les

Algériens, c'est encore plus faux que pour tout autre peuple colonisé. La gauche française n'est pas anticolonialiste par essence. Elle est sans doute égalitariste, c'est-à-dire opposée à l'exploitation économique ; mais elle est, idéologiquement, impérialiste, ce qui l'a conduite en Algérie à être pour l'intégration. L'internationalisme chauvin des socialistes — comme, pendant longtemps d'ailleurs, des communistes français — les a toujours conduits à refuser le dogme léniniste sur la nécessité de l'étape nationaliste dans les révolutions coloniales. M. Guy Mollet se situe dans une authentique tradition de son parti. Au contraire, c'est M. Antoine Pinay qui a accordé aux Marocains leur indépendance. Les exemples foisonnent pour démontrer que *l'anticolonialisme (de fait, non de doctrine) n'est pas nécessairement, dans le monde actuel, le lot de la gauche des pays colonisateurs.* Il y a, à gauche, une mystique en faveur de la justice individuelle, mais un instinct irrépressible contre l'indépendance nationale. A ce titre, M. Soustelle n'a pas complètement tort lorsqu'il affirme que l'intégration est une thèse « de gauche ».

Il n'y a donc pas, dans l'essence même d'un gouvernement réactionnaire, un obstacle inéluctable à une évolution décolonisatrice. On peut dire par suite que le gaullisme, autant que n'importe quel régime réactionnaire, peut très bien se trouver contraint d'offrir une chance politiquement exploitable par les nationalistes algériens. J'insiste sur cette idée, car c'est son ignorance qui explique l'erreur de nos accusateurs. Il ne s'agit en effet chez eux que d'une confusion confortable — ou tactique — entre socialisme et anticolonialisme. Le glissement intellectuel est très perceptible, qui mène de l'impossibilité de concevoir une décolonisation opérée par la réaction au souhait de voir le socialisme réalisé en France grâce à la guerre d'Algérie : si la gauche est *nécessaire* aux Algériens, ces derniers la feront renaître.

Cela dit, le régime gaulliste a-t-il offert, effectivement, une chance ? Nous avons vu que rien ne s'opposait à ce qu'il le fît. Mais l'a-t-il fait ? Personnellement, je réponds, de toutes mes forces, *oui.* Il ne s'agit pas de savoir si de Gaulle est libéral ou non, s'il veut duper ou non le FLN, si ses intentions sont ténébreuses et ses propos ambigus. Il convient simplement de constater que, de Gaulle régnant, le système colonial — pour la première fois en Algérie — a présenté une vraie brèche par laquelle la vague du nationalisme algérien peut s'engouffrer. Soit pour aboutir à l'indispensable compromis qui seul permettra de sortir de l'impasse des violences. Soit pour faire la démonstration — internationalement payante — de la mauvaise foi gaulliste.

De toute façon d'ailleurs, la seule présence à Paris (on en est encore plus sûr depuis le 24 janvier) d'une délégation du FLN provoquerait une redistribution des forces politiques françaises telle que la guérilla du FLN ne sera jamais en mesure d'en susciter de pareille. Refuser de constater ce fait, parce que l'on craint, au fond, un accord possible avec de Gaulle et, par suite, l'impossibilité d'une résurrection pour la gauche, c'est encore une fois se servir de la guerre d'Algérie. C'est négliger l'idée, certes embarrassante, que le petit peuple qui souffre depuis cinq ans dans le bled algérien n'a pas lié son destin actuel à celui de la gauche française. Peut-être le fera-t-il un jour et pour mon plus grand réconfort. Mais l'heure n'en est pas venue.

C'est alors qu'on nous demande si nous ne nous trompons pas sur les dimensions de cette brèche et si nous nous sommes bien interrogés sur la notion d'« association » proposée par de Gaulle. On nous demande, autrement dit, si nous sommes sûrs que de Gaulle acceptera toutes les conditions du FLN. Nous avons vu que la question était sans objet, puisque, même dans l'hypothèse d'un désaccord, le choc créé par des pourparlers serait payant. Mais, en plus, il faut répondre que l'important n'est pas de savoir si de Gaulle entend capituler (il ne le fera pas et personne ne le fera jamais), mais s'il est en mesure de conclure un compromis. En 1954, lorsque Mendès France offrit l'autonomie interne à Bourguiba, les Tunisiens ont bel et bien fait un examen des « virtualités positives » de l'offre. Ils ont vu, dans cette proposition, la fameuse brèche dont je parle plus haut et ne se sont pas arrêtés à l'analyse des arrière-pensées néo-colonialistes que pouvait contenir — selon certains — l'engagement demandé aux Tunisiens sur une période de vingt années.

Cela veut-il dire que le FLN est seul responsable de la perpétuation de la guerre ? Évidemment non ! Je ne l'ai jamais écrit. Je ne l'ai jamais laissé entendre. Je ne l'ai jamais pensé. J'ai simplement constaté avec regret (mais aussi avec une compréhension faite d'une longue suite d'échanges) que ce mouvement nationaliste, du fait de son origine, de ses structures et de son histoire — mais aussi du fait de l'incontestable démesure de certaines de ses ambitions —, n'était pas en état d'exploiter toutes les chances politiques qu'un régime même suspect lui offrait, parfois inconsciemment.

Sur un autre plan (celui de l'éthique individuelle, si j'ai bien compris), on nous invite à proclamer notre solidarité complète et entière avec le FLN. Pourquoi la guerre d'Algérie ne serait-elle pas notre guerre d'Espagne ? Cette question m'obsède depuis longtemps. Voici ma réponse, *personnelle :* la révolution algérienne est marquée par l'arabo-islamisme. C'est ainsi, et ce n'est la faute de personne. Les insurrections coloniales sont le fait d'élites révolutionnaires qui se nourrissent de l'apport du colonisateur. Mais lorsque ces élites s'en retournent vers leur peuple dépourvu de conscience politique, elles sont contraintes de faire appel au seul levain insurrectionnel qui existe : en Algérie, c'est l'arabo-islamisme ; les minorités non musulmanes ont toutes, à des degrés divers, et même dans le désaveu, profité des structures coloniales. La révolution algérienne ne peut pas ne pas en tenir compte.

Le nationalisme algérien a le mérite de vouloir se dépasser et il est sans doute le plus progressiste des nationalismes arabes. Il reste que ce dépassement ne lui est pas encore permis, que les conditions mêmes de sa lutte l'enfoncent dans l'arabisme et qu'à ce titre il n'est pas encore porteur d'universalité. Il peut donc incarner les espérances révolutionnaires de la majorité du peuple arabo-musulman d'Algérie ; il peut résumer l'aspiration générale des masses dans une organisation que l'Algérie attendait. Il ne m'en paraît pas pour autant représenter *toute* l'Algérie, à moins qu'on décide d'arrêter l'histoire algérienne à 1830. C'est pourquoi le destin de l'Algérie décolonisée ne se confond pas nécessairement, pour moi, et d'un point de vue moral, avec le destin de l'organisation du FLN.

Je prétends garder intacte la possibilité de combattre pour ma conception d'une Algérie libre, critiquant le FLN chaque fois qu'il me paraît s'écarter par les méthodes ou par les objectifs de l'idéologie universaliste que la spécificité algérienne impose [1]. J'invite les rédacteurs des *Temps modernes* à me dire s'il faut combattre, sans réticence, pour ajouter à la Ligue arabe un nouvel État qui souhaitera la disparition d'Israël. Je les invite à me dire si les prolétaires européens d'Algérie ne leur créent pas un cas de conscience et ne les conduisent pas à demander au FLN des comptes. Personnellement, je demande ces comptes. Et je suis bien compris des nationalistes algériens. Mais la réponse que j'obtiens est aussi embarrassée que la situation algérienne est complexe. En vérité le FLN sait maintenant qu'il va lui falloir choisir entre une conversion spectaculaire — qui, elle, permettra alors une solidarité complète parce que le nationalisme s'ouvrira sur l'universel — ou le partage de l'Algérie. C'est un problème autrement sérieux.

Mais s'agit-il seulement de ce problème dans le débat qu'on nous propose ? Je finis par en douter. Je crains que nos philosophes n'en soient arrivés à « sacraliser » le FLN comme les intellectuels staliniens sacralisaient il y a quelques années le Parti communiste. C'est la recherche angoissée de l'absolu disparu. C'est la considération du FLN comme « seule force organisée de la gauche ». L'Algérie, elle, est absente.

Il reste que nous avons encore à faire tous ensemble un bon bout de chemin avec des objectifs communs. Je le répète : nous ne sommes pas trop dans le camp de ceux qui dénoncent la torture, la répression, l'oppression, le racisme, et le refus de la négociation. Nous le faisons avec des conceptions différentes. Nous n'avons aucune leçon à nous donner les uns aux autres.

(Esprit)

1. Je suis heureux d'écrire cela au moment où l'on me signifie ma troisième inculpation contre la sûreté de l'État « pour articles visant à l'apologie du FLN ».

10 novembre 1960

De Gaulle contre la montre

Avant quinze jours, la situation intérieure française sera probablement transformée. C'est l'avis d'un certain nombre de parlementaires et de hauts fonctionnaires. C'est aussi l'avis des membres du gouvernement et de l'entourage du général de Gaulle. Peu importe, pour le moment, la façon dont réagira Tunis, dit-on dans ces mêmes milieux. Le chef de l'État français, président de la République une et indivisible, a mis le feu aux poudres en parlant de « République algérienne [1] ». L'explosion ne peut plus tarder. Ou, sinon l'explosion, un bouleversement quelconque. Le 4 novembre est devenu, pour tout le monde, une date historique : la rupture du cordon ombilical qui, depuis cent trente ans, relie l'Algérie à la France.

Pourquoi de Gaulle a-t-il été aussi précis sur l'objectif final alors que son discours ne peut immédiatement ramener la paix ? Pourquoi n'a-t-il pas fait ce même discours le 29 janvier alors qu'il avait le monde entier et la nation française derrière lui, alors que l'armée était dépassée devant les conséquences de ce qu'elle avait laissé faire ? Pourquoi, enfin, la République algérienne est-elle octroyée, au lieu d'être l'enjeu d'une négociation qui aurait l'avantage de faire cesser les combats ? Toutes ces justes questions sont désormais sans intérêt. Voyons plutôt la situation après le discours explosif du 4 novembre.

D'où peut venir le bouleversement ? Non point des commu-

1. 4 novembre 1960 : allocution radiodiffusée et télévisée du général de Gaulle où il est question d'une « Algérie algérienne » : « Cela veut dire une Algérie émancipée… Une Algérie qui, si les Algériens le veulent — et j'estime que c'est le cas —, aura son gouvernement, ses institutions et ses lois. » *(N.d.É.)*

nistes, dont l'attitude, rivée à la situation internationale, est pleine de circonspection ; non point de la gauche, qui se réveille : cette gauche ne peut pas se permettre d'être moins attentive et moins prudente que le FLN, lequel délibère à Tunis avec sérénité. S'agit-il alors des activistes et des ultras ? Oui, en partie. Autour du procès des barricades, des forces guettent dans l'ombre et se regroupent dans de nouveaux complots.

Cependant, aux yeux des hommes que ce bouleversement menace, c'est-à-dire, au premier chef, les membres du gouvernement, aucun de ces complots clandestins n'est sérieux. La véritable opposition au général de Gaulle, la seule dangereuse, se fait au grand jour.

Un peu plus de sérieux

C'est le grand fait nouveau : les sujets en ont assez du roi qu'ils se sont choisi et, pour se débarrasser de lui, ils sont prêts à n'importe quelle coalition, à n'importe quelle alliance. Après le discours du 4 novembre, 153 députés étaient réunis dans une salle du Palais-Bourbon. Il y avait là des élus de toutes tendances, ou presque. L'hostilité au général de Gaulle était unanime. Pour éviter de rompre cette unanimité à propos de l'Algérie, les élus se sont entendus pour ne discuter que de la menace de dissolution, de référendum ou d'application de l'article 16 concernant les pleins pouvoirs.

Mais qu'est-ce que le Parlement dans la Ve République ? Rien jusqu'à cet été. Beaucoup depuis ces dernières semaines. Exactement, depuis la mi-octobre et le débat sur la force de frappe. Ce débat a révélé qu'une certaine symbiose était possible entre l'armée et le Parlement. Il a dépassé tous les calculs des instigateurs. Certains états-majors ont découvert ce jour-là un moyen légal et indirect de s'opposer à de Gaulle. Tous les partisans de l'Algérie française adoptèrent le mot d'ordre de ces mêmes états-majors : de Gaulle désire la force de frappe surtout pour offrir une diversion à l'armée d'Algérie.

Entre l'armée et le Parlement, deux hommes déjà jouaient un rôle discret et efficace, MM. Bourgès-Maunoury et Max Lejeune, tous deux anciens ministres de la Défense nationale.

Le premier est très lié (malgré son attitude pendant le 13 mai) avec plusieurs généraux d'Alger ; le second a participé récemment encore à plusieurs « réunions de travail » sur l'Algérie avec son ami intime, le général Lecomte.

Un radical-socialiste et un socialiste SFIO se trouvent donc être les chevilles ouvrières d'une singulière coalition qui groupe parlementaires et officiers et qui est destinée à donner à l'opposition « un peu plus de sérieux ». M. Max Lejeune est très actif. Il a passé une partie de sa vie à vouloir prouver son patriotisme aux militaires et à laver le Parti socialiste de l'accusation d'antimilitarisme. Au moment de l'expédition de Suez, couvrant toutes les erreurs dont il n'était pas l'initiateur, donnant volontiers dans une surenchère cocardière, il avait réussi à accréditer l'idée, dans certains milieux de l'armée, que les socialistes étaient les meilleurs remparts contre l'abandon outre-mer.

L'article 16

Au cours des « réunions de travail » auxquelles il a participé, la doctrine suivante s'est élaborée ; l'armée doit éviter deux écueils : rompre son unité et se couper du peuple français. Les jeunes colonels du 24 janvier étaient irresponsables et farfelus. Sans le soutien du peuple français, rien n'est possible. Si l'on commence à dire dans les syndicats et ailleurs que l'armée pourrait tirer sur la classe ouvrière, alors tout est perdu et, en tout cas, M. Max Lejeune, lui, ne marchera pas.

Le peuple français n'est pas prêt à se battre pour l'Algérie française ? C'est possible. Cela dépend de la façon dont on lui présente les choses. Mais il est prêt à se battre contre le pouvoir personnel, contre la dictature, pour la défense des libertés républicaines. Bref, il faut réhabiliter le Parlement, lui donner un regain de popularité en s'y prenant de façon que le Parlement symbolise la défense de la démocratie. Et quand bien même le Parlement demeurerait encore impopulaire dans le pays, c'est seulement avec lui que l'on peut opérer un bouleversement *légal.*

L'armée va devenir le champion de la légalité républicaine et de la Constitution. On s'apprête à utiliser l'article 16 et à demander les pleins pouvoirs. Or cet article 16 précise qu'on ne peut y avoir recours que pour défendre l'intégrité du territoire ! C'est exactement pour faire le contraire, pour amputer la République de l'une de ses provinces, que le général de Gaulle prétend réclamer les pleins pouvoirs.

Dans cette coalition, M. Max Lejeune n'est pas l'éminence grise. Il est l'homme politique flatté de la confiance que lui font les militaires et soucieux de justifier et Suez, et la capture de l'avion de Ben Bella, et toutes ses positions algériennes, qui sont celles du jacobinisme assimilationniste. Il combat, avec le général Jouhaud, « pour que le drapeau tricolore reste en Algérie ». Le général Jouhaud, en plus, veut défendre sa province d'origine comme le maréchal Juin.

Le premier qui a révélé la coalition en question, c'est M. Jacomet, secrétaire général de la délégation générale en Algérie. Il a dit, en offrant sa démission, que le général de Gaulle lui paraissait s'orienter vers le « pouvoir personnel » et qu'il était, quant à lui, au service de la République. Son geste et ses propos, applaudis par tous les activistes d'Alger, identifient pour la première fois la démocratie française, le régime parlementaire et l'Algérie française. L'armée se veut désormais au service des libertés du peuple...

La forme du 24 janvier

Comment peut s'opérer le bouleversement ? Par l'opposition aux mesures très rapides que le général de Gaulle entend prendre. Il est, paraît-il, « dans la forme du 24 janvier ». Il congédie les interlocuteurs militaires, ne livre rien à ses collaborateurs les plus intimes et met les ministres devant le fait accompli. Après le 4 novembre, il a déclaré, en parlant du Conseil des ministres de mercredi : « J'ai pris mes responsabilités. Je vais inviter ceux qui ont le mal de mer à prendre très vite un canot de sauvetage. Que ceux qui veulent rester s'accrochent au mât. »

Lundi soir, en conseil de cabinet, M. Michel Debré a démenti toutes les rumeurs, fait l'éloge du discours du

4 novembre et proclamé que lui, en tout cas, « s'accrocherait au mât ». A un ministre qui lui faisait timidement la remarque que la « République algérienne » aurait pu être annoncée plus tard, le général de Gaulle a répondu qu'il fallait fixer une fois pour toutes le destin de l'Algérie pour éviter que les partis et les factions « ne spéculent sur l'Algérie au-delà de de Gaulle ».

En tout cas, la mise en place de l'exécutif provisoire algérien chargé de préparer l'organisation du référendum ne va plus tarder. Elle se fera en trois phases, chacune étant accompagnée d'un discours annonçant au FLN que cet exécutif lui est ouvert, qu'il peut y prendre place et qu'on l'attend. Sur ces derniers points qui me semblaient capitaux à mon retour de Tunis, j'ai interrogé plusieurs ministres français ; ils sont formels.

1° Le discours du 4 novembre n'est pas destiné à l'ONU. S'il l'avait été, il aurait été prononcé plus tard, car chacun sait que l'effet de déclarations de ce genre ne dure pas au-delà de quinze jours.

2° Il ne peut pas y avoir de baodaïsme en Algérie. Il y manque Bao Daï, les sectes, l'opposition religieuse, etc. L'Algérie n'aura d'institutions définitives qu'avec la participation du FLN.

3° Plutôt que l'installation de l'exécutif, on souhaiterait l'arrêt des combats, la période d'apaisement et la négociation avec toutes les tendances de l'opinion algérienne pour organiser le référendum. Le général de Gaulle continue de penser que l'arrêt des combats est une condition absolue. Mais cet arrêt peut n'être qu'une trêve. Celle-ci serait-elle acceptée ? Une fois acceptée, serait-elle observée ? Personne ne le pense vraiment. C'est pourquoi la médiation, par des personnalités religieuses ou par la mission africaine, ne peut pas porter que sur la trêve.

L'arrêt des combats

4° Pourquoi le chef de l'État ne recevrait-il pas Ferhat Abbas avant l'arrêt des combats ? Parce que, si les combats cessaient après les entretiens politiques avec Ferhat Abbas, l'opinion algérienne penserait que le FLN a obtenu toutes les satisfactions, que c'est avec lui seul qu'on a traité et qu'en somme le général de Gaulle lui-même a désigné le GPRA comme gouvernement de l'Algérie.

Ce quatrième point est de beaucoup le plus important. J'ai interrogé toutes les hautes personnalités que j'ai rencontrées depuis quarante-huit heures pour savoir si le général de Gaulle ignorait réellement, ou voulait ignorer, que le GPRA ne tenait pas à ce qu'il soit discuté avec lui seul des conditions du référendum. Le chef de l'État français peut très bien recevoir le matin le bachagha Boualem, et le soir une délégation du FLN. Ce dernier ne peut pas formuler d'exigences sur les audiences du général de Gaulle, ni l'empêcher de voir ce qui est commun entre les différentes revendications.

Tous mes interlocuteurs m'ont répondu que le Général ignorait cette position du FLN et qu'il lui était très souvent arrivé de s'en plaindre. On m'a même pressé de trouver un texte par lequel le GPRA se serait officiellement prononcé à ce sujet. Il y a plusieurs textes (notamment une interview de Ferhat Abbas). Mais qu'est-il besoin de texte là où il ne s'agit que d'un domaine qui dépend exclusivement de la France ? C'est à la France seule de juger qui elle doit recevoir et quand. Où est donc le problème ?

En fait, cet argument est important parce que c'est le seul que le général de Gaulle invoque pour ne pas négocier politiquement avec le FLN avant l'arrêt des combats, mais il ne résiste pas à l'examen. Le général de Gaulle croit-il vraiment que le GPRA, transformé en parti politique, ne sera pas immédiatement puissant et majoritaire en Algérie ?

N'estime-t-il pas que, dans ces conditions, il vaut mieux immédiatement traiter avec lui plutôt que de le conduire à des surenchères extrémistes contre l'Algérie algérienne cautionnée par la France ? Il est impossible qu'il ne soit pas lucide sur ce point. Il a lui-même préjugé les résultats de l'autodétermination en éliminant l'Algérie française et préconisé une République quasi indépendante puisqu'elle aurait « son gouvernement, ses institutions et ses lois » et qu'elle ne dépendrait pas de la France pour les affaires étrangères.

C'est bien un accord sur cette formule que de Gaulle cherche avec le FLN. Ce n'est pas un référendum que l'on projette ; c'est un plébiscite, et cela répond d'ailleurs au réalisme le plus sérieux. Dans ces conditions, la crainte de donner un surcroît d'autorité au GPRA n'est pas le véritable obstacle.

L'obstacle, c'est d'entreprendre une négociation dans un contexte politique que la guerre exaspère. L'arrêt des combats permettrait l'évacuation d'une partie des forces armées, redonnerait le goût de la paix aux jeunes gens mobilisés, et dépassionnerait les affrontements français. Ce qui donne à l'armée son pouvoir, c'est l'état de guerre. Cela est vrai d'ailleurs pour un camp comme pour l'autre. Il se peut que le général de Gaulle, même en ce moment, estime qu'il lui est impossible de négocier. Il lui faut donc compter, dans cette perspective, ou sur un geste du FLN, ou sur le temps.

Un atout paradoxal

Quel geste pourrait faire le FLN ? Dans la situation où il est, lui aussi, on n'en voit guère. Après la déception de Melun[1], il est allé trop loin dans ses alliances et dans ses succès diplomatiques pour reprendre goût au tête-à-tête franco-algérien. Il s'est trop écarté de de Gaulle pour s'en rapprocher aujourd'hui sans un appel précis, étudié — appel qui ne lui a pas été adressé.

Il est plus embarrassé que séduit par les aspects positifs du discours du 4 novembre. Il attend sans illusions la délégation africaine avec l'impression que celle-ci pourra confirmer des intentions dont il ne doute plus (celles du général de Gaulle) mais qu'elle ne pourra rien apporter de nouveau sur les garanties de loyauté de l'armée française à l'égard du Général.

Pour le FLN, en ce moment, il est à la fois plus facile et plus sûr de ne pas compromettre ce véritable « second souffle » donné à la révolution algérienne par l'appui de l'Est que de risquer ce pari : l'entente secrète avec de Gaulle.

Alors ? Sommes-nous dans l'impasse désespérée avec, en plus, des risques d'explosion intérieure ? Rien n'est encore décidé dans un sens ou dans l'autre. Dans l'épreuve qu'il va

1. Les pourparlers de Melun s'ouvrent le 25 juin 1960 à la préfecture de Melun. Ils sont rompus le 29 juin sur les questions du cessez-le-feu (préalable aux négociations du côté français, élément de la négociation du côté algérien) et de la représentativité exclusive du GPRA. *(N.d.É.)*

traverser, le général de Gaulle a l'occasion de démontrer sa vigueur. Il vient de le faire en réagissant sans retard contre l'agitation provoquée par la démission de M. Jacomet[1]. Sans doute l'avait-il déjà fait, le 24 janvier, mais il avait aussitôt sacrifié sa victoire. Il a eu tantôt la clarté politique, tantôt l'autorité. S'il fait face à la situation nouvelle qui s'annonce, aujourd'hui qu'il a clairement défini l'objectif de sa politique et que toutes les équivoques sont levées, il peut contraindre le FLN à traiter. Il peut convaincre le monde que, pour la première fois, il a une politique et, en même temps, les moyens de l'appliquer. Mais il joue sa partie contre la montre. Ce qui, paradoxalement, peut aussi être un atout.

(L'Express)

1. André Jacomet : secrétaire général de l'administration en Algérie, le plus proche collaborateur de Paul Delouvrier. Il démissionne le 7 novembre 1960 : « Je considère qu'il est regrettable qu'avant même qu'il y ait eu un cessez-le-feu, on donne satisfaction au GPRA sur son principal objectif de guerre — la république d'Algérie. »

Paul Delouvrier démissionne le 23 novembre 1960 : « Toutes mes paroles d'espoir, mes contacts, le plan de Constantine ont été balayés par l'Algérie algérienne, et surtout par la République algérienne. » Il est remplacé par Jean Morin, préfet de Haute-Garonne. *(N.d.É.)*

17 novembre 1960

Le calendrier du Général

Le « défi » du 4 novembre n'ayant pas été relevé, le général de Gaulle a décidé de tout précipiter et d'en lancer un autre : il ira, sur place, à Alger, dans les premiers jours de décembre, annoncer l'installation d'un exécutif provisoire algérien. Ensuite, un référendum [1] sera organisé. Tout cela a été mené tambour battant au cours de deux Conseils des ministres qui auront marqué, et pour longtemps, tous ceux qui y ont participé.

Les ministres les plus blasés, les plus réticents, ceux-là mêmes que l'on disait il y a trois semaines encore près de la démission, cet autre qui, au cours d'un échange pathétique, fit état des lettres qu'il recevait de ses enfants mobilisés en Algérie, tous en un mot ont été subjugués. L'un d'entre eux a pris des notes pour que tout ne soit pas perdu de ce « moment historique ». Tel autre n'hésite pas à dire que, dans quelques années, on pourra déclarer : « J'y étais. » Comme à Austerlitz.

Que s'est-il donc passé dans cet univers clos où soudain une atmosphère quasi religieuse a régné ? Dans ce temple où quelque vingt-six fidèles seulement sont admis, tandis que la nation attend dans une morne inquiétude. Simplement : le général de Gaulle a officié. A en juger par les accents de ceux

1. Référendum au sujet d'un « projet de loi relative à l'organisation des pouvoirs publics en Algérie, en attendant l'autodétermination », annoncé le 16 novembre 1960 à l'issue du Conseil des ministres. Il aura lieu le 8 janvier 1961 : « Approuvez-vous le projet de loi soumis au peuple français par le président de la République concernant l'autodétermination de la population algérienne et l'organisation des pouvoirs publics en Algérie avant l'autodétermination ? » *(N.d.É.)*

qui ont célébré avec lui cette messe singulière, le chef de l'État s'est surpassé. Jamais, à leur dire, le Général n'avait été dans une forme intellectuelle aussi saisissante ; jamais il n'avait fait preuve d'une si grande autorité dans la conviction et d'une si grande détermination dans la volonté.

Ce mot barbare

De quoi a-t-il parlé ? De la *décolonisation* (ce mot barbare fait désormais partie de son noble vocabulaire). Thème pourtant peu exaltant, mais que le Général a développé à l'intérieur d'un véritable exposé biographique. A Brazzaville, paraît-il, il savait tout et il avait tout prévu. Il affirme que, pour peu qu'on ait su le lire, il avait même déjà tout dit. Bref, en 1943, la République algérienne lui paraissait inscrite dans les faits. Notre siècle est celui de la fin des empires. L'ère de la décolonisation a commencé avec la Seconde Guerre mondiale. D'une façon précipitée, bousculée et qui suscite partout des bouleversements dont le paroxysme est la situation congolaise, des masses moyenâgeuses sont conduites à la souveraineté par des élites qui, elles, traversent « leur XIXe siècle », c'est-à-dire le siècle des nationalismes.

Cette vague, canalisée juste à temps en Tunisie et au Maroc, n'aurait pu s'arrêter aux frontières de l'Algérie que si l'on n'avait pas vécu sur une fiction tragique : l'« Algérie française ». Le drame actuel vient de ce que tous les gouvernements qui se sont succédé ont maintenu la fiction sans chercher ni à démystifier ni à lui donner une réalité. Lui, de Gaulle, a toujours cru que l'Afrique du Nord entière évoluerait vers l'autonomie. Il en demande témoignage à tel ministre, à qui, dès 1949, il en avait fait part ; à tel autre dont le livre, consacré à cette question, avait reçu son approbation totale. Jacques Soustelle n'est pas là, il est vrai, pour porter une contradiction, justifiée ou non...

Une constatation exaspérante

En tout cas, déclare de Gaulle, je suis revenu au pouvoir pour rétablir l'État et pour faire la paix en Algérie. J'irai jusqu'au bout. Il importe que l'on me fasse confiance. Je ne tolérerai ni opposition spectaculaire ni démission retentissante. J'entends n'être trahi ni à l'échelon gouvernemental ni aux échelons d'exécution. J'ai choisi — et je vous ai démontré que cela ne datait pas d'hier — mes objectifs algériens. Le choix des procédures et des moyens m'appartient.

Contrairement à ce qui a été dit, il n'y eut alors aucune opposition. MM. Rochereau et Triboulet ne se sont aucunement manifestés, pas plus que M. Giscard d'Estaing, qui, d'ailleurs, n'assistait pas au premier des deux Conseils des ministres. La République algérienne a déjà reçu en quelque sorte l'investiture gouvernementale. La question qu'on s'est posée concerne évidemment le cas du Premier ministre, M. Michel Debré. A-t-il, comme la rumeur a circulé, offert sa démission lorsque, le 4 novembre, il s'apercevait que deux mots avaient été ajoutés à la déclaration qui lui avait été transmise le 3 (les deux mots sont *République algérienne*) ? C'est peu probable. En tout cas, en conseil de cabinet, M. Debré devait donner l'exemple d'une fidélité sans précédent dans l'histoire. Selon le Premier ministre, toute autre politique que celle qui vise à établir une République algérienne est vouée à l'échec.

Pourquoi ? M. Debré ne songe pas à nier, évidemment, qu'il brûle aujourd'hui ce qu'il adorait hier. Ce serait assez difficile au moment du procès des barricades. Mais le Premier ministre déclare avoir pris son parti de ce qu'il est trop tard pour réaliser son rêve d'antan, la francisation de l'Algérie. Selon un de ses amis, M. Debré a été frappé par une constatation exaspérante : plus on fait de sacrifices au profit des masses musulmanes, plus on construit d'écoles, de routes et d'hôpitaux, et plus les Algériens musulmans se disent que c'est à l'insurrection qu'ils doivent ces avantages.

Qui est responsable de cette situation? Eh bien, tout simplement, les gouvernements de la IVe République qui ont tout compromis et tout « pourri ». La Ve République s'est faite trop tard. Le général de Gaulle affirme que les gouvernements qui l'ont précédé sont coupables d'avoir entretenu la fiction de l'Algérie française. M. Debré, lui, déclare que ces gouvernements ont rendu l'Algérie française impossible. Le résultat est le même, donc la fidélité est possible, et de plus cela conduit à faire, à nouveau, le procès des institutions. La IVe République a perdu l'Algérie : il ne faut pas qu'elle ressuscite.

Il ne faut surtout pas qu'après avoir réglé le problème algérien le général de Gaulle puisse être renversé d'une façon quelconque et que lui succèdent les « vieilles équipes » prêtes à perdre d'autres combats — beaucoup plus importants aux yeux du chef de l'État —, comme ceux du rôle de la France à la conférence au sommet, de l'établissement d'une force de frappe, etc.

Le précédent malgache

Les « européens » préparent leur offensive, avec l'aide de M. Antoine Pinay, de socialistes militaristes et des Américains ? Mais enfin, proclame de Gaulle, il me sera facile de démontrer que personne d'autre que moi n'aurait pu faire admettre la présence de troupes allemandes en France et que ma manière de concevoir l'Europe est finalement plus efficace.

Le problème demeure cependant et influence directement les méthodes envisagées pour ramener la paix en Algérie. De même qu'il explique, d'ailleurs, les incertitudes qui pèsent sur l'organisation du référendum français et sur l'utilisation de l'article 11 de la Constitution.

Mais quelle est la « procédure algérienne » envisagée ? En principe, il s'agit d'installer un « exécutif provisoire ». L'image a été avancée de la mise en marche d'un train que le FLN pourrait prendre à la station de son choix. Mais comment mettre ce train en marche ? Qui acceptera de le conduire ? Aucune des personnalités musulmanes dont les noms ont été avancés ne peut accepter sans une tolérance — sinon une caution — du FLN. Cela est tout à fait normal : s'il faut attendre le FLN, autant n'être pas récusé par lui dès le départ.

Sans doute y a-t-il eu cet exemple malgache qui obsède l'Élysée. Les survivants de l'insurrection de Madagascar se sont finalement ralliés à M. Tsiranana, à qui l'indépendance a pu être accordée dans des délais et dans des conditions honorables pour la France. Le général de Gaulle paraît s'être fixé une fois pour toutes sur cet itinéraire communautaire qui, selon lui, autorise tous les espoirs. L'armée française à Madagascar est au service de l'indépendance malgache. Non seulement elle n'est pas humiliée, mais elle a l'impression de garantir une souveraineté qu'elle a elle-même apportée comme les armées de la Convention.

Depuis deux ans, c'est le rêve du chef de l'État : faire en sorte que l'armée, ayant vaincu en Algérie, ait le sentiment d'avoir rétabli l'ordre mais aussi d'apporter aux Algériens la liberté. Faire en sorte — en même temps — que les Algériens constatent l'aide apportée par l'armée à une unité algérienne qui ne pourrait exister sans elle.

Le drame d'Ély [1]

Le général Ély, dont le drame personnel est l'un des plus émouvants qui soient, a été chargé d'exposer cette thèse, que la réalité démentait jusqu'à ce jour, aux états-majors d'Algérie. Il a reçu des instructions plus précises et plus difficiles que jamais auparavant. On a emporté, semble-t-il, son adhésion en soulignant les dangers d'une internationalisation diplomatique du conflit algérien, par une extension de la guerre qui provoquerait un nouveau Suez, c'est-à-dire un accord soviéto-américain sur la neutralisation de l'Afrique du Nord. Comment le général Ély a-t-il été reçu ? C'est ce qu'il est venu aussitôt rapporter au général de Gaulle. Mais quel est le degré de réalisme de cette thèse vis-à-vis du FLN ? C'est une autre histoire.

Le général de Gaulle dit volontiers, paraît-il : « Je ferai d'autres appels au FLN si je le juge utile, mais je ne lui forcerai pas la main et je suis sans illusion. Ce que je veux, c'est mettre les Algériens entre eux, c'est faire en sorte qu'ils se débrouillent eux-mêmes, qu'ils aient les contacts et les tractations qu'ils veulent, bref que ce soit eux qui décident. » Encore le précédent malgache !

Ce n'est sans doute pas du « baodaïsme ». On espérait de Bao Daï qu'il vaincrait le Vietminh. On escompte de l'exécutif algérien qu'il ralliera le FLN de manière que des bouleverse-

1. Général Paul Ély : chef d'état-major des armées. *(N.d.É.)*

ments trop grands ne résultent pas d'une négociation directe et exclusive avec ce dernier. Mais cela n'est pas non plus, il s'en faut, l'expérience malgache. L'insurrection de Madagascar n'avait pas d'existence extérieure ; elle n'avait pas cristallisé l'opinion publique mondiale, elle n'avait pas été un enjeu de la guerre froide. Bref, cette insurrection était morte et c'est sur ses cendres que M. Tsiranana a construit le nouvel État indépendant.

Tous les succès locaux de la France en Algérie, toutes les trêves partielles et unilatérales ne changeront rien aux menaces venues de l'extérieur et qui émanent de pays dont l'intérêt est d'aider le GPRA. Ce dernier continue donc de détenir des atouts maîtres. Un peu moins nombreux et moins puissants, certes, depuis que de Gaulle a proclamé à la face du monde que la France voulait en somme réaliser les objectifs de la révolution algérienne. Il reste que l'installation même de l'exécutif que l'on voudrait immédiate — pour attendre le FLN — dépend de ce dernier. L'expérience Tsiranana n'a été possible que parce que les Malgaches s'étaient résignés à la mort de l'insurrection. Comment les Algériens pourraient-ils croire à la mort du FLN ?

1830-1960

En conclusion, et avant même d'examiner les chances que le général de Gaulle a de vaincre l'opposition des militaires et des activistes, c'est encore de Tunis que dépend la politique française. C'est ce qui donne toute leur importance aux conversations de la délégation africaine avec les Tunisiens et les Algériens à Tunis. Le général de Gaulle n'a pas reçu la délégation africaine pour ne pas compromettre la tentative des leaders noirs et ne pas les transformer de médiateurs en émissaires. Les Tunisiens ont toutes les raisons de faire bon accueil à la délégation africaine.

On ne peut rien espérer d'immédiat, mais il est de fait qu'avec la médiation noire, c'est une sorte de Melun qui est repris. Le FLN, qui tient au succès que les experts de l'ONU lui ont promis et qui a des responsabilités à l'égard des nouvelles alliances qu'il a contractées, ne pourra sans doute adopter qu'une attitude négative. Il reste que l'un des principaux obstacles rencontrés à Melun a été levé, au moins partiellement. Les délégués algériens estimaient qu'on réclamait d'eux une reddition inconditionnelle sans perspective politique. Les perspectives ont été éminemment précisées. Il n'y a plus qu'un choix offert aux Algériens, et c'est de construire leur République « avec ou sans la France ». Les Algériens qui luttent non pas pour obtenir une victoire à l'ONU mais pour construire cette République n'ont pu être indifférents devant un tel saut.

Un Algérien me disait la semaine dernière : « On a voulu nous faire renoncer à l'arme qui a posé le problème : la guerre. Maintenant, on prétend nous faire renoncer à l'arme qui aide à le résoudre : la diplomatie. » Ce n'est pas faux, évidemment. Mais le problème reste de savoir si des compensations suffisantes sont offertes en échange des renoncements exigés ; si les armes et la diplomatie n'ont pas atteint leurs buts. C'est une grave, très grave décision que le GPRA va être amené à prendre. Une décision qui réclamerait l'engagement d'un leader, d'un chef.

Les Algériens peuvent demander que des garanties leur soient données sur la possibilité de neutralité de l'armée française ; sur la présence d'observateurs internationaux ; sur l'association à leurs pourparlers avec la France de la Tunisie et du Maroc. En bref, la durée et la condition de la guerre peuvent expliquer toutes leurs méfiances et leurs exigences. Mais il est difficile d'imaginer qu'ils pourraient ne pas prendre acte de ce que, pour la première fois depuis 1830, un chef d'État français parle de la République algérienne et engage une épreuve de force nationale pour la réaliser.

(L'Express)

1er décembre 1960

La paix en 1961 ?

C'est donc en Algérie que le général de Gaulle ouvrira la campagne pour le référendum. Dans quelle ville ? On ne le sait pas encore. Ce ne sera pas à Alger, évidemment. Mais ce ne sera pas non plus dans cette nouvelle capitale que le chef de l'État avait depuis longtemps demandé à la délégation générale d'installer et qui n'a pas vu le jour pour des raisons « financières et techniques ».

Depuis le 24 janvier dernier, en effet, le général de Gaulle avait souhaité — d'aucuns disent « décidé » — qu'Alger ne fût plus la capitale de l'Algérie et que l'on mît les proconsuls et les états-majors à l'abri de la fièvre algéroise. Le souhait, ou la décision, s'est heurté à l'épaisse résistance passive et à l'indéracinable immobilisme de l'administration civile et militaire d'Algérie. Il ne paraît pas — pour le moment au moins — que le nouveau délégué général[1] soit décidé à obtenir sur ce point une victoire rapide.

D'un point quelconque de l'Algérie en tout cas, le président de la République va commenter le texte de loi qui sera soumis, dans la première quinzaine de janvier, à l'approbation des populations métropolitaine et algérienne. D'ici là, un débat, qui s'annonce tumultueux, aura eu lieu à l'Assemblée nationale, et un autre débat, qui pourrait être privé de signification concrète, sera proche de son terme, c'est celui de l'ONU consacré à l'Algérie.

1. Jean Morin : délégué général depuis le 24 novembre 1960. Il succède à Paul Delouvrier. *(N.d.É.)*

Les commentaires qui assortiront la présentation du texte de loi seront évidemment fonction des rapports que l'Élysée reçoit quotidiennement sur la situation algérienne. Mais, sur le principe même du référendum en Algérie, comme sur le texte de loi lui-même, des difficultés ont surgi jusqu'au dernier moment, c'est-à-dire jusqu'au Conseil des ministres de mercredi matin.

Un risque inutile

Le général de Gaulle n'était pas partisan de faire participer l'Algérie à la consultation. Au lendemain du 4 novembre, il avait demandé à ses ministres de trouver le moyen juridique d'y échapper. Ce moyen n'a pas été trouvé. Au contraire, plusieurs ministres, après étude, ont fait observer qu'on ne pouvait violer la Constitution d'une manière aussi flagrante et que c'était préjuger la dissociation de l'Algérie et de la métropole pour le moment réunies. Le chef de l'État a eu du mal à s'y résigner. Pourquoi ? D'abord, parce que son seul but étant de démontrer que le peuple français de la métropole approuvait à une forte majorité sa politique algérienne, il n'était pas besoin de s'embarrasser d'une consultation au résultat douteux. Ensuite, et surtout, parce que d'autres éléments, bien plus graves, devaient lui parvenir sur les conditions algériennes des consultations.

Parmi les personnalités politiques que le général de Gaulle a tenu à recevoir ces derniers jours figurent de nombreux députés et sénateurs musulmans d'Algérie. Ces derniers ont été unanimes : un référendum, à l'heure actuelle, est complètement faussé et il risque même d'aboutir à des prises de position en apparence hostiles au général de Gaulle. Ce qu'a dit l'un d'entre eux au chef de l'État résume l'opinion de tous les autres : « Dans ma région, il y a un officier qui fait la loi. Il n'est ni pire ni meilleur qu'un autre, et même, bien des gens de chez nous l'apprécient. Mais, après le 4 novembre, il a fait dire que la République algérienne allait être proclamée, que le FLN s'apprêtait à venir égorger tous les élus, tous les fonctionnaires, et tous ceux qui travaillent avec les Français. L'un de ses adjoints, un civil, qui dirige la section locale du Front de l'Algérie française, a déclaré que l'armée s'opposerait par tous les moyens à la République algérienne et qu'elle saurait punir ceux qui ne voteraient pas " bien ". Dans mon village, il y aura 70 % de *non* au référendum, et pourtant, il n'y a pratiquement que des musulmans. Le reste s'abstiendra si le FLN en donne l'ordre. »

A cet exposé, le général de Gaulle aurait répondu avec une nuance de regret : « Tant pis, on ne peut faire autrement. »

Dans la pire des hypothèses, on peut donc envisager qu'un référendum pourrait aboutir en France à 65 % de *oui,* et en Algérie à 65 % de *non.* Ainsi, les institutions provisoires destinées à faciliter l'exercice du droit des Algériens à l'autodétermination et à bâtir les premières fondations d'une République algérienne seraient refusées par l'Algérie elle-même...

Pour éviter de se placer dans cette redoutable perspective, on a tout fait alors pour persuader le chef de l'État de rendre son texte de loi assez vague, de ne pas faire allusion à la République algérienne, et de n'insister que sur l'autodétermination. Mais d'autres ministres ont alors fait remarquer qu'il n'était pas besoin d'un référendum pour cela. La politique d'autodétermination a été approuvée par l'Assemblée, le Sénat, les Nations unies, le FLN, bref par le monde entier. L'armée elle-même s'en est accommodée.

Le choix de M. Debré

Le général de Gaulle a plus ou moins cédé sur la « République algérienne », mais il a tenu à mettre l'accent sur « les institutions provisoires », ce qui, selon lui, revient au même. Son idée demeure de démontrer à la partie activiste de l'armée, aux Français d'Algérie et au FLN qu'il est plébiscité. En attendant, des « instructions » seront données pour que l'armée ne s'oppose pas à un abstentionnisme même massif des musulmans d'Algérie. Après quoi, il sera facile de prétendre que la guerre empêche l'expression libre du sentiment algérien, qu'il est encore plus urgent de résoudre le problème et de préparer le « vrai » référendum, celui qui aura lieu après le cessez-le-feu.

Pourquoi de telles « instructions » seraient-elles plus suivies que les autres? Pourquoi espère-t-on que les états-majors favoriseront une politique que leur conscience condamne? Nul ne le sait. Le général de Gaulle, qui ne triomphe que lorsqu'il est assiégé, ne se préoccupe plus de l'exécution des ordres dès qu'un répit relatif paraît lui être accordé. M. Jean Morin est un ami intime de M. Michel Debré, ce qui ne signifie pas qu'il a suivi ce dernier jusque dans sa conversion récente à la décolonisation de l'Algérie. Sans doute a-t-il innové (on ne l'a pas souligné) en excluant de tous ses discours les termes *Algérie française* et même en insistant sur la dissociation. Mais on voit mal quel vice secret pousse ce gouvernement à mettre les gens en désaccord avec eux-mêmes, à les condamner au sabotage ou à provoquer chez eux une obéissance en conflit avec leurs aspirations les plus intimes.

Je ne connais pas M. Jean Morin, qui est, paraît-il, un grand commis respectable. Mais je tiens de trois ministres du gouvernement actuel que c'est un partisan de l'Algérie française. Pourquoi l'avoir choisi alors, ai-je demandé? On ne sait pas. Cela relève de la psychanalyse! M. Debré veut, dit-on, entraîner ses amis de naguère dans des positions où sa propre solitude lui pèse. Et puis, on ajoute : « Qui d'autre n'effraierait pas l'armée et les Français d'Algérie? » Singulière façon de concevoir les organes d'exécution dans une période d'épreuve...

Comme on le voit, depuis le discours du 4 novembre, on s'est heurté à tous les obstacles que l'on invoque ordinairement pour justifier le général de Gaulle dans son désir d'éviter une négociation directe et immédiate, avant le cessez-le-feu, avec les nationalistes algériens. L'élaboration d'un texte de loi se heurte à la droite, le principe d'un référendum consacré exclusivement à la métropole se heurte à l'hostilité supposée des Français d'Algérie, la construction de la République algérienne ou le choix d'un délégué général doivent tenir compte des sentiments de l'armée, enfin la consultation des musulmans se révèle désastreuse. Dans ces conditions, qui n'ont jamais été aussi claires, on peut se demander pourquoi de Gaulle refuse la négociation.

Une douloureuse péripétie

Cette question est d'autant plus importante qu'il convient d'éliminer honnêtement deux explications : la première consistait à dire que le général de Gaulle craignait une réaction de l'armée ou un coup d'État. Il est maintenant établi que c'est faux : il n'est jamais aussi lui-même que dans l'épreuve et il a montré qu'il ne reculait pas devant la pression des états-majors. La seconde explication consistait à douter de sa hâte d'en finir avec la guerre d'Algérie ou de sa volonté de décoloniser ce territoire. Ce doute n'est désormais plus possible.

Tout récemment encore, il s'est montré assez méprisant à l'égard de ce qu'on appelait devant lui le « drame » algérien et il s'est déclaré surpris par l'enracinement irréaliste des Français de la métropole en Algérie. Ce drame n'est pour lui qu'une douloureuse « péripétie » qui empêche la France de faire face à sa mission historique, mission plus que jamais impérative au moment où l'Occident doit affronter un Khrouchtchev embarrassé par la pression et les exigences chinoises. Quant à sa volonté de décoloniser, elle est, à terme au moins, totale. L'association que propose le général de Gaulle aux Algériens et qui ne porterait que sur l'enseignement, l'économie et la défense, il sait bien que sa pérennité dépendra de l'évolution des deux associés et de la situation internationale. Pourquoi alors ne pas négocier ? Cela paraît incompréhensible.

La main refusée

J'en ai beaucoup discuté cette semaine avec des interlocuteurs officiels. Nous avons conclu ensemble que les inconvénients de la situation présente étaient au moins aussi graves que ceux suscités par un dialogue avec le FLN ; qu'un tel dialogue n'aboutirait pas à une caution du FLN plus grande que le raz de marée consécutif à un ralliement ultérieur en sa faveur des Algériens qui auront accepté la République algérienne ; qu'enfin il est à prévoir que n'importe quel exécutif algérien, même mis en place au début par l'armée, sera, en quelques mois, aux ordres du FLN. Pour couronner le tout, on m'a accordé qu'il serait catastrophique de voir le FLN s'affronter au référendum à un parti politique français, le premier faisant campagne pour l'indépendance sans la France, le second pour l'indépendance avec la France. Alors ? Eh bien, à ce point de la discussion, on me fait part d'une interprétation subjective : le général de Gaulle ne se résigne pas à traiter, lui, avec des hommes qui n'ont pas su prendre immédiatement « la main qu'il leur tendait ». Le FLN ne s'est pas — à ses yeux — « bien conduit » avec lui. Il n'a pas reconnu en lui l'arbitre, le sauveur, le père des deux communautés. Le Général réclamait un acte de foi qui lui a été refusé : il ne peut l'oublier. La négociation passera donc par d'autres. C'est un Algérien qui a consenti à l'acte de foi qui devra conduire cette négociation, une fois l'exécutif provisoire installé à Alger...

On voudrait pouvoir douter de cette explication désarmante et qui fait dépendre le destin de deux peuples d'un royal caprice. Mais enfin les *Mémoires* de de Gaulle sont là pour témoigner que les humeurs du Général ont eu une certaine influence sur le déroulement des événements.

A Tunis, il y a quelques jours, comme à Paris en ce moment, j'ai entendu dire : « Ce sera fini en 1961 ! » Plaise aux dieux ! Mais voici l'heure de se demander : « Comment ? » Voici l'heure de l'exigence. L'heure où il faut affirmer que l'Algérie n'est ni la Tunisie, ni le Maroc, ni l'Indochine, et qu'elle n'est pas non plus un quelconque territoire de la Communauté. L'association future des deux peuples indépendants de France et d'Algérie est fonction des méthodes qui vont être adoptées pendant les semaines qui vont s'écouler.

(L'Express)

15 décembre 1960

Les trois contraintes

9-12 décembre 1960 : les émeutes d'Alger

De Gaulle, qui tenait à lancer la campagne pour le référendum qu'il avait annoncé le 16 novembre, décide un voyage en Algérie. Les extrémistes vont tout tenter pour transformer cette visite en échec. Alors que le général de Gaulle arrive, le 9 décembre, à Aïn-Témouchent, des incidents violents puis de véritables émeutes éclatent à Alger et à Oran, coordonnés par le général Edmond Jouhaud et par Pierre Sergent, capitaine au 1er REP. Une grève générale est décrétée à Alger par le FAF. Heurts violents entre jeunes FAF et CRS et gendarmes. Le 11 décembre, les musulmans réagissent : des milliers de manifestants algériens descendent des hauteurs d'Alger, brandissant le drapeau FLN. Un Européen est tué. Les Européens, puis l'armée, ouvrent le feu. Des incidents également sanglants éclatent à Bône et à Oran. Bilan : 120 victimes, dont 112 musulmans — sans compter les blessés. De Gaulle abrège son voyage de vingt-quatre heures.

Dès les premières nouvelles parvenues en France sur les émeutes d'Alger, la conclusion a été partout unanime et rapide : le plan algérien du général de Gaulle a échoué. L'acte de foi solitaire dans une troisième force musulmane et gaulliste, la constitution d'une « Algérie algérienne » respectée par l'armée et comprise par les Européens se sont brisés, a-t-on dit partout, sur de sanglantes réalités. Fait singulier : à aucun moment, on n'a cru devoir se réfugier derrière l'argument selon lequel le plan aurait pu être saboté — tant est profonde la conviction de chacun que les mesures prévenant le sabotage devaient faire partie du plan, tant est devenue évidente l'idée que, dans la politique algérienne, la méthode est aussi importante que l'objectif et l'exécution aussi importante que la décision.

En face de cette unanimité, le général de Gaulle se trouve, encore une fois, complètement seul. Il déclare vouloir maintenir son plan contre vents et marée. Il entend châtier les « responsables ». Il veut infléchir la réalité dans le sens de son rêve. Jusqu'à quel point cet état d'esprit est-il sincère ? On ne peut le dire, car il est parfaitement concevable qu'en temps de crise un homme d'État veuille donner l'impression de l'opiniâtreté. Il reste — et c'est à quoi auront servi les morts d'Alger — que, quand bien même cet état d'esprit serait sincère, il ne pourrait plus être maintenu. On est désormais passé, avec éclat, de l'ordre des décisions à l'ordre des contraintes.

La fraternisation

La marge d'initiative dorénavant laissée à n'importe quel chef d'État français s'est tragiquement restreinte. Les servitudes qui pèsent sur le pouvoir ne sont pas nouvelles, mais elles sont plus claires et leur poids est devenu écrasant. Quelles sont-elles et comment se présentent-elles ? Il est essentiel de l'examiner.

Que le mythe de l'« Algérie française » ait été définitivement tué (ainsi que le proclament, de façon surprenante, des journaux comme *Paris-Presse* et *le Figaro*) par le délire raciste des activistes, voilà qui ne déplaît sans doute pas au général de Gaulle. Il a tout fait, récemment au moins, pour faire disparaître ce mythe. Mais, on va le voir, les conditions mêmes dans lesquelles s'est produite sa disparition sont fatales pour les principaux aspects du plan algérien du Général.

Pour les états-majors civils et militaires du 13 mai, la preuve que l'Algérie française était possible devait être administrée par la fraternisation affectée ou réelle. Dans une certaine mesure, ils avaient réussi à en convaincre les ultras, et le général Massu, par exemple, a personnellement évité plusieurs « ratonnades ». L'organisation des fraternisations n'était que le moyen pour imposer à Paris une politique d'Algérie française et faire face à la guerre subversive prêtée à l'adversaire. A partir du moment où le but — l'Algérie française — était enlevé sans que l'on débouchât sur une paix immédiate, on ne pouvait que jeter le désarroi dans l'armée, qui se voyait retirer son instrument de guerre. La fraternisation perdait sa raison d'être et sa fonction. La guerre devenait aux yeux des états-majors à la fois sans objet et inefficace : on perdait mille fois plus sur le terrain politique qu'on ne gagnait dans le djebel.

Au lieu d'expliquer la seule chose qui soit compréhensible pour qui vit en Algérie, à savoir que l'Algérie française suppose une guerre permanente et que l'Algérie algérienne est justifiée par la possibilité de paix, on proclamait l'Algérie algérienne et on maintenait la guerre.

Guerre et paix

Or, tout, en Algérie, tourne autour de la guerre et de la paix. Le seul moyen d'obtenir la conversion ou l'obéissance des activistes et des ultras consiste à s'appuyer sur les forces qui naîtraient à partir de la réalisation de la paix. Enlever les buts de guerre à une armée et à une population sans faire la paix, c'est accumuler sans aucun profit les oppositions et le désarroi.

L'Algérie française est sans doute morte, en effet, mais les conditions de sa mort n'ont aucunement, pour le moment au moins, désarmé les oppositions. Dans la ville d'Alger, mille fois ratissée et quadrillée, où l'on cherche avec peine une famille dont l'un des membres n'ait été ou emprisonné ou torturé ou tué, où l'on croyait que la terreur, la corruption et la lassitude avaient provoqué l'affaissement définitif du peuple, des milliers de musulmans brandissent des drapeaux du FLN. Quelle est la conclusion de l'armée ?

Simplement que la politique du chef de l'État est « criminelle », que c'est une politique de faiblesse et d'abandon et qu'à force de rechercher le « dégel » des musulmans on finit par susciter l'explosion.

L'Algérie française, mythe de guerre, n'est pas morte, dans le cœur des hommes qui font la guerre, simplement parce que la guerre est toujours vivante. Et c'est la première contrainte pour de Gaulle aujourd'hui : le châtiment de quelques responsables ne suffit pas. C'est la situation même qui sécrète les coupables et non le contraire. Pour construire quoi que ce soit en dehors de l'Algérie française et pour réduire l'opposition à cette construction, il faut s'engager sur le chemin d'une paix rapide.

Ce chemin peut-il éviter la négociation *immédiate*? Plus maintenant : et c'est la nouvelle et seconde contrainte. On pouvait, il y a quelques mois, parler de répit, espérer que l'exécutif mis en place négocierait, lui, avec le FLN — cet exécutif comprenant à sa tête des éléments d'un nationalisme plus « raisonnable ». Cette illusion est morte, elle aussi, le 11 décembre à Alger. La fable du FLN minoritaire, non représentatif, et qui ne règne que par la terreur, a vécu. Dans les faubourgs de la capitale algérienne, des milliers de jeunes musulmans affrontaient la mort pour un drapeau, pour une idée, et s'ils n'étaient pas — comme de simples ultras — injurieux à l'égard du chef de l'État, c'était parce qu'ils réclamaient de lui une paix conclue avec Ferhat Abbas.

Comment ont réagi ensuite les élus musulmans, les modérés, les « raisonnables » ? L'un d'eux a douté devant le Général de la possibilité d'une coexistence future. Un autre a protesté contre l'inégalité de la répression et a mis en cause la justice de cette Algérie algérienne en formation. A Paris, les sénateurs musulmans ont décidé de ne plus siéger. Bref, tous les éléments musulmans sans lesquels les institutions provisoires (soumises à l'approbation par le référendum prochain) sont impossibles à mettre en place ou perdent complètement leur sens, tous ces éléments peu à peu renforcent leur solidarité avec le FLN.

Le dégel

Cette histoire du dégel des musulmans au seul profit du FLN est sans doute la plus douloureuse qui soit. Il aurait suffi d'un geste pour que ce profit fût partagé avec la France. Car il est juste de remarquer que de Gaulle a passionnément souhaité et recherché ce dégel. Il s'est plaint de l'Algérie muette ; il l'a mille fois invitée à « se révéler à elle-même » et à s'exprimer. En juin 1958, il leur dit : « Faites entendre votre voix ! » ; en décembre 1958, il proclame : « Mon désir est que l'Algérie, à travers les épreuves et malgré les retards, se révèle peu à peu dans sa réalité profonde et grâce à la France. » Sur son conseil, Paul Delouvrier affirme en 1959 : « Il est temps que les musulmans attentifs et trop silencieux sortent de leur réserve. Ils sont des hommes libres. » Le 26 janvier, le même Delouvrier va plus loin : « Musulmans ! Qu'attendez-vous ? Prenez votre dignité et votre égalité ! Aujourd'hui, c'est le jour... Que faire pour les prendre ? Criez — à votre tour — ce que vous pensez dans les villes et dans les campagnes. Sortez en cortège, librement, spontanément et criez : " Vive de Gaulle ! " »

Sur ce dernier point, une petite parenthèse. Claude Krief, qui était à ce moment-là à Alger, a rapporté que des délégués de la Casbah vinrent effectivement trouver l'un des adjoints de M. Delouvrier pour lui proposer de monter vers les barricades de Lagaillarde en criant : « Vive de Gaulle ! » M. Delouvrier s'y opposa : selon lui, les insurgés auraient tiré sur les musulmans. Le 24 janvier (avant Melun), ces musulmans-là en tout cas étaient gaullistes. La paix négociée entre de Gaulle et Abbas, chaque musulman y croyait et il n'est pas faux d'observer que, pendant quelques semaines, le général de Gaulle avait acquis une popularité et une audience qui pouvaient lui permettre de forcer la main au FLN. Si, à Melun, les Algériens sont venus, c'est en partie sous la pression de l'opinion publique musulmane d'Algérie.

Ensuite, le crédit du Général s'amenuisa de plus en plus jusqu'à devenir quasi nul. Dans ses derniers rapports, M. Delouvrier avait, paraît-il, noté que les musulmans regardaient vers l'ONU comme ils regardaient vers de Gaulle. Fidel Castro et Lumumba, Bourguiba ou N'Krumah et Sekou Touré éveillaient beaucoup plus d'échos que le chef de l'État français. Le prestige extérieur du FLN, l'aide soviéto-chinoise, la décision manifeste du Général de ne pas négocier, ne les rendaient plus attentifs qu'à la guerre. Au lieu de croire en la paix, ils souhaitaient la victoire.

Pour comprendre cet état d'esprit — pour qu'un Français puisse comprendre cet état d'esprit —, il faut faire des comparaisons. Proportionnellement, c'est comme si la France avait perdu 2 millions et demi de citoyens : il y a eu en effet quelque 500 000 morts du fait de la guerre. 3 millions d'Algériens, pour des raisons quelconques, ont quitté leur lieu de résidence : à l'échelle française, cela représente 15 millions de personnes. Ce terrifiant bilan peut provoquer, suivant les années et la conjoncture politique internationale, soit l'affaiblissement provisoire, soit le dynamisme révolutionnaire total.

Le pire des cas

Les militaires qui étaient contre ce dégel connaissent bien ce bilan. Ils ne se font, eux, aucune illusion sur le sentiment profond des masses musulmanes libérées d'un seul coup. Ce sentiment ne pouvait être freiné ou canalisé que si on pouvait en convertir une partie au profit de certains Français.

Un moment, de Gaulle a bénéficié de cette conversion, comme chaque fois qu'il est attaqué par les ultras. A d'autres moments, la gauche française en bénéficie : lorsque ses journaux sont saisis ou ses leaders arrêtés. C'est la grande solidarité des victimes. Mais croire qu'on peut utiliser un prestige provisoire et accidentel après ces six années d'horreur pour séparer le peuple du FLN, c'est se faire la plus dramatique et la plus naïve des illusions. Et la conclusion, pour ce qui concerne cette seconde contrainte, c'est que de Gaulle n'est plus rien auprès des musulmans s'il est contre le FLN.

Le troisième facteur qui vient d'intervenir est évidemment international. L'exploitation à l'ONU des massacres algériens a été immédiate, efficace et savamment orchestrée. Les indignations de la presse française devant cette exploitation sont hypocrites : il y a beau temps qu'on sait à quoi s'en tenir pour ce qui est de l'ONU et que chacun sait qu'on s'y réfère beaucoup plus au réalisme politique qu'à l'idéalisme moral. L'enjeu consiste là-bas à ne pas se mettre dans un mauvais cas. Et le mauvais cas, c'est de provoquer la haine de ses ennemis et l'embarras de ses amis.

De ce point de vue, la France s'est mise dans le pire des cas. Elle a autorisé toutes les pressions et provoqué toutes les gênes. La personnalité du Général n'est pas mise en cause ? Mais à quoi cela sert-il si c'est pour conduire la presse américaine, par exemple, à penser que les ultras des deux bords sont bien méchants, à souhaiter que de Gaulle soit obéi et à constater qu'il ne l'est pas ? A quoi cela sert-il si cela plonge les plus fidèles admirateurs du général de Gaulle (les leaders des pays de la Communauté) dans un dilemme dont ils ne savent comment sortir ?

Et, bien plus que l'ONU, l'insertion de la guerre froide en Méditerranée paraît immédiatement redoutable. On sait maintenant qu'Abbas ne ment pas lorsqu'il annonce pour janvier l'arrivée des armes et des techniciens soviéto-chinois. On sait que Bourguiba et Moulay Hassan ne mentent pas lorsqu'ils avertissent que l'extension du conflit peut échapper à leur décision.

Devant ces trois contraintes, que va faire de Gaulle ? Maintenir inébranlablement sa ligne politique de toujours ? On sait que cela ne veut plus rien dire et que, si l'on continue comme cela, on va finir par livrer la plus colonialiste des guerres avec un chef de l'État qui parlera sans cesse de paix et d'indépendance. Le tout, avec de temps à autre une épreuve de force, d'où sa personnalité sortira « grandie » mais qui laissera entier le problème. A vrai dire, même cela n'est plus permis ou, plutôt, n'est plus possible. Comme rester immobile lorsque tout bascule autour de soi : si on ne pousse pas, on est poussé.

C'est pourquoi les jours à venir vont être d'un intérêt si pathétique.

(L'Express)

22 décembre 1960

De Gaulle va-t-il négocier ?

Que dit la propagande gouvernementale pour inciter à voter *oui* au référendum ? Elle affirme tout simplement que cela revient à dire « oui à la paix ». Or, comme depuis les événements d'Alger chacun sait qu'il n'y a pas de paix possible sans négociations avec le FLN, alors on sous-entend ou on fait dire qu'un succès spectaculaire des *oui* au référendum conduira à la négociation.

Les institutions provisoires de l'Algérie — pour lesquelles on réclame l'assentiment populaire — paraissent-elles faire obstacle au dialogue ? On s'empresse aussitôt de dire que « l'accent sera mis davantage sur l'idée de négociation que sur les institutions provisoires au cours du référendum ».

On attendait donc mardi soir des précisions sur la façon dont on pourrait se rapprocher de la négociation. On attendait avec d'autant plus d'impatience que le Premier ministre avait, pour la première fois, prononcé au Parlement une phrase fort importante : « Rien ne sera jamais possible en Algérie avant l'arrêt des combats. »

Sans lui

Rien ? Pas même donc ces fameuses institutions provisoires ? En ce cas, la recherche prioritaire d'un cessez-le-feu par un moyen négocié pouvait paraître vraisemblable. Or, sur ce point, encore une fois, le plus important selon l'aveu du gouvernement lui-même, qu'a apporté le premier discours du général de Gaulle ? Sans doute la relance d'une offre de pourparlers avec la perspective d'une discussion sur les conditions politiques de l'autodétermination. Mais, entre les pourparlers pour arrêter les « derniers accrochages » et la discussion des conditions de la consultation, le Général paraît estimer qu'un long délai est nécessaire. Ce faisant, il sait pertinemment que son offre ne sera pas acceptée. Les événements d'Alger n'ont donc en rien modifié ni la ligne ni la méthode qu'il avait tracées le 4 novembre. Il est bien vrai qu'il n'a fait aucune concession, même légère, à ceux qui ont manifesté contre lui à Alger. On peut dire au contraire que jamais il n'avait à ce point fermé la porte à l'Algérie française. Mais, en même temps, il faut constater qu'avec cette première déclaration il ne favorise en rien un arrêt des combats. Sur le plan de la paix négociée, rien n'est changé.

Son discours peut se résumer ainsi. Deux nécessités sont absolues dans l'affaire algérienne : la coexistence des deux communautés en Algérie et la coopération des États français et algérien. Pour respecter ces deux nécessités, il n'y a qu'une seule politique, la mienne, l'Algérie algérienne. Il faut tenter cette expérience immédiatement. Il faut prouver que cette politique est la seule bonne. Après quoi, les Algériens diront s'ils veulent ou non la rejeter. Le FLN peut participer à cette expérience, s'il accepte de jouer le jeu — mon jeu — de l'Algérie algérienne pendant un laps de temps défini. Sinon, on fera l'expérience sans lui.

Je souhaite évidemment que les deux prochains discours me donnent tort : mais, pour la première fois, j'ai eu le sentiment que non seulement le général de Gaulle ne comptait pas sur une acceptation par le FLN de l'offre de pourparlers qu'il a réitérée, mais qu'il avait en quelque sorte un *besoin provisoire* du refus du FLN. L'expérience de l'Algérie algérienne, telle que la conçoit le chef de l'État, ne pourrait être que bouleversée par une introduction officielle et massive du FLN en tant que tel dans la vie quotidienne de l'Algérie. Je sais bien que l'allusion à la faible combativité militaire des insurgés peut annoncer un projet de trêve unilatérale ou des cessez-le-feu locaux. Je sais aussi que le général de Gaulle avait besoin de convaincre les officiers d'Algérie que faire voter *oui* au référendum, c'est devenu la nouvelle manière de combattre le FLN. Pourtant, ces arguments ne résistent pas à l'impression que suscite le discours de mardi dernier.

Le « libéralisme » n'est évidemment pas en cause. Nous allons vers un État algérien complètement distinct de l'État français, doté d'un gouvernement, d'institutions et de lois, pourvu d'un exécutif et d'une Assemblée. C'est-à-dire qu'en une seule fois, et en quelques mois, on va octroyer ce que le FLN, il y a trois ans encore, ne croyait pouvoir obtenir qu'après de longues étapes. Même si la décentralisation et la présence militaire permettent un vigoureux néo-colonialisme, le processus d'indépendance promet d'être foudroyant. Mais comme on ne peut pas passer son temps ni à s'émerveiller que le général de Gaulle n'ait pas sur l'Algérie les conceptions de ceux qui l'ont porté au pouvoir, ni à compter les victoires personnelles qu'il remporte sur les ultras et sur l'armée, la seule constatation qui s'impose tout d'abord, c'est que la promesse de paix est fallacieuse. La politique algérienne du Général ne mène pas à la paix.

Les « réalités »

Les faits sont maintenant bien clairs : l'Algérie française ayant été balayée, une guerre psychologique, économique, sociale *et militaire* va être livrée pour que, « instruits des réalités qui comptent », les musulmans préfèrent l'Algérie gaulliste à l'Algérie FLN. Les deux conceptions sont en effet fort éloignées. On pourrait raisonnablement espérer qu'une négociation aboutirait à un compromis entre ces deux conceptions. Le général de Gaulle paraît ne pas le croire. Il paraît estimer, au contraire, que, si ce compromis était possible, le FLN accepterait le cessez-le-feu. Puisqu'il n'accepte pas, c'est que la négociation ne servirait à rien. Donc, il faut rivaliser de force et d'astuce avec le FLN pour conquérir les masses musulmanes, même si, sentimentalement, elles sont solidaires avec les insurgés. La négociation ne pourra se faire valablement, aux yeux du chef de l'État, qu'entre des musulmans « instruits des réalités », des nationalistes-gaullistes, et le FLN.

C'est en quoi consiste le « pari » de la politique algérienne du Général.

Au cours de sa déposition au procès des barricades[1], le général Massu a révélé un échange de propos fort instructif. « Ainsi, vous renouvelez le pari guinéen ? », avait demandé l'officier parachutiste au chef de l'État. « Non, a répondu le général de Gaulle, car en Guinée je n'avais pas 400 000 hommes et il y avait un Sekou Touré. » Or il n'y a pas de Sekou Touré possible en Algérie tant que les dirigeants du FLN n'y entrent pas. Il convient donc de ne pas les faire entrer avant que les conditions du pari ne soient préparées. C'est-à-dire qu'on fait le même pari qu'en Guinée, mais que cette fois on prétend le gagner.

Les réalités locales

Pourquoi ? Parce que cette fois on est dans un conflit « juste ». On combat pour la liberté des Algériens, pour l'entente des musulmans et des Européens, pour les liens de l'Algérie et de la France, liens qui, seuls, peuvent transformer les territoires algériens en un État moderne. Si, ayant tout fait pour que les Algériens musulmans soient conscients de leurs intérêts « réels », ils décident néanmoins de se séparer de la France, alors « on ne s'y opposera pas ». Ce sera que le destin est antifrançais…

Cette méthode et ce raisonnement, qui expliquent à vrai dire tout le comportement du général de Gaulle et qui rendent claires toutes les anciennes obscurités, sont à la lettre catastrophiques. Ne parlons pas tout de suite du temps que cela supposerait dans la meilleure hypothèse, de la conjoncture favorable dans laquelle cette expérience devrait se situer.

1. Le « procès des barricades » s'ouvre le 3 novembre 1960 devant le tribunal permanent des forces armées. Il dure trois mois. Les principaux insurgés sont inculpés d'atteinte à la sûreté de l'État : Joseph Ortiz, en fuite en Espagne ; condamné à mort *in abstentia.* Pierre Lagaillarde, incarcéré à la Santé, puis en liberté provisoire, s'enfuit ; condamné à 10 ans de prison. Jean-Jacques Susini, en liberté provisoire, s'enfuit ; condamné à 2 ans de prison avec sursis. Le colonel Gardes, chef du service d'action psychologique de l'armée, est acquitté avec une douzaine d'autres. *(N.d.É.)*

Voyons d'abord et simplement les réalités locales. Et la réalité essentielle qui est, en Algérie, psychologique.

Il s'agit en effet de répondre à deux préoccupations qui sont saines. Nous sommes enfin dans les vrais problèmes : les rapports entre minoritaires et majoritaires en Algérie, l'avenir des relations entre l'Algérie et la France, voilà de quoi on n'aurait pas dû cesser de parler depuis six ans au lieu de se perdre dans des chimères. Ce que de Gaulle dit à ce sujet est juste, et il le dit très bien. C'est un fait que ces deux préoccupations commandent des solutions transitoires et qu'il convient d'en convaincre les Algériens. Soit.

Mais où sont, en Algérie, les seuls éléments capables de dépasser les passions et de comprendre les réalités économiques ou internationales, par exemple ? Évidemment, dans les élites. Or ces élites sont toutes FLN. Et ce sont donc elles — et c'est donc le FLN — qu'il s'agit de convaincre. La négociation n'est pas une fin en soi. Elle ne se justifie pas pour un Français, fût-il d'extrême gauche, parce qu'elle satisfait le FLN. Elle se justifie parce qu'elle est la seule méthode efficace.

Plus on cherche à tenir à l'écart ces élites FLN et plus celles-ci ont tendance à se diriger vers des idéologies qui impliquent une rupture totale et donc une décolonisation chaotique. Qu'elles en arrivent, par renoncement au tête-à-tête avec la France, à attendre leur salut de la guerre froide, d'un conflit international ou d'une intervention de l'ONU montre bien que ces élites ne seront pas ramenées au réalisme par l'expérience en champ clos de l'Algérie algérienne.

Le pavillon russe

On dit que le général de Gaulle s'est donné six mois avant de favoriser la négociation d'un cessez-le-feu entre l'exécutif musulman d'Algérie et le FLN. Pendant ces six mois, que doit-il se passer pourtant ? Il y a en premier lieu le problème de cette Communauté, dont le chef de l'État est si fier parce qu'elle a fait preuve d'indépendance à l'égard du FLN à l'ONU. A New York, M. d'Arboussier, représentant du Sénégal, qui a joué un rôle déterminant au cours de ces débats de l'ONU, a dit à

M. Yazid, ministre du GPRA, pour commenter son vote hostile à l'égard de la motion afro-asiatique : « Si, dans quelques mois, la négociation n'a pas lieu, je n'oserai plus vous regarder en face. » Pourtant, les représentants de la Communauté n'ont pas à rougir de leur comportement. Ils n'ont fait que préconiser cette négociation, ce « tête-à-tête » que réclamaient les manifestants FLN d'Alger au cours de la semaine tragique.

Mais le seul fait pour des Africains de s'être isolés des autres Africains, d'avoir manqué à la solidarité mystique, de n'avoir pas apporté un soutien inconditionnel à une insurrection, ce seul fait les a plongés dans un malaise qui se traduira fatalement en révolte grave si la guerre continue. A vrai dire, il s'agit d'une fidélité pleine de menaces. La France n'a rien fait pour diminuer ce malaise en félicitant avec tant d'éclat les représentants de la Communauté. Comment comprendre que nous félicitions des hommes qui nous pressent de négocier alors que nous ne négocions pas ?

Et puis, les résultats de ces débats à l'ONU sont-ils si favorables à la France ? A-t-on lu attentivement la résolution avant de crier au succès ? Réflexion faite, le FLN a tout de même réussi à faire préconiser par la majorité des deux tiers une certaine internationalisation de la solution. Mais, là encore, on voit une preuve de la thèse décrite plus haut : nos abandons ne sont pas considérés comme des défaites. Nos victoires sont constituées uniquement par les défaites éventuelles du FLN. L'ONU recommande la négociation dont nous ne voulons pas ? Le référendum internationalement garanti que nous refusons ? Ce n'est rien. Seul compte le fait que le FLN n'est pas *tout à fait* satisfait. C'est du baodaïsme diplomatique.

Enfin, et surtout, pendant les mois à venir, des événements plus graves s'annoncent. Lorsqu'on voit, à la sixième page d'un quotidien, une petite information révélant que pour la seconde fois un bateau soviétique de fort tonnage transporte vers le Maroc une immense quantité d'armes, de munitions et d'équipement, personne n'y prête plus attention. C'est pourtant assez considérable en soi. Il y a six mois, des précautions étaient prises : les bateaux étaient bulgares, roumains, yougoslaves, le trafic avec l'Albanie et la Tchécoslovaquie battait n'importe quel pavillon. Aujourd'hui, ces bateaux sont soviétiques. C'est à peine si le Maroc fait dire, par un petit fonctionnaire, que les armes ne sont pas « nécessairement destinées aux Algériens ». On n'a pas remarqué non plus que ces bateaux soviétiques n'étaient pas arraisonnés. Ils font de grands détours ? Mais croit-on que la surveillance maritime française, qui est considérable et particulièrement efficace, s'en tient aux limites des eaux territoriales ? Cela n'a pas été le cas pour maints navires battant pavillon de pays avec lesquels les risques de guerre ne sont pas graves.

Sait-on aussi que le président John Kennedy a dépêché une commission d'enquête chargée de vérifier les propos de Ferhat Abbas annonçant l'arrivée d'armes et de techniciens chinois pour la fin janvier ? En fait, à mesure que l'on se rapproche du 20 janvier, date à laquelle M. Kennedy accédera officiellement à la présidence et où, du même coup, la diplomatie soviétique met en place ses batteries avant la conférence au sommet du printemps prochain, l'Algérie va occuper dans les incidences de la guerre froide une place de choix. Le général de Gaulle a déclaré, dit-on, au général Ély qu'un tête-à-tête soviéto-américain qui pourrait se traduire par un Suez sur l'Algérie en cas d'extension du conflit lui paraissait possible. Alors ? Quelles sont les cartes maîtresses, quels sont les atouts secrets que de Gaulle croit détenir pour parer à tout ce qui se prépare ?

L'abdication

Car il s'agit vraiment de l'*immédiat.* L'expression *gagner du temps* n'a jamais été plus absurde. Le temps joue contre nous, et plus encore qu'avant, du fait des méthodes du général de Gaulle. Lorsqu'on s'engage dans la décolonisation de cette façon, on est dans l'imprévisible.

A ce stade, encore une fois, la négociation apparaît comme une sagesse, un réalisme ; davantage : une prudence. Bien sûr, il est des moments où d'autres choses peuvent être tentées, où d'autres voies peuvent être empruntées ! A l'époque où M. Ferhat Abbas était encore à Alger, la méthode actuelle du chef de l'État aurait sans doute pu réussir. M. Ferhat Abbas avait qualité pour inviter ceux dont il est le président aujourd'hui à lui faire confiance. Mais sur qui compter désormais qui ne soit contraint à être plus exigeant que le FLN lui-même ?

Il ne reste plus, dans ces conditions, que d'espérer que le général de Gaulle ait fait comme il l'entend sa campagne pour le référendum ; qu'il a tiré pour lui seul et en secret la leçon des événements d'Alger et qu'il finira par s'adapter aux événements une fois plébiscité — s'il l'est.

Piètre ressource ! En arriver à escompter qu'un chef d'État fasse ce qu'il ne dit pas, ne tienne pas ses promesses, déçoive l'attente de ses partisans pour surprendre ses adversaires, c'est manifester qu'il n'y a plus ni souveraineté ni contrôle populaire. Comment alors aggraver cette abdication en lui donnant ce qu'il nous demande : un chèque en blanc ?

(L'Express)

19 janvier 1961

A la place de de Gaulle

En une semaine, les préoccupations du GPRA ont fondamentalement changé. Le communiqué publié lundi à l'issue de la dernière réunion reflète mal le caractère radical de ce changement.

Sans doute, après le discours du général de Gaulle du 4 novembre dernier, pouvait-on écrire que l'enjeu de la lutte était moins une indépendance considérée comme déjà acquise que la place du FLN dans le futur État algérien. Mais c'était encore une spéculation à long terme et fondée sur un seul discours. En fait, les doutes sur les possibilités concrètes du général de Gaulle de tenter l'expérience de l'État algérien demeuraient très vifs à Tunis. On pensait encore que l'armée s'y opposerait.

Depuis le référendum [1], de Gaulle s'est désigné lui-même, aux yeux des Algériens du GPRA, comme un interlocuteur valable, c'est-à-dire comme un adversaire disposant de toute l'autorité pour réaliser ses propres desseins. C'est donc de Gaulle que le GPRA veut désormais « accrocher », selon le terme employé par l'un des ministres FLN les plus influents.

Aussi a-t-on pu voir à Tunis les principaux leaders du FLN se mettre avec une surprenante sérénité à la place du général de Gaulle et se demander si, vraiment, il n'entend pas négocier : « Que pourrait-il faire d'autre ? »

1. Référendum du 8 janvier 1961 : 75,2% de *oui* et 24,7% de *non*. Mais en Algérie, surtout dans les grandes villes, les électeurs musulmans ont suivi les consignes du GPRA : 39% de *oui*, 18% de *non* et 42% d'abstentions, avec, pour Alger, 72% de *non*. *(N.d.É.)*

De leurs tournées dans les différentes conférences internationales et de leurs passages dans les grandes capitales africaines, ces leaders algériens ont tiré des conclusions précises pour tout ce qui concerne la décolonisation. Ils admettent que de Gaulle veut décoloniser, mais ils ont retenu le brillant exposé de Sekou Touré à Casablanca sur les différentes manières de quitter un pays.

Un jeu interdit

Ils estiment que de Gaulle, après avoir été tenté par l'expérience malgache, c'est-à-dire l'écrasement de la rébellion puis l'octroi de l'indépendance à des hommes supposés raisonnables, y a renoncé. Ils ne sont pas sûrs que de Gaulle n'estime pas encore possible l'expérience camerounaise, c'est-à-dire la valorisation d'un nationalisme opposé aux insurgés et qu'on laisse libre de traiter avec ces derniers. Il s'agirait alors d'un baodaïsme, mais où le Bao Daï aurait pour mission d'obtenir lui-même le cessez-le-feu puis l'indépendance, bénéficiant ainsi, aux yeux de ses compatriotes, d'un surcroît de prestige qui pourrait limiter l'autorité du FLN. Après les événements d'Alger et d'Oran, le GPRA se demande comment on peut croire qu'il acceptera de renoncer à ce qu'il appelle ses responsabilités.

Le FLN, en effet, s'estime aussi plébiscité en Algérie que de Gaulle l'a été en France. Ce plébiscite comporte, selon lui, de telles responsabilités que, si même à un certain moment les amis du GPRA en Afrique du Nord avaient pu être tentés par le jeu d'une caution secrète donnée à un exécutif algérien, ce jeu leur serait aujourd'hui interdit. Les masses qui se sont soulevées dans toute l'Algérie ne l'accepteraient pas.

Pourtant, le GPRA estime que de Gaulle tentera cette expérience néo-baodaïste. Il pense que, pour ne pas traumatiser immédiatement l'armée, et par refus de revenir sur une conception qui a déjà pourtant échoué, de Gaulle voudra faire la preuve des bénéfices de l'association et demandera ensuite aux populations algériennes de se prononcer par *oui* ou par *non* sur cette association. En ce cas, il convient d'abord d'avertir les nationalistes modérés qu'ils seront désavoués s'ils participent à une telle expérience — et c'est ce que le communiqué a fait avec netteté. Il convient ensuite de faire comprendre à l'opinion française qu'une association entreprise de cette manière est condamnée.

La victoire de Khrouchtchev

Pourquoi le GPRA refuse-t-il, *a priori,* l'expérience de l'association octroyée puisqu'on lui réserve le droit de la refuser à terme ? Il est essentiel de le savoir. Les raisons de ce refus, je le sais, paraissent évidentes aux yeux de certains hauts fonctionnaires français. On dit couramment, dans des milieux même libéraux, que le FLN ne peut pas risquer de voir un État algérien progresser sans lui. Il refuserait parce que, étant faible sur le plan militaire, il n'est pas en mesure de se laisser voler ses objectifs politiques. « Si, en accord avec l'armée française, dont ce fut le programme, de Gaulle décrétait une réforme agraire, par exemple, alors que deviendrait la révolution algérienne ? », ai-je entendu demander à Alger. Or ce raisonnement est foncièrement spécieux. Il ne repose sur aucune des données déterminantes de la situation nouvelle. Il ne fait aucune part au problème international qui n'a jamais pesé d'un tel poids dans le comportement de chacun, à tous les échelons.

Les données nouvelles sont en effet extrêmement claires : le GPRA est une institution reconnue par les deux tiers des États de la planète. C'est aussi un organisme qui a contracté des alliances sérieuses et des engagements précis envers ses alliés. C'est enfin un mouvement qui s'est inséré dans la guerre froide et en a tiré des avantages qui sont en même temps des contraintes. Quand bien même, aujourd'hui, le FLN choisirait — ce qui d'ailleurs est inconcevable — une compromission ou même un compromis qui lui ferait perdre la face, il ne le pourrait pas. Non pas du fait d'une interdiction soviéto-chinoise, mais du fait des courants créés à l'intérieur même de la révolution algérienne par l'aide soviétique et chinoise et par la nouvelle mystique africaine.

La plus grande victoire de Khrouchtchev au cours de l'année

1960 a été, en effet, de transformer la conception de la dignité nationaliste. Il s'y est si bien pris et les Occidentaux lui avaient si bien préparé le terrain que, pour la majeure partie de la jeunesse africaine, l'indépendance n'est plus une valeur en soi. Il faut encore que cette indépendance soit réelle, c'est-à-dire bénéficie de l'investiture soviétique. Castro, à l'ONU, Sekou Touré, à Casablanca, ont fait prévaloir ces conceptions qui, du point de vue tactique, et en ce qui concerne Cuba et la Guinée, sont parfaitement défendables, mais qui, adaptées à d'autres pays, aboutissent à de véritables déviations. En tout cas, dans la mesure où l'Occident ne laisse plus d'autre recours aux États sous-développés que de s'allier à l'Union soviétique pour lutter contre le néo-colonialisme, alors l'investiture russe devient le sceau qui authentifie une indépendance. Le FLN a plongé sa jeunesse dans cet état d'esprit et il la traumatise déjà en lui faisant accepter une négociation sur une période de transition qu'on sait déjà longue avant une indépendance dans l'association. Croire qu'il peut accepter un compromis qui serait jugé déshonorant ou croire qu'il ne dispose pas, dès maintenant, d'une possibilité d'internationaliser le conflit si la négociation apparaît impossible, constitue deux illusions catastrophiques.

La certitude que de Gaulle n'a pas l'intention de négocier vient d'être cependant ébranlée en particulier par la façon dont l'Agence France-Presse a commenté le communiqué du FLN à Tunis [1]. On a épluché ce commentaire : on s'est aperçu que la compréhension avait été totale et qu'il commençait à y avoir un véritable code. Toutes les intentions des rédacteurs algériens des textes FLN ont été devinées, la signification des omissions volontaires a été parfaitement perçue. On a été rassuré aussi par les précisions qui ont été récemment données sur les institutions provisoires. S'il ne s'agit que d'une décentralisation administrative et de la promotion de quelques préfets musulmans, on est prêt, à Tunis, à trouver cela négligeable. Ce que le FLN redoute d'ailleurs, ce n'est pas la méthode des institutions provisoires, ce n'est pas une prédétermination jugée au contraire inévitable, c'est bien une solution octroyée, laquelle,

1. Le 16 janvier 1961, le GPRA fait savoir qu'il est prêt à reprendre le dialogue. *(N.d.É.)*

même si elle se trouvait, par hasard, se rapprocher de la conception FLN, devrait être combattue par la guerre et n'arrêterait pas le mécanisme bien mis au point de l'internationalisation. D'importantes personnalités non algériennes, à Tunis, savent qu'il ne s'agit pas d'un chantage. En fait, le FLN, au moment où il croit la solution proche, prend peur lui-même des forces qu'il a mises en branle.

Un souffle d'oxygène

Pourquoi ? Eh bien parce que le FLN n'est plus dans le désespoir. Cette guerre de six années ne s'est pas faite seulement contre le colonialisme. Elle s'est faite pour réveiller la torpeur de masses apolitiques, pour donner à chaque Algérien une conscience nationale et un élan révolutionnaire. Depuis les journées de décembre à Alger et à Oran, le GPRA n'a plus de doutes. L'Algérie révolutionnaire existe et l'adversaire ne peut plus se permettre aucune action psychologique. La révolution a atteint ses premiers objectifs, le reste ira tout seul. Parce qu'il se sent fort et assuré de l'avenir, le FLN est prêt aux concessions raisonnables, aux étapes transitoires, aux solutions constructives. Il veut éviter le chaos de l'internationalisation. Il veut discuter les vrais problèmes qui concernent le rapport des deux communautés, musulmane et non musulmane, et les rapports de l'Algérie avec la France. De ce point de vue, on peut dire que les manifestants de la Casbah et du Clos-Salembier ont apporté aux milieux algériens de Tunis un puissant souffle d'oxygène. Il y a des moments où l'on voudrait, plus qu'à d'autres époques, trouver les mots suffisants pour convaincre. Établir qu'un témoignage comme le mien aujourd'hui n'est pas l'œuvre d'un partisan, quelles que soient ou quelles qu'aient été mes préventions. Montrer que les circonstances m'ont placé de telle sorte que je traduis le reflet d'une réalité et que cette réalité doit être prise en considération. Inviter à la négociation peut paraître devenir une manie obsessionnelle ou le résultat d'une option purement politique. Or c'est presque ici le contraire. Ma conviction la plus profonde, en ce moment, c'est que, pour l'armée qui se préoccupe de ne pas abandonner les musulmans anti-FLN et pour les Français d'Algérie qui ont de justes préoccupations quant à leur avenir, toute autre solution que la négociation immédiate est désastreuse. Le FLN seul peut imposer ce dont nous cherchons à faire bénéficier les minorités. Le FLN peut seul accepter sans désaveu l'expérience d'une association. Cela, tout le monde le sait. C'est l'heure du choix : nous n'avons plus qu'à choisir entre une méthode tunisienne et une méthode guinéenne. Ou la Tunisie, ou la Guinée. Et la Guinée au bout d'une guerre amplifiée.

(L'Express)

2 mars 1961

La fin des secrets

La déception des ministres marocains qui sont venus accueillir mardi le président Bourguiba à l'aérodrome de Rabat [1] est l'une des choses les plus stupéfiantes qu'il m'ait été donné de vivre. Les ministres étaient parfaitement convaincus que la Caravelle spéciale affrétée à l'occasion des obsèques du roi Mohammed V transportait non pas seulement M. Bourguiba mais encore et tout simplement le général de Gaulle lui-même... et Ben Bella ! La rumeur en avait été répandue avec tant de force et tant d'insistance que de nombreuses personnalités françaises du Maroc en étaient persuadées. Le scénario du plus émouvant romantisme était déjà tracé du président de la République française venant rendre à Mohammed V mort l'hôte qu'on avait enlevé au roi vivant et scellant ainsi la réconciliation solennelle des trois pays du Maghreb avec la France.

Il faut dire que le Maroc vit des jours d'une intensité particulière. Mais qu'un tel rêve ait été caressé par des populations réputées hostiles montre qu'il n'y a peut-être jamais de dernière chance, que tout n'est jamais complètement perdu et qu'au moment où l'on croit avoir atteint les limites

1. Conférence tripartite de Rabat : Habib Bourguiba s'est rendu à Rabat le 1er mars 1961 pour les obsèques du roi Mohammed V. Il y rencontre Hassan II, le nouveau roi, et Ferhat Abbas. Ils publient un communiqué à l'issue de la conférence : « Les trois chefs de délégation estiment qu'aucun obstacle ne devrait s'opposer à l'ouverture de négociations directes entre le GPRA et le gouvernement français dans le cadre de la décolonisation totale. Ils ont constaté leur parfait accord quant aux moyens propres à la réalisation de l'indépendance de l'Algérie. » *(N.d.É.)*

mêmes des ruptures, l'essentiel peut réapparaître encore réalisable. Cela indique aussi — et peut-être surtout — la force contagieuse et le dynamisme de l'optimisme dans les pays éprouvés.

Cette force contagieuse, j'ai pu en voir les effets réconfortants en entendant, dans l'avion qui nous transportait à Rabat, le président Bourguiba et sa suite s'émerveiller d'avoir retrouvé la France. Je crains bien qu'à le raconter il n'en reste plus rien qu'une image d'Épinal naïve et cocardière. Mais enfin il n'est jamais indifférent de constater la joie spontanée, exubérante, irrépressible que les Nord-Africains éprouvent à se féliciter de leurs bons rapports avec la France lorsque celle-ci leur permet d'être d'accord avec eux-mêmes.

Cette joie est évidemment plus éclatante encore lorsque la France, comme elle vient de le faire avec M. Bourguiba [1], procure l'occasion d'une construction en commun de l'histoire. Le président tunisien est sans doute encore sur ses gardes. Le sens de la journée du 27 février dépendra, selon lui, des semaines actuelles, c'est-à-dire de la suite que le gouvernement français donnera aux conversations de Rambouillet. Il reste cependant que M. Bourguiba a l'impression que le destin a frappé une nouvelle fois à sa porte et qu'il a vécu une rencontre historique. Il est bien loin d'avoir le même langage que le général de Gaulle. Lui aussi parle comme il écrit, mais ils écrivent tous les deux très différemment. Ils ont pourtant qualifié ensemble leur rencontre d'historique. Procédé de séduction du président français ? Complaisance du chef d'État tunisien ? Peut-être, pour une part. Mais surtout entente sur des décisions qui vont engager le destin de l'Afrique du Nord, de la France et de la Méditerranée.

Lundi, à 18 heures, lorsque les collaborateurs français et tunisiens des deux présidents ont été enfin invités à pénétrer dans la salle des conférences, chacun devait vérifier cette entente.

1. Entretiens de Rambouillet : rencontre de Gaulle-Bourguiba le 27 février 1961. *(N.d.É.)*

Des vues très proches

Après cinq heures de tête-à-tête [1], les deux chefs d'État en étaient aux souvenirs personnels, sinon aux bons mots. Leur détente contrastait avec l'attitude austère et consciencieuse des nouveaux arrivés. Ministres français et tunisiens eurent un moment l'impression d'être des importuns troublant une complicité évidente. Se résignant à exposer le bilan des conversations avec une nuance de lassitude et de distance, le général de Gaulle entreprit de faire une synthèse élégante et très générale. Le contentieux franco-tunisien ? Les points de vue étaient « sensiblement concordants » malgré quelques petits obstacles. L'Algérie ? Les procédures de décolonisation avaient été envisagées avec le même état d'esprit et à la lumière de tous les bouleversements qui sont survenus en Afrique. Ces procédures seraient adoptées dans un avenir immédiat, l'objectif étant, bien entendu, la création d'un État algérien et le rétablissement de la paix. Quant au destin du monde moderne, les deux chefs d'État affirmaient avoir échangé des vues très proches les unes des autres sur la question. L'un avait lu les livres de l'autre et tenait à le montrer. Bourguiba se demandait comment de Gaulle décrirait la journée du 27 février dans un éventuel prochain tome de ses *Mémoires*. De Gaulle faisait des mots destinés à être commentés par Bourguiba dans l'un de ses discours sur la décolonisation. On a cité volontiers Staline, Churchill (de Gaulle n'en finit pas de les décrire) ou les grands dramaturges (Bourguiba a démontré qu'il était un fervent amateur de théâtre). Mais on a encore davantage cité tout simplement de Gaulle et Bourguiba. Les deux monstres sacrés se sont rejoints dans la confiance qu'ils ont en leur étoile, dans leur conscience d'être des prédestinés.

Si bien que, lorsqu'on passa à table (de Gaulle ayant à sa droite Masmoudi ; et Bourguiba, Michel Debré), ministres et

1. Le communiqué publié à l'issue des entretiens de Rambouillet indique que « la question algérienne a été évoquée largement à la lumière des récents développements et dans la perspective de l'avenir de l'Afrique du Nord. Le général de Gaulle et le président Bourguiba ont été d'accord pour constater les possibilités et l'espoir qui existent désormais d'une solution rapide ». *(N.d.É.)*

collaborateurs avaient compris que les conversations de Rambouillet avaient été décisives. M. Joxe, ministre de l'Algérie, était absent. Mais, m'a-t-on assuré du côté français, c'était pour bien montrer au FLN qu'on n'entendait pas discuter du fond des choses avec les Tunisiens. Le président Bourguiba devait d'ailleurs apprécier ce souci qui le mettait lui-même à l'abri d'une accusation extrémiste. En quoi les conversations pouvaient-elles avoir été décisives ? Évidemment sur un seul point : la négociation directe entre la France et le GPRA, la rencontre de Gaulle-Abbas. Le reste, on l'a déjà écrit, était déjà décidé : en particulier le rapprochement de Paris des internés de l'île d'Aix et la possibilité pour Ben Bella et ses compagnons de communiquer avec le GPRA. On peut donc s'attendre que cette mesure soit rendue publique d'ici à quelques jours.

Les procédures de négociation sont connues : Français et Algériens ont à choisir entre une entente sur un statut que le verdict populaire consacrerait, ou un accord sur les conditions d'une autodétermination qui aboutirait à demander au peuple algérien de choisir entre l'association et l'indépendance. Rien n'est arrêté pour le moment, et la meilleure preuve c'est le subit intérêt que l'Élysée manifeste à l'égard des travaux des colloques de Royaumont, d'Aix-les-Bains et de Grenoble qui étudient les fondements juridiques de l'autodétermination.

Mais les procédures destinées à faciliter la rencontre de Gaulle-Abbas ? Personne ne veut, semble-t-il, en parler. Le FLN et les Tunisiens paraissent tenir encore davantage au secret que le gouvernement français. L'échec de Melun, les atermoiements de de Gaulle, les événements d'Algérie, tout invite pourtant à se méfier de ce qui n'est que secret : comment l'opinion française non informée pourrait-elle surveiller le déroulement des négociations si tardives et auxquelles on se refuse de l'associer ? Cela est vrai, mais il est encore plus vrai que le FLN, négligeant par expérience le poids éventuel de l'opinion française, redoute surtout la démobilisation des énergies dans les maquis par la publicité prématurée de contacts non encore jugés déterminants.

Sans doute n'est-il plus possible de nier l'existence de tels contacts. Déjà, on les situe avec précision et le nom des partenaires revient souvent dans les conversations. Mais, après tout, depuis le 1er novembre 1954, au Caire, à Tunis, à Belgrade ou ailleurs, les contacts ont été fréquents, et le FLN peut dire à son opinion qu'ils n'ont pas empêché les aggravations de la guerre.

La nouvelle ambition

C'est ici qu'il faut revenir à M. Bourguiba. Si les contacts qui sont actuellement pris étaient de la même nature que les précédents, le chef tunisien pourrait-il afficher un optimisme aussi vigoureux ? Le connaissant, je puis assurer que non. Je le lui ai dit. Il a refusé de me répondre. Il n'a même pas voulu confirmer l'existence des contacts. Il m'a simplement dit qu'il croyait pouvoir juger les hommes et qu'il avait passé une journée avec un homme soucieux « d'aller jusqu'au bout de la décolonisation ». « Le général de Gaulle, a-t-il ajouté, a révélé un état d'esprit qui m'a inspiré confiance, son nationalisme n'est ni territorial ni expansionniste, au contraire. »

Le président français paraît avoir réservé à son interlocuteur tunisien une nouvelle définition de la fameuse ambition nationale. « L'ère de la colonisation comme expression de l'ambition nationale est une ère périmée. La France a besoin de regrouper et de revigorer ses propres forces. Elle n'aidera que ceux qui le lui demanderont. Elle ne veut courir après personne. Son ambition nationale, c'est la force de son rayonnement. »

La seule préoccupation essentielle que les Français et les Tunisiens qui ont participé aux conversations de Rambouillet ont découverte en de Gaulle, c'est la phobie d'une situation congolaise en Algérie. Ni les Français d'Algérie, ni l'armée, ni même le Sahara ne seraient pour de Gaulle des problèmes susceptibles de retarder la paix, c'est-à-dire l'entente avec le FLN. Ces problèmes ne sont épineux que dans la mesure où une mauvaise solution pourrait précipiter l'Afrique du Nord dans ces troubles que Russes et Américains trouveraient intérêt à exploiter. Il est à craindre, d'ailleurs, dit-on à l'Élysée, que les négociations éventuelles ne soient toujours trouvées mauvaises par les différents partis communistes, du fait qu'elles sont entreprises par un homme qui tient tête à Khrouchtchev à propos de l'Allemagne. Or les alliés africains des communistes peuvent influencer une partie au moins du FLN et c'est en quoi le rôle des Tunisiens devient très important.

Mercredi, le président Bourguiba, en reprenant l'avion pour Zurich, conservait un optimisme que n'avait nullement altéré le retard des dirigeants du GPRA. Ce retard, les Algériens présents à Rabat lui donnaient également une interprétation optimiste : si Ferhat Abbas et ses amis n'ont pu assister aux obsèques de Mohammed V, c'est parce qu'ils ont été retenus par une mission qui ne pouvait être remise. Et certains précisaient : « Ils étaient en train d'étudier le compte rendu des premiers contacts directs franco-algériens. Le secret qui entoure encore ces contacts sera d'ailleurs levé très rapidement et l'on saura ainsi si ce sont les pessimistes — ou les optimistes — qui ont raison. »

(L'Express)

13 avril 1961

Tunis à l'écoute

18 février 1961, le général de Gaulle confie à MM. Georges Pompidou et Bruno de Leusse la tâche de prendre des contacts secrets avec MM. Tayeb Boulahrouf et Ahmed Boumendjel (négociateurs de Melun), afin de s'« informer des objectifs à long terme du FLN ». Les premières rencontres ont lieu en Suisse, à Lucerne le 20 février 1961 et à Neuchâtel le 5 mars.

15 mars 1961, à l'issue du Conseil des ministres, un communiqué annonce officiellement que « le Conseil a confirmé son désir de voir s'engager, par l'organe d'une délégation officielle, les pourparlers concernant les conditions de l'autodétermination des populations algériennes ainsi que les problèmes qui s'y rattachent ».

30 mars 1961, deux communiqués, l'un de Paris, l'autre de Tunis, annoncent l'ouverture des pourparlers le 7 avril à Évian. Louis Joxe, ministre des Affaires algériennes depuis le 22 novembre 1960, annonce qu'il consultera également les représentants du Mouvement national algérien (MNA).

31 mars 1961, le FLN se rétracte. L'OAS assassine le maire d'Évian.

11 avril 1961, conférence de presse du général de Gaulle.

Sur tous les points où, à Tunis, l'opinion l'attendait, le général de Gaulle n'a donc absolument rien dit. Rien sur la cause de l'ajournement des conversations d'Évian, c'est-à-dire Messali [1]. Rien sur la procédure convenue lors des contacts secrets (alors que le FLN maintient officiellement, contre les dénégations officieuses de M. Pompidou, que la question du MNA avait été agitée). Dans un sens, on pourrait dire qu'au

1. Messali Hadj a fondé le Mouvement national algérien (MNA) en décembre 1954, en écho à la création récente du FLN ; parti rival de ce dernier, mais dont la lutte se place sur le même terrain. *(N.d.É.)*

contraire le problème clef de la représentativité du FLN s'est trouvé encore aggravé par une allusion à d'éventuelles discussions avec « tous les éléments politiques et notamment la rébellion ».

Il faut bien constater, pourtant, que la conférence de presse du chef de l'État a suscité ici un grand intérêt. A l'heure où j'écris, le climat n'est nullement comparable à celui que provoquèrent les propos de M. Louis Joxe à Oran. Une phrase que je viens d'entendre est significative. « Pour la première fois, il nous semble savoir à qui nous avons affaire. »

Je n'étais pas seul à entendre cette phrase. Les deux observateurs étrangers qui étaient avec moi en ont aussitôt conclu que les choses étaient allées vite et de façon décisive en Suisse. Il se pourrait, disaient-ils, que M. Boulahrouf ait communiqué ici non seulement une partie de la teneur des déclarations du Général, mais aussi certaines assurances. Nous avons eu ensuite, dans la nuit, des confirmations de l'importance des contacts directs ou indirects (les plus nombreux ont été effectués ces jours derniers par l'intermédiaire des Suisses) que le représentant du FLN entretenait depuis Genève. Il y a presque tous les jours un compte rendu de M. Boulahrouf au GPRA. Tout cela peut en effet rendre explicable la sérénité du FLN, comme aussi d'ailleurs la sortie de clinique du vice-président Belkacem Krim, le mouvement considérable créé par l'intérêt désormais officiel des États-Unis pour le GPRA, et les « séances de travail » des ministres algériens avec le maréchal Tito.

Le nouveau slogan

Pourtant, l'explication ne paraît pas satisfaisante. Dans l'hypothèse d'une reprise immédiate des conversations d'Évian — ou plutôt des pourparlers, selon le terme consacré par des journées de discussions —, tel ou tel propos du général de Gaulle aurait pu être irritant, aurait pu écorcher une nouvelle fois une sensibilité trop à vif, éveiller encore une méfiance devenue si vigilante. Comme il est normal, c'est lorsqu'ils s'apprêtent à remplacer les combats par la discussion que les

Algériens sont le plus soupçonneux et irritables. Rien ne prouve encore que la reprise des pourparlers puisse être immédiate. Je serais tenté cependant, ce soir, de croire que les choses ont davantage avancé que si les conversations d'Évian avaient commencé à la date fixée.

Je reprends la phrase plus haut citée : « Pour la première fois, nous savons à qui nous avons affaire. » Que les interlocuteurs privilégiés du Général ne s'indignent pas. Ce que de Gaulle a dit mardi après-midi n'était pas un secret pour eux, et ils l'ont répété mais ils n'ont pas été crus. Les ministres français, les ambassadeurs des États-Unis et d'Union soviétique, les envoyés spéciaux du président Kennedy, MM. Bourguiba, Masmoudi et Balafrej ont bien entendu le général de Gaulle développer sur le ton du désenchantement altier et du neutralisme chauvin cette philosophie de la décolonisation qui est devenue son morceau de bravoure. Cette fois, on a résumé à l'intention du GPRA la position gaulliste 1961 : « La France a été à la tête de la colonisation au XIXe siècle, elle peut être à la tête de la décolonisation au XXe siècle. » C'était d'ailleurs le slogan que de Gaulle voulait qu'on rapportât à l'étranger, les Français n'étant pas encore, à son avis, en état de l'assimiler.

Sur le fond et dans les entretiens privés, la fidélité à soi-même de de Gaulle était — paraît-il — impressionnante. Le FLN avait de très nombreuses raisons de douter de la sincérité d'un tel état d'esprit, l'une de ces raisons étant d'ailleurs que de Gaulle hésitait à engager sa propre opinion sur la voie qu'il traçait pour d'autres. Non seulement il était fondé à ne rien croire que sur preuves tangibles, mais encore les intermédiaires, si autorisés qu'ils aient été parfois, lui paraissent toujours plus ou moins intéressés. Un exemple : M. Masmoudi n'a jamais réussi à convaincre complètement son propre président, M. Bourguiba, que le général de Gaulle prétendait aller jusqu'au bout de la décolonisation et prononçait volontiers, s'agissant de l'Algérie, le mot *souveraineté*. Il a fallu que M. Bourguiba l'entende de ses propres oreilles. Ensuite, il l'a cité comme s'il l'avait entendu pour la première fois.

A la face du monde

Or mardi, à l'époque des plastiqueurs et de la renaissance des intrigues fascistes, c'est à la face du monde que de Gaulle juge utile de lâcher tout ce qu'il semait avec discrétion et parcimonie à des interlocuteurs dont on pouvait se dire qu'ils n'étaient que des instruments.

L'effet à Tunis ne saurait, en toute bonne foi, en être minimisé.

Évidemment, la réflexion que j'ai le plus souvent entendue jusqu'ici — mais le délai reste court — concerne l'habileté des déclarations du Général. Habileté internationale qui justifie l'analyse de M. Gromyko selon laquelle, si les Français et les Algériens s'entendaient, de Gaulle pourrait faire prévaloir une voix européenne indépendante des nations atlantiques, puisque sur l'ONU, sur le Laos, sur le Congo et sur l'Algérie elle-même, les États-Unis sont traités avec une désinvolture que les Russes ne manqueront pas d'apprécier. Habileté à l'égard du FLN parce que c'est le choix brutal, sommaire, mais spectaculaire entre une association pour laquelle de Gaulle fait la fine bouche, ne se montre pas si enthousiaste, dont il demande des contreparties et qu'il soumet à une ratification du peuple français, et d'autre part une rupture totale impliquant même le rapatriement dans les deux sens des nationaux de chaque État. Mais ces habiletés ne paraissent pas, pour le moment au moins, négatives. On remarque ici que, pour la première fois, l'association suppose aussi la souveraineté. Les termes ont radicalement changé. Il s'agissait, avant, de choisir entre l'association et la sécession, où d'aucuns croient trouver l'indépendance. Il s'agit maintenant ou bien de l'association de deux États souverains et indépendants, ou d'une sécession pure et simple.

De la Syrie à l'Afrique

Une question qui m'a été posée m'a d'autre part fait davantage réfléchir que n'auraient pu le faire bien des réponses : « Pourquoi, à votre avis, de Gaulle revendique-t-il tout d'un coup toutes les décolonisations de la France, depuis la Syrie et le Liban jusqu'à la Tunisie et au Maroc, sans parler de l'Afrique noire ? »

Dans l'esprit de ceux des Algériens qui me posaient la question, il n'y avait aucune préoccupation polémique qui eût été pourtant facile. Le rappel des positions de l'homme de Brazzaville sur le conflit indochinois, par exemple, serait assez pénible. Mais on se demandait si cette revendication mesurait la popularité en France de l'anticolonialisme, le dynamisme de cette idée dans le monde, ou encore était destinée au FLN pour l'inviter à avoir enfin confiance en lui, de Gaulle, et à tracer d'avance la voie dans laquelle pourrait se dérouler une négociation utile. Il m'a semblé deviner que ceux qui me posaient la question penchaient pour la troisième hypothèse. Bref, c'est comme si le président de la République française avait pris un solennel engagement à l'égard non plus d'un FLN que l'on veut duper, mais à l'égard des principales forces du monde.

Je ne dis pas du tout et pas un seul moment que les propos de mardi aient converti au gaullisme le GPRA. Il s'en faut de beaucoup. Et d'ailleurs la clarification des principes n'élimine pas les obstacles essentiels de procédure. Mais il y a un problème posé avec une force plus nette, une lumière plus vive, et la circonspection si remarquée des Algériens traduit un retour sur eux-mêmes qui les invite plutôt à des actes positifs.

Le problème pour le GPRA va revenir encore à ces fameuses notions de révolution et d'indépendance. Ces notions sont maintenant dans toutes les bouches et il est assez frappant de voir Tunis transformé en temple de l'abstraction, en chapelles révolutionnaires et en sectes qui rappellent d'une certaine façon les conspirateurs russes de l'époque dostoïevskienne. Il y a bien aussi un peu de Tchekhov dans l'atmosphère, c'est-à-dire le verbalisme inspiré et installé de ceux qui déclarent : « Il faut, il faut... » Mais il y a surtout le pressentiment que l'Algérie de demain va tout bouleverser. Cela gagne toutes les semaines. Après avoir lu, paraît-il, un numéro de *l'Express,* M. Bourguiba a consacré une partie de son discours, cette semaine, à démontrer aux Algériens que, pour faire la révolution, il fallait d'abord avoir la souveraineté et l'indépendance. Le maréchal Tito, qui a fait passer lui aussi l'indépendance avant la révolution (dans un contexte différent, il est vrai), démontre de son côté aux députés tunisiens que sans le socialisme l'indépendance n'est rien. Les journaux publient l'allocution de M. Boumendjel au Caire — devant des auditeurs qui n'ont pas dû y comprendre grand-chose — au cours de laquelle le plus brillant avocat du FLN a dénoncé la coexistence pacifique elle-même, bref le khrouchtchévisme, comme maintenant les structures de domination et consolidant l'exploitation néo-coloniale. On voit assez que ce drame algérien cristallise tout et veut tout contenir comme si soudain une politique divine l'avait chargé de mission, l'avait élu à la façon dont une mystique non moins divine s'était abattue sur le peuple martyr d'Israël.

Par intérêt

En tout cas, la situation semble un peu décantée. De Gaulle donne-t-il aux Algériens les moyens d'une indépendance qui peut déboucher sur leur conception de la révolution ? Persuadés qu'il veut décoloniser non par générosité mais par intérêt, les Algériens estiment-ils pouvoir obtenir le maintien de leur unité, d'abord, le discrédit de leurs rivaux, les moyens d'un neutralisme extérieur et d'une planification intérieure avec l'aide de la France ? C'est ainsi que les dernières déclarations de de Gaulle semblent poser le problème.

(L'Express)

27 avril 1961

Une nouvelle étape

22-25 avril 1961 : putsch des généraux. Tentative de prise du pouvoir en Algérie par les généraux Challe, Jouhaud, Zeller, Salan, sous la direction du général Challe.

23 avril à 20 heures, le général de Gaulle prend la parole à la télévision :

« Un pouvoir insurrectionnel s'est établi en Algérie par un *pronunciamiento* militaire... Ce pouvoir a une apparence : un quarteron de généraux en retraite. Il a une réalité : un groupe d'officiers partisans ambitieux et fanatiques. [...] Voici l'État bafoué, la nation défiée, notre puissance ébranlée, notre prestige international abaissé, notre place et notre rôle en Afrique compromis. Et par qui ? Hélas ! Hélas ! Hélas ! Par des hommes dont c'était le devoir, l'honneur et la raison d'être, de servir et d'obéir. [...]

« Au nom de la France, j'ordonne que tous les moyens, je dis tous les moyens, soient employés pour barrer partout la route à ces hommes-là en attendant de les réduire. J'interdis à tout Francais, et d'abord à tout soldat, d'exécuter aucun de leurs ordres. [...]

« Françaises, Français ! Aidez-moi ! »

A Paris, on craint l'arrivée des paras. Un peu avant minuit, Michel Debré apparaît à la télévision : « Des renseignements nombreux, précis et concordants permettent au gouvernement de penser que les auteurs du coup d'État d'Alger envisagent à très brève échéance une action de surprise sur la métropole, en particulier sur la région parisienne. Les vols et les atterrissages sont interdits sur tous les aérodromes de la région parisienne à partir de minuit. Dès que les sirènes retentiront, allez-y à pied ou en voiture, pour convaincre les soldats trompés de leur lourde erreur. Il faut que le bon sens vienne de l'âme populaire. » L'appel a été entendu. Toute la nuit, des volontaires se présentent au ministère de l'Intérieur ; certains se rendent à l'aéroport du Bourget.

C'était une fausse alerte, mais le discours du général de Gaulle a atteint la troupe, qui ne suit plus ses chefs rebelles.

25 avril : le général Challe se rend.

Tout comme la majorité des Français, responsables algériens et tunisiens ont passé de mardi à mercredi leur troisième nuit blanche consécutive. C'est-à-dire que, pendant quatre jours et trois nuits, l'opinion nord-africaine a été passionnément accaparée par le même événement qui obsédait la France. Pendant tout ce temps, une solidarité au moins dans l'intérêt et l'inquiétude comme dans la tension de l'espérance a lié plus qu'elle ne l'avait jamais fait auparavant les peuples de la métropole et de l'Afrique du Nord. Cette solidarité vient de se relâcher en débouchant sur le spectacle bouleversant de l'effondrement de la rébellion militaire d'Alger et du retentissant succès du partenaire de la future négociation que l'on avait déjà enterré, le général de Gaulle. L'éblouissement devant la victoire du président de la République française en est arrivé à fausser toutes les données dans lesquelles on commençait déjà à s'installer.

Personne, dans la meilleure des hypothèses, ne s'attendait à une liquidation si rapide ni si totale de la rébellion militaire, même après l'annonce des directives implacables de de Gaulle à l'armée, directives qui, en se référant explicitement à l'emploi de la force, des armes et du feu pour réduire les insurgés, avaient fait à la fois espérer et craindre une longue guerre civile. De cette grande peur, il va rester cependant les sentiments d'une épreuve subie en commun par les Français et par les Algériens au point qu'un journal tunisien a pu écrire mercredi matin : « Durant cette épreuve, les adversaires de ce conflit vieux de sept ans ont découvert le véritable ennemi. De Gaulle l'a abattu. »

Des journées jacobines

En effet, Tunis avait vécu depuis samedi des journées jacobines. Je ne me souviens pas avoir vu chez les ministres ou les syndicalistes algériens, dans la jeunesse ou les cadres tunisiens, une telle participation à un événement français, une telle ferveur dans l'intérêt, une telle passion dans le désir de contribuer à la résistance du peuple français contre la rébellion militaire d'Alger.

Un intense frisson de solidarité a suscité ici des réactions dont on croyait qu'elles n'étaient plus concevables. Pour la première fois depuis très longtemps, chacun s'est senti directement concerné.

Le spectacle était saisissant. Un Français, dans les milieux tunisiens et algériens, en ce moment, ne se sent plus isolé. Il n'entend plus dire, comme au temps du 24 janvier ou du 13 mai : « Il s'agit d'une affaire franco-française, qui ne regarde qu'un régime colonialiste dont elle souligne les contradictions. » Non, au contraire. Soudain, ceux-là mêmes qui me disaient, il n'y a pas si longtemps, qu'il n'y avait en réalité qu'une seule France avec deux expressions tactiques dont l'une se présentait comme libérale et l'autre comme ultra, affirment aujourd'hui que de Gaulle « doit être utilisé comme un allié objectif au sens que les communistes donnent à ce mot ». Que le peuple français est enfin entré dans le combat pour la paix et la négociation. Le télégramme de la centrale syndicale FLN à tous les syndicalistes français ne contenait aucun calcul tactique. Il fut l'expression spontanée d'un soutien et aussi d'une promesse. Il signifiait : « L'épreuve que vous traversez vous conduit à un comportement qui vous rapproche de nous et qui rendra notre coopération future plus fraternelle en dépit de tout ce qui s'est passé depuis six ans et qui a failli nous faire choisir la rupture totale. »

Le dernier acte

J'ai entendu cette dernière phrase prononcée par l'un des responsables algériens les plus amers et les plus sectaires. Ce responsable ajoutait : « Que vous résistiez avec ou sans de Gaulle, c'est votre affaire. Mais nous sommes en train de vivre ensemble le dernier acte de la décolonisation de l'Algérie et il vaut mieux, tout compte fait, que cela se passe ainsi. »

Comment expliquer ces réactions ? Dans certains milieux, on a évidemment procédé à une véritable autocritique. Ne fallait-il pas se presser davantage et se rendre à Évian en dépit des manœuvres de seconde importance ? Si le GPRA avait déjà amorcé avec le gouvernement français une négociation depuis le 7 avril, ne serait-il pas dans une position internationale exceptionnellement forte ? N'a-t-on pas donné — des deux côtés — trop de temps aux ultras pour se réorganiser et reprendre espoir ? Évidemment, la faute en incombe principalement à de Gaulle qui avait été prévenu, le 20 janvier, au lendemain du référendum, que les pourparlers étaient immédiatement possibles. Mais la responsabilité, par la suite, pouvait paraître partagée. En réalité, cet examen critique n'explique que très partiellement le comportement actuel du FLN. Ce qui en rend compte, c'est bien plutôt qu'il y avait eu enfin une entente franco-algérienne sur l'ouverture de négociations sans préalable et sans ordre du jour, et que c'est précisément cette entente qui était menacée par la rébellion d'Alger.

Le jour même...

Qu'est-ce qu'ont pu en effet apprendre les services de renseignements du général Challe, si, comme on le pense, les informations fournies par ces services ont précipité la rébellion d'Alger ? Ils ont appris que, depuis déjà deux semaines, plus exactement seize longs jours, le GPRA avait reçu tous les apaisements concernant l'affaire Messali et qu'il était décidé à se rendre à Évian le 11 mai. Ils ont appris que M. Boulahrouf ne retournerait en Suisse pour apporter cette réponse positive qu'après le retour du bâtonnier Cherif qui a fait la navette entre Tunis, Fresnes et l'île d'Aix pour consulter Ben Bella, Boudiaf et leurs compagnons. Ils ont appris enfin, et c'est peut-être là l'essentiel, que le GPRA avait pris la décision de discuter de l'association et de permettre ainsi au général de Gaulle de présenter à la France une solution moins impopulaire et moins traumatisante pour l'armée que la sécession décrite si fâcheusement par de Gaulle comme un abandon auquel on se résignerait.

Depuis deux semaines, un certain nombre de commissions FLN siègent sans désemparer pour préparer les dossiers d'une association dans l'indépendance que Belkacem Krim, chef désigné de la délégation algérienne, devait défendre à Évian après sa guérison, aujourd'hui complète. Les rebelles d'Alger savaient donc que l'armée, qui aurait pu vivement réagir en cas de choix par le FLN d'une sécession, pouvait être « anesthésiée » par le projet d'une association qui maintenait des liens étroits entre les deux États indépendants de France et d'Algérie. C'est peut-être pourquoi, le jour même où M. Boulahrouf se rendait en Suisse apporter l'accord du GPRA, la rébellion, préparée depuis longtemps mais qui ne devait éclater qu'au moment des négociations, a été précipitée. Au moment où M. Boulahrouf prenait contact avec les Suisses pour leur demander de reconduire tous les préparatifs en vue des pourparlers fixés au 11 mai, le général Challe proclamait l'Algérie à jamais française ; c'est une thèse que des personnalités très bien placées ont soutenue devant moi.

Le projet de blocus

Cela dit, le mouvement de solidarité se mêlait d'une inquiétude évidemment réaliste. Parmi les aspects positifs, on notait bien que l'armée française pourrait subir une purge qui faciliterait l'installation d'organismes mixtes dans la période transitoire. Mais, d'abord, il n'en allait pas de même de la communauté européenne qui commençait à intégrer dans son avenir les réalités d'une indépendance algérienne et que l'armée venait de compromettre à nouveau très gravement. Tout cela s'inscrivait au surplus dans une perspective de liquidation rapide et totale de la rébellion, c'est-à-dire que c'étaient les observations que l'on s'est permis après le discours (jugé ici exceptionnellement ferme) du général de Gaulle, après l'organisation des milices et surtout après la décision d'opérer un blocus économique et financier de l'Algérie. Cette dernière décision a particulièrement frappé les esprits. On se souvient encore, à Tunis, des protestations des hommes les plus libéraux pendant les journées de mai 1958 lorsque était agitée la question du blocus. « Comment, disait-on alors, des Français pourraient priver le million d'Européens et les 500 000 soldats du contingent de leurs moyens de subsistance, de l'essence et des médicaments, alors qu'ils sont face au FLN ? » Ce raisonnement, qui venait parfois d'hommes de gauche et même d'extrême gauche, choquait profondément parce qu'il tenait pour nul le destin des musulmans et pour sacrée la guerre contre le FLN. Or voici soudain qu'un de Gaulle s'y est décidé, dans l'approbation apparemment générale, et n'a pas hésité à se servir de la souffrance éventuelle de Français pour réduire des rebelles qui ont été enfin traités comme d'autres rebelles. C'est sur cette dernière décision d'organiser un blocus que j'ai entendu le plus de commentaires impressionnés.

L'autre perspective

Mais l'autre perspective, celle de l'effondrement du régime gaulliste ou même de la simple durée d'une rébellion circonscrite à l'Algérie, continuait d'être envisagée. Dans ce cas, disait-on, c'est très simple : M. Mokkadem ira à Washington et M. Belkacem Krim à Moscou. Le premier, qui est ministre des Affaires étrangères de Tunisie, demandera l'assistance de la 6e Flotte. Le second, qui occupe les mêmes fonctions pour l'Algérie, obtiendra de M. Khrouchtchev que les accords passés récemment avec M. Francis, autre ministre du GPRA, entrent en vigueur. Ces accords prévoient l'assistance soviéto-chinoise. Dans ce cas aussi, le GPRA éclaterait sous sa forme actuelle et céderait la place à une équipe de jeunes révolutionnaires progressistes déjà très impatients de jouer un rôle et qui voyaient dans les événements une confirmation d'analyses qui ont été négligées. Il n'est pas certain, d'ailleurs, que ces jeunes révolutionnaires ne souhaitaient pas la réalisation d'une telle conjoncture, et il est assez singulier de voir à quel point les généraux rebelles d'Alger, qui prétendaient lutter contre le communisme, ont pris le risque de faire leur jeu. Ces jeunes révolutionnaires estimaient qu'ils n'auraient plus à marchander une indépendance qu'une France affaiblie, divisée et contestée leur accordait avec parcimonie et précarité. Il valait encore mieux, selon eux, arriver à l'internationalisation qui provoquerait la tolérance des États-Unis, le soutien de l'Est, tandis que le peuple français — qu'ils étaient d'ailleurs prêts à aider — combattrait le fascisme installé en métropole. A vrai dire, ce n'était pas tant qu'ils le souhaitaient mais ils ne croyaient plus à aucune solution. Ou plutôt ils n'y croyaient pas avant que les échos massifs et réconfortants ne soient parvenus de ce qui est apparu ici comme une levée en masse de la nation française. Alors, disaient-ils, cela transformera le régime gaulliste et cela fera du général de Gaulle, même contre sa volonté, le chef d'une gauche qui pourrait comprendre notre conception de l'Algérie future.

La résolution populaire

On a donc retrouvé pendant ces journées la force de contagion à l'extérieur des manifestations populaires françaises. La France a décidément gardé, en dépit de tout, son rayonnement révolutionnaire. Dès qu'il s'exprime, il passe la mer et les frontières. Il est vrai, sans doute, que ce rayonnement a été contrebalancé par l'énergie spectaculaire du général de Gaulle et que, pour le moment, son prestige fait oublier la volonté d'une opinion française dont le réveil avait au début impressionné. C'est vrai aussi que, pour ce qui concerne les Algériens en tout cas, on peut dire du général de Gaulle ce qu'on disait après les barricades ou après le dernier référendum, à savoir qu'il pouvait tout se permettre et en particulier une négociation avec le maximum d'atouts pour la France. Il n'en reste pas moins que la résolution populaire française s'est manifestée pour la première fois d'une manière qui a frappé les Algériens, leur a rendu confiance et qui les conduira à être préoccupés de l'essentiel, et à abandonner leurs soucis, justifiés jusque-là, de prévenir des manœuvres de détail ou des intrigues secondaires.

(L'Express)

15 juin 1961

Après Évian

20 mai 1961 : ouverture des négociations à Évian. La délégation française est conduite par M. Louis Joxe. Il est accompagné de MM. Bernard Tricot, conseiller technique à l'Élysée, Roland Cadet, conseiller d'État, Bruno de Leusse, directeur des affaires politiques au ministère des Affaires étrangères.

La délégation algérienne est conduite par Belkacem Krim, vice-président et ministre des Affaires étrangères du GPRA. Il est accompagné de MM. Ahmed Francis, ministre des Finances et des Affaires économiques, Mohammed Ben Yahia, directeur du cabinet de Ferhat Abbas, Ahmed Boumendjel, Saad Dahlab, Tayeb Boulahrouf, négociateurs de Melun.

13 juin 1961 : interruption des négociations. Elles ne reprendront que le 7 mars 1962 et s'achèveront le 18 mars à la signature de l'accord qui mettra fin au conflit. Le cessez-le-feu sera proclamé le 19 mars 1962. Les accords d'Évian seront ratifiés par référendum le 8 avril 1962.

Si la délégation française avait accepté de siéger à nouveau mercredi dernier à Évian comme le lui proposait le FLN, que se serait-il passé ? C'est tout simplement parce qu'il sera désormais impossible de répondre à une telle question que la décision française d'interrompre les pourparlers sans fixer de date pour la reprise apparaît au monde risquée, déconcertante et à vrai dire suspecte.

Entre la réunion d'Évian mardi matin et celle de l'après-midi, une décision a été prise dont on voudrait espérer que la France n'aura pas trop à la regretter. C'est pendant l'interruption du déjeuner que M. Louis Joxe se vit confirmer le refus français de prolonger les débats ou même de fixer la date de la reprise. L'Élysée, que M. Joxe avertit de la nouvelle proposition du FLN, fit connaître que, « si vraiment le FLN avait des propositions concrètes à faire — ce qu'il laissait entendre —, il les aurait déjà faites ».

Un résumé caricatural

Mardi, il ne s'est agi que d'une confirmation. La décision avait été préparée pendant tout le week-end. La conférence de presse du FLN, samedi soir, avait été jugée « à la limite de l'incorrection » ; le général de Gaulle avait été, assure-t-on, exaspéré par un résumé caricatural des thèses françaises. Les échos de cette exaspération étaient parvenus au commentateur officiel de la radio et aux éditorialistes de *l'Aurore,* du *Parisien libéré,* qui, dès lundi, commencèrent à employer le ton « le pays ne tolérera pas que... ». Mardi, le bilan impressionnant des attentats FLN était spectaculairement souligné en même temps que des études sur « l'Algérie sans le FLN » étaient publiées. Le constat de l'impuissance des délégués d'Évian avait donc bien, et de beaucoup, précédé le week-end.

On dit aujourd'hui que la suspension n'est pas la rupture et que la continuation des pourparlers n'aurait fait qu'accentuer cette irritation et cette amertume dont on peut, en effet, trouver d'inquiétantes traces dans les derniers propos de M. Joxe. Hélas ! c'est exactement ce que disait le FLN il y a un an, exactement le 30 juin, après que délégués français et algériens eurent mis un terme aux dix jours d'entretien de Melun. Le numéro du *Monde* du vendredi 1er juillet 1960 comporte en première page deux gros titres : « Après la fin des entretiens de Melun, le gouvernement français estime que la venue d'une délégation du FLN est possible » ; et, d'autre part : « Les dirigeants du FLN sont soucieux de préserver les chances d'une reprise de contacts. » Mais il y eut ensuite une réunion à Tunis du GPRA où l'on fit l'inventaire des désaccords ; et, le 7 juillet 1960, M. Ferhat Abbas commentait cet inventaire dans un discours de rupture...

Entre Évian et Melun — l'a-t-on déjà oublié ? —, il s'est pourtant passé bien des choses : deux complots militaires avortés (celui de la Saint-Michel et celui de décembre), une mise en accusation de la France à l'ONU, le complot des généraux du 22 avril. Pendant ce temps, le FLN accentuait sa recherche à l'Est de soutiens de plus en plus efficaces, administrait la preuve en décembre qu'il avait le peuple algérien derrière lui et obtenait successivement de la France la proclamation de la souveraineté intérieure et extérieure de l'Algérie, l'abandon de la consultation des messalistes et, concession majeure, la possibilité d'entrer en négociation sans cesser le feu. Voilà le bilan d'une année de guerre après une interruption de pourparlers.

De mauvais calculs

C'est pourquoi il faut s'interroger sur l'attitude du général de Gaulle. L'armée ou la nature du régime l'empêchent-elles de négocier ? Pour ma part, je continue de ne pas le croire. Il n'est prisonnier que de ses mauvais calculs. A-t-il définitivement renoncé à s'entendre avec le FLN ? C'est impossible. Juge-t-il que cette entente est pour le moment trop difficile et que les objectifs français de la négociation pourraient être mieux atteints après une mise en train de l'Algérie sur les « voies de la paix et de la vie normale » ? Je le crois, et je crois que, ce faisant, il se trompe tragiquement.

Le général de Gaulle était très sceptique sur les chances des pourparlers d'Évian. Il n'était d'ailleurs pas le seul. La « préparation » n'avait rien donné. Le 12 mai, un des membres de l'actuelle délégation algérienne à Évian confiait à un observateur italien : « Nous ne sommes d'accord sur aucun sujet. Nous ne savons même pas de quoi nous allons discuter. Nous allons à Évian simplement pour que l'opinion internationale puisse être juge. » Deux jours avant le départ pour Genève de la même délégation algérienne, l'un des ministres du GPRA, à qui l'on demandait pourquoi il ne faisait pas partie de la délégation, répondit en souriant : « Je me réserve pour la prochaine, la vraie, celle qui négociera la paix et l'indépendance. Cette fois-ci, la situation n'est pas encore mûre. »

Toujours le Sahara

Au cours de leurs entretiens respectifs avec MM. Pompidou, Chaillet et de Leusse, MM. Boumendjel, Dahlab et Boulahrouf avaient eu l'impression que les pourparlers pouvaient se heurter à un obstacle insurmontable : le Sahara. Les progrès des positions françaises leur paraissaient incontestables sur tous les autres points. Sur le Sahara, l'impasse était totale. De ce fait, une tendance — qui se révéla minoritaire le jour d'un vote — se manifesta au GPRA pour contester l'opportunité de la conférence d'Évian. C'est à cette tendance qu'appartenait le ministre algérien dont je cite plus haut le propos.

Du côté français, on était évidemment au courant de cet état d'esprit. Au gouvernement, il y avait ceux qui ne souhaitaient pas le succès des pourparlers, et ceux qui n'y croyaient pas. Le général de Gaulle lui-même, sur la foi de rapports soulignant l'« intransigeance doctrinale » ou les « difficultés collégiales » du GPRA, estimait qu'il y avait peu de chances d'aboutir et qu'il convenait de préparer l'échec. Pourquoi, dans ces conditions, les deux délégations ont-elles accepté de se rencontrer ?

Pour les Algériens, on peut distinguer au moins deux raisons déterminantes. La première, c'est la double pression des opinions algérienne et internationale, surtout après la liquidation du dernier putsch des généraux d'Alger. A l'intérieur de l'Algérie et à l'étranger — bien davantage qu'en France, évidemment —, l'itinéraire du général de Gaulle est souvent résumé par le récit de ses combats contre les partisans de l'Algérie française. Après le 22 avril 1961 comme après le 24 janvier 1960, la volonté française de décoloniser l'Algérie a été reconnue aussi bien dans les villes et les maquis algériens que dans les pays qui soutenaient le plus le GPRA. Ce dernier pouvait mal se soustraire à l'épreuve du contact, quelque incertaine que pût lui en paraître l'issue.

L'engrenage de la paix

La seconde raison (qui a une importance qu'on mesure mieux aujourd'hui) consiste dans le fait que les partisans aussi bien nord-africains que métropolitains de l' « engrenage de la paix » assuraient le FLN des possibilités offertes par une négociation et des concessions que ne manqueraient pas de faire sur le Sahara — on le tenait de source sûre — les représentants du général de Gaulle. En février dernier, MM. Dahlab et Chaillet étaient convenus de mettre de côté la question saharienne, question sur laquelle un accord ne pourrait être trouvé qu'au sommet. Mais on escomptait bien qu'il serait trouvé.

Les raisons de tenter la négociation ont été presque identiques pour la France. On peut discuter longtemps (et inutilement) pour savoir si le général de Gaulle a subi la pression de l'opinion traduite par le référendum, ou s'il a lui-même choisi de susciter une pression conforme à son inclination. Il reste qu'à un certain moment il lui aurait été difficile, sur le plan national et international, de ne pas négocier. Le gouvernement français, d'ailleurs, estimait que cette négociation ne pouvait que réussir aux conditions françaises ou échouer à l'avantage de la France si elle était savamment menée. Mais cela n'est pas tout. Aux yeux de ministres comme Robert Buron, Edmond Michelet, Maurice Couve de Murville et Louis Joxe lui-même, les « conditions françaises » n'étaient pas nécessairement défavorables aux intérêts du FLN.

La stratégie menacée

M. Joxe paraît avoir sincèrement cru que le FLN ne verrait aucun inconvénient à adopter les méthodes françaises de la décolonisation en Algérie. Il a dit souvent, paraît-il, dans des conversations privées pendant les premiers jours de la conférence d'Évian, que son objectif était de rendre le FLN plus conscient de sa force et donc de le rendre mieux à même de comprendre les difficultés françaises et la nécessité où se trouvait la France de passer par certaines étapes et d'obtenir certaines concessions. On peut croire M. Joxe sincère lorsqu'il se déclare « déçu ». Lui, qui est certain que l'Algérie sera indépendante et qu'elle sera gouvernée par le FLN, n'arrive pas à accepter que ce dernier ne saisisse pas l'occasion d'emprunter les avenues du pouvoir qui lui sont ouvertes.

M. Joxe est déçu tout comme M. Krim est surpris. On avait, en effet, promis au chef de la délégation algérienne que la position saharienne de la France n'était pas inflexible et que très tôt on assisterait à son assouplissement. On sait qu'il n'en a rien été et qu'il s'agit là du cœur du problème. En fait, on peut dire que, le 13 juin, la guerre du Sahara a commencé. C'est là la vraie raison de l'« humeur » du général de Gaulle. L'épiderme est à vif, mais c'est parce que la stratégie est menacée. Il n'y a, en effet, aucun autre véritable désaccord. Les attentats peuvent bien paraître « scandaleux » (et même très dangereux par les réactions en chaîne qu'ils entraînent), on sait bien de part et d'autre que le cessez-le-feu ne pouvait s'obtenir de cette façon. L'opération publicitaire a, hélas ! échoué. Le délai consenti par les Algériens pour l'exercice du droit d'option entre la citoyenneté française et la citoyenneté algérienne peut donner des assurances aussi sérieuses qu'un rapport organique et institutionnel entre les deux communautés tel que le proposait la délégation française. Les enclaves militaires n'ont jamais été exigées par la France : le FLN aurait fait sur ce point une erreur d'interprétation. Il ne reste, à vrai dire, que le Sahara.

On avait dit de toutes parts que la France accepterait en définitive le principe d'une souveraineté politique algérienne sur la partie algérienne du Sahara à la condition qu'un condominium économique composé de la France et des États riverains fût chargé de l'exploitation des richesses en pétrole et en gaz. A aucun moment, la délégation française n'a laissé entendre qu'une telle concession pouvait être faite.

Le péché de la colonisation

Ce problème, il faut l'avouer, ne soulève pas l'indignation spontanée des foules les plus sympathiques au FLN. Peut-être parce que l'anticolonialisme s'inspire de principes qui s'appliquent davantage au destin des sociétés et des personnes qu'à celui des territoires ou des richesses. Car le conflit actuel est assez étranger aux 590 000 nomades qui constituent les populations sahariennes, de même qu'aux biens de ses populations

(150 000 chameaux, 400 000 moutons, 350 000 chèvres). Il y a surtout plus d'un million de kilomètres carrés de désert où les découvertes françaises ont excité l'imagination des technocrates et les appétits des riverains. Il y a aussi une zone stratégique au cœur de l'Afrique où une présence militaire « communautaire » peut paraître précieuse à la condition qu'il y ait coïncidence d'intérêts et de conceptions. Les Algériens ont sans doute raison de tenir aussi jalousement à ces « quatre cinquièmes de leur territoire ». Peut-être eût-il été plus sage pour eux de s'entendre avant la conférence d'Évian avec chacun des pays riverains. En ce cas, il leur aurait été plus facile ou bien d'associer tous ces pays à leur revendication, ou bien de céder à la France dans un premier stade pour ensuite entreprendre avec la Tunisie, le Maroc, le Mali et le Niger une action diplomatique qui ne pouvait qu'aboutir à la souveraineté qu'ils réclament. Peut-être d'ailleurs (qui peut dire le contraire maintenant ?) en serait-on arrivé à l'une des deux possibilités si la négociation avait continué. En tout cas, maintenant, même ce problème, où le FLN a raison sans que la France ait tort, est mis au passif de la délégation française parce qu'une suspension brutale a été unilatéralement décidée.

La stratégie gaulliste ne tient pas compte d'un fait essentiel : c'est que les succès même les plus justes des colonisateurs sont, aux yeux de l'opinion mondiale, à court terme. Tout se passe comme si le péché originel de colonisation était irrémissible. Dans quelques semaines, quand la guerre aura recommencé de faire ses ravages, que restera-t-il de la sensibilité de M. Joxe, de l'indignation de M. Debré ou de l'humeur tactique du général de Gaulle ? La solidarité des victimes reprendra sans aucune des failles que l'approche de la paix menaçait de susciter et que la France s'apprêtait à exploiter. Nous reverrons bien vite le roi du Maroc, le chef de l'État du Mali et le président de la République tunisienne à la tête du combat algérien.

(L'Express)

6 juillet 1961

De Gaulle se révèle

L'état d'esprit actuel du général de Gaulle inquiète sérieusement la majorité des ministres français.

En principe, on attend pour le 12 juillet, date du message du chef de l'État à la nation, des décisions sur l'attitude de la France devant le problème de Berlin, sur l'Algérie et sur une réorganisation administrative qui devrait entraîner un remaniement gouvernemental. Pour le moment, rien n'indique que M. Michel Debré soit résigné à céder sa place, comme on l'y invite de toutes parts. Il reste donc Berlin et l'Algérie.

Cela fait plusieurs fois en trois ans que le général de Gaulle donne une interprétation apocalyptique de la tension Est-Ouest à propos du problème allemand. Souvent, assurent ses proches, de Gaulle a consciemment exagéré le danger de la situation internationale ; soit par stratégie extérieure pour inciter Khrouchtchev à composer avec lui, soit par tactique intérieure pour cimenter une certaine unité nationale.

Mais jamais, disent les mêmes, il ne s'était exprimé avec autant de conviction et même d'angoisse. Pour lui, et contrairement à l'interprétation anglo-américaine des faits, le danger est bien réel, car, pour la première fois, Khrouchtchev aurait besoin de la tension : le Premier soviétique préparerait une nouvelle déstalinisation qui ne saurait avoir lieu que dans les orages des menaces de conflit.

Gagner du temps

C'est pourquoi, en Algérie, il faudrait « précipiter les événements ». Il faudrait en finir avant la fin de l'année et, si possible, avant la fin de l'été. Non pas évidemment parce qu'on a besoin, en métropole, de l'armée d'Algérie : les décisions de retirer certaines divisions sont davantage psychologiques que logistiques et n'ont pour objectif que d'assigner une nouvelle préoccupation aux états-majors ; mais parce que la France a besoin d'avoir les mains libres dans le sombre automne qui s'annonce. Comment donc en finir avec l'Algérie ?

C'est prévu : en précipitant le « partage » si l'association n'est pas acceptée au cours des prochains pourparlers. Or rien n'indique, après les rencontres à Genève de MM. de Leusse et Labouret avec MM. Dahlab et Boulahrouf, que l'association puisse être acceptée.

Mais, contrairement à toute attente, ce n'est pas ce partage, irréaliste et impopulaire, qui avive les inquiétudes des ministres. Selon eux, le général de Gaulle ne conçoit le partage que comme un abandon en deux temps : *regroupement d'abord, évacuation totale ensuite.* Tandis que les commentaires sur la partition s'exaspèrent, qu'on s'indigne ici et là — à juste titre — des conséquences humaines ou internationales d'une israélisation, et que les états-majors en sont à leur trentième projet de regroupement, au gouvernement on se dit au contraire : « Plût à Dieu qu'il en soit ainsi. Hélas ! de Gaulle ne croit absolument pas au partage comme solution, même provisoire. »

Pour de Gaulle, le partage n'est qu'une façon de se donner du temps pour défendre les personnes et les biens des populations qui refusent de vivre dans une Algérie non associée.

Le malentendu est donc complet. En agitant la menace d'un partage, de Gaulle ne veut signifier au FLN que la volonté française d'abandonner purement et simplement l'Algérie à elle-même. Il l'a dit et répété cette semaine à certains de ses ministres.

Comment expliquer, alors, qu'on ne fasse pas tout pour rendre l'association acceptable ? Je viens de le demander aux principaux responsables. Selon eux, il y a trois raisons à cela.

« Tant pis pour lui ! »

Il faut, m'a-t-on dit, que le FLN comprenne que la France est devenue complètement « cartiériste » : pour l'inviter à préférer remédier au sous-développement de l'Algérie plutôt qu'à celui de la Vendée ou de la Bretagne, il lui faut d'indiscutables compensations de prestige. Le FLN croit encore que la France n'abandonnera jamais son aide économique. Ce n'est pas vrai : de Gaulle, pour sa part, y est prêt. Le précédent de la Guinée peut se renouveler.

La deuxième raison est que de Gaulle est personnellement exaspéré par la persistance du terrorisme en Algérie et en métropole. Il se fait donner le décompte précis et quotidien des attentats. Il compare les chiffres d'une année à l'autre, d'un mois à l'autre et d'un événement politique à un autre. Mes interlocuteurs ont ajouté qu'il était bien possible que la décision unilatérale de suspendre les opérations offensives était maladroite, mais que le FLN s'était trompé dans ses craintes : de Gaulle ne voudrait la paix que pour dire à l'armée qu'il n'a plus besoin d'elle. Pour des raisons intérieures, il a besoin d'une trêve — autant que, pour les mêmes raisons, le FLN a besoin d'une poursuite des hostilités.

Enfin, de Gaulle estime que le FLN, dans sa structure actuelle, a besoin d'une victoire totale et qu'il est incapable de faire des concessions. Il ne doute pas que le peuple algérien obéisse au FLN ni que le futur gouvernement de l'Algérie indépendante soit FLN. Il a renoncé à la troisième force. Mais le FLN a besoin de certaines épreuves et d'un certain temps pour comprendre ses propres intérêts. Peut-être les comprendra-t-il au moment où l'on procédera au regroupement. Peut-être pas, alors « ce sera tant pis pour lui ».

Je suis maintenant persuadé que ce compte rendu des intentions du général de Gaulle est exact. L'antigaullisme passionnel m'a toujours paru révéler une fascination aussi suspecte que le gaullisme dévot. C'est en effet faire du général de Gaulle un diable étrange (comme d'autres font de lui un dieu singulier) que de lui prêter le désir de conserver la guerre, par exemple. Les choses, je crois, sont plus simples : *de Gaulle ne sait pas négocier.*

Une démonstration

Le principe même lui répugne, la conception qu'il se fait de lui-même comme de la France l'en éloigne. Sa nature est d'octroyer, non de discuter. Cela ne change rien, hélas ! au résultat parce que le FLN est ce qu'il est, c'est-à-dire ce que la France l'a rendu. Mais cette analyse permet une appréciation mieux insérée dans le réel : il n'est pas dit que le FLN, découvrant enfin sa force propre, ne tire parti des singularités du régime actuel.

Ces singularités deviennent parfois ahurissantes. Prenons par exemple les manifestations musulmanes qui ont précédé la journée du 5 juillet. Des instructions ont été données de ne plus arrêter des musulmans pour leur seule appartenance au FLN ; d'encadrer les manifestants, de les contenir mais de les laisser se « défouler » dans un périmètre donné. Le FLN a senti alors que les risques qu'il faisait prendre aux populations étaient assez limités pour décider — ce qu'il n'avait pas fait depuis 1957 avant la bataille d'Alger — une manifestation à l'échelon du territoire. Les instructions ont été respectées ici et ne l'ont pas été là. Mais, enfin, avant le 5 juillet, il y a eu 8 000 jeunes musulmans dans la rue, brandissant des drapeaux vert et blanc, réclamant l'arrivée de Ferhat Abbas, et il n'y a eu qu'une quinzaine de morts. Pour ceux qui ont assisté en Algérie aux répressions, c'est un fait déroutant. Tout se passe comme si les instructions avaient pour but de faciliter la démonstration que l'Algérie tout entière obéissait aux ordres du FLN. A-t-on voulu le montrer aux Européens ? A l'armée ?

Depuis décembre dernier, ce n'est plus utile. Ne veut-on pas plutôt montrer au FLN lui-même qu'il pourrait se constituer en grande formation politique, se livrer à des combats non violents ? N'a-t-on pas voulu faire la preuve que les militants n'avaient plus besoin du terrorisme pour défendre leur point de vue ? Je sais bien que cette conclusion s'accommode mal du manichéisme parisien, prompt à réduire les complexités historiques aux schématismes de la politique intérieure, mais c'est un fait néanmoins.

Des moyens catastrophiques

La grève du 5 juillet observée à cent pour cent sur tout le territoire algérien, selon les commentateurs les plus officiels, démontre à la fois la puissance du FLN et la reconnaissance de cette puissance par la France. Ce qu'on pourrait dire, évidemment, c'est que plus cette puissance s'étale, moins on comprend le FLN de ne pas accepter ce qu'on lui offre et d'être maître chez lui. Mais, tandis qu'on laisse l'Algérie se révéler à elle-même, c'est-à-dire affirmer son appartenance exclusive au FLN, le singulier reste qu'on feint, à Genève, de prendre le GPRA pour une « tendance » quelconque. Comment ce dernier ne serait-il pas méfiant ?

La vérité est que de Gaulle cherche à *contraindre* le FLN à une association, non à l'en persuader. Il utilise toutes les méthodes de pression et aucune de négociation. C'est terrible, précisément parce que sa politique algérienne est, théoriquement, juste, que l'association est éminemment nécessaire et souhaitable. Mais les moyens sont catastrophiques, et incohérents.

Sur le Sahara, on croit avoir gagné à l'Élysée, parce que le FLN s'est résigné à faire ce qu'il avait refusé de faire jusqu'à maintenant : négocier avec les Tunisiens et les Marocains. Mais lorsque la Tunisie et le Maroc auront donné un mandat de représentation saharienne au FLN, en quoi la position française sera-t-elle plus forte ?

En ce qui concerne la menace du partage, la tactique constitue une erreur plus nette encore. Toutes les divisions provisoires suscitées par l'affaire saharienne se sont aussitôt évanouies devant ce que l'on a cru être un projet d'israélisation de l'Algérie.

Un excellent prétexte

Rarement projet a suscité une hostilité aussi grande à l'intérieur de la France, comme dans le monde entier. D'autant que personne ne croit vraiment à la possibilité matérielle de la partition. Jusqu'à présent, tous les exemples de partition dans l'histoire n'ont été que le fruit d'un accord ou le résultat d'une internationalisation. En Allemagne, en Israël, en Corée, aux anciennes Indes, il était inconcevable que la division du territoire puisse s'accomplir par le simple fait de la décision de l'une des deux parties seulement. D'ailleurs, les partisans français ou algériens d'origine française de la partition ont toujours pensé à la nécessité de garanties internationales et donc à une intervention de l'ONU par exemple.

Il y avait, il y a encore, une philosophie de la partition, qui peut se fonder sur certaines données : le droit de la communauté européenne d'Algérie à disposer d'elle-même, le droit de cette communauté à une patrie et à un territoire. Mais cette philosophie ne peut se traduire politiquement que par une décision internationale d'organiser la vie en commun de deux peuples dont la fusion se révèle impossible. La France, étant partie dans cette affaire, ne peut d'elle-même arriver à ce résultat.

Si bien qu'en définitive la menace du partage ne peut pas obtenir de caution internationale, se trouve privée de sa vertu d'intimidation et donne un prétexte excellent au FLN pour rétablir spectaculairement une position de force : les riverains du Sahara étant bien persuadés qu'aucun règlement ne pourra se faire pendant le regroupement.

En réalité, le FLN n'a pas encore été éprouvé. On lui a proposé l'association sans le traiter en éventuel associé, et chacun sait que c'est surtout cela qui incite la délégation algérienne à toutes les méfiances. On ne voit pas comment espérer des concessions de la part d'hommes qui peuvent craindre d'être dénoncés par les surenchères d'autres « tendances » ultérieurement consultées. C'est là surtout qu'on se rend compte que de Gaulle *ne sait pas* négocier, qu'il ne sait pas servir sa propre cause dès que son personnage historique n'est pas reconnu. En tout cas, si tel est l'état d'esprit qui doit présider aux prochaines négociations, alors on peut déjà prévoir les bouleversements qui suivront soit la tentative de regroupement, soit un nouveau « coup » de ceux qui voudront empêcher ce regroupement.

(L'Express)

20 juillet 1961

Bourguiba explose

Mardi matin, vers midi trente, le président Bourguiba, après avoir pris connaissance d'une note de trois pages dactylographiées, a ôté ses lunettes et, se tournant vers moi, a déclaré avec calme : « Eh bien, c'est l'épreuve de force ! »

Notre profession n'offre pas souvent des occasions aussi privilégiées. C'est, en effet, tandis qu'il me recevait que le chef de l'État était informé de la réponse du gouvernement français à sa lettre adressée le 6 juillet dernier au général de Gaulle. Cette lettre réclamait l'ouverture de négociations pour fixer les modalités et le calendrier de l'évacuation complète de la base de Bizerte par les troupes françaises ainsi que la rectification de la frontière sud-saharienne sur une longueur de 45 kilomètres. La réponse, après s'être fait bien trop attendre aux yeux des Tunisiens, n'est parvenue que sous la forme de ce qu'on appelle une « note verbale » qui n'a pas la valeur ou la signification d'un message, le général de Gaulle n'acceptant de répondre qu'à la condition que cessent les manifestations et les menaces.

Qu'est-ce qui a mis le feu aux poudres ? C'est l'allusion du président Bourguiba, lundi matin dans son discours devant l'Assemblée nationale tunisienne, à une reprise de la bataille de Sakiet en 1958, c'est-à-dire à un blocus de la base aéronavale de Bizerte. C'est aussi l'intention exprimée de faire parvenir une patrouille dans le périmètre saharien revendiqué. Sur ces deux points, le gouvernement français est formel. Il y aura engagement militaire et la responsabilité en incombera aux Tunisiens.

Mais je laisse la parole à M. Bourguiba. C'est certainement l'un des hommes politiques que j'ai interviewés le plus souvent et je croyais bien posséder mon homme. Or, malgré un vent de sable qui souffle en ce moment à Tunis et qui met les nerfs de chacun à rude épreuve, j'ai vu un Bourguiba serein, pondéré, conscient de toutes ses limites et de toutes ses possibilités. Ce qu'il va dire ici précède immédiatement la note française. Visiblement, il ne s'y attend pas.

Cette histoire de mur

« Je ne sais pas encore si le général de Gaulle va finir par comprendre le sérieux des revendications tunisiennes et leur importance non pas seulement pour le peuple tunisien et pour moi, mais pour la France et toute l'Afrique du Nord. A Rambouillet, il paraissait l'avoir compris, c'est certain. Or, il ne s'engageait pas, vous savez comme il est, vous savez aussi comme je suis. J'ai beaucoup parlé, je parlais tout le temps, lui m'écoutait avec beaucoup d'attention et, de temps à autre, il prononçait une phrase toujours vague et souvent obscure.

« Mais je voyais bien qu'il comprenait parfaitement. Je ne peux pas dire, évidemment, que des engagements ont été trahis puisque le général de Gaulle n'en a pris aucun, mais je peux dire que l'état d'esprit qu'impliquait l'invitation qui m'a été adressée de me rendre à Rambouillet a été, lui, trahi. Voulez-vous un exemple ? Nous étions convenus de procéder dans les délais les plus rapides à un échange d'ambassadeurs. On avait envisagé la désignation de M. Masmoudi à Paris et de M. du Chayla à Tunis. Il y avait un obstacle, en vérité dérisoire, à surmonter. C'est cette histoire du mur de l'ambassade de France à La Marsa qu'une municipalité ne trouvait pas conforme à ses plans d'urbanisme.

« Devant l'importance de nos préoccupations communes, j'ai offert que cette lamentable histoire soit considérée comme un malentendu, qu'une indemnisation soit versée par le gouvernement tunisien, que les travaux de réfection soient entrepris par nous. J'étais même gêné d'avoir à parler de tout cela. Mais enfin, nous nous étions mis d'accord et nous avions cru l'affaire réglée.

« Mais non. On nous a demandé de reconnaître par écrit que

nous avions porté atteinte au principe de l'inviolabilité des bâtiments consulaires. Nous avons très courtoisement refusé en faisant remarquer qu'il ne fallait pas trop nous demander, qu'on ne pouvait pas exiger de nous que nous fassions par écrit notre propre procès. Cela a duré des semaines et des semaines... pendant lesquelles des problèmes beaucoup plus graves et autrement sérieux pour la France et la Tunisie se posaient.

Une explication suffisante

« Un jour, j'en ai eu assez et j'ai demandé à l'un de nos fonctionnaires des Affaires étrangères de trouver l'une de ces formules de compromis dont les diplomates ont le secret et qui ménagent la susceptibilité de chacun. Mais enfin, c'est moi qui ai pris l'initiative de m'élever au-dessus de ces mesquineries parce que je prévoyais que des crises s'annonçaient pour lesquelles des ambassadeurs seraient loin d'être inutiles.

« Et puis à quoi cela correspondait-il que les négociations franco-algériennes s'ouvrent, alors que nous, qui avions combattu pour ces négociations et pour le rapprochement des deux parties, ne serions même pas représentés à Paris par un ambassadeur ? C'est là ce que je n'arrive pas à comprendre dans l'attitude du général de Gaulle. Il parle tout le temps de décolonisation, et Dieu sait combien j'en suis heureux, mais il doit avoir l'impression que ses paroles sont des actes et que, lorsqu'il dit qu'il va décoloniser, la décolonisation a lieu en même temps. Non, je ne comprends pas cet homme.

« Remarquez, depuis dimanche il y a un petit progrès. D'après le chargé d'affaires, M. Raoul Duval, la France n'exige plus la cessation des manifestations tunisiennes. C'était trop drôle ! Avec les Algériens, on commence par exiger qu'ils déposent le couteau au vestiaire et puis on négocie en plein terrorisme. Nous, ce n'est pas le couteau que l'on voudrait que nous déposions au vestiaire, c'est la voix. On aurait eu la prétention d'empêcher les Tunisiens de manifester dans leur pays même, chez eux, et pour réclamer quoi ? Que l'indépendance qui leur a été reconnue il y a cinq ans soit enfin complète.

« M. Raoul Duval a reconnu que ces manifestations étaient disciplinées et dignes et que, jusqu'à maintenant, elles n'avaient mis en péril de manière directe ou indirecte ni la sécurité des personnes ni celle des biens des Français. C'est bien bon de la part de la France.

« Tout cela, voyez-vous, tout cela montre que l'on n'a jamais pris au sérieux nos revendications sur Bizerte, et la preuve c'est que, lorsque nous revendiquons, alors on va chercher toutes les explications possibles. Bourguiba est isolé, Bourguiba est attaqué dans la presse égyptienne, il a des difficultés avec les Marocains, les Algériens ou je ne sais qui. Nous reviendrons là-dessus. Et si Bourguiba était tout simplement attaché à la réalisation de l'indépendance de son pays ? S'il en avait assez de voir une portion du territoire de sa patrie occupée militairement par l'ancien oppresseur ? Si, vis-à-vis de son peuple, vis-à-vis de lui-même, pour sa propre conscience d'homme politique et de chef d'État, il trouvait humiliant de voir les Français évacuer le Maroc et le Mali et procéder à Bizerte à des aménagements qui révèlent une intention de rester ? Est-ce que cela n'est pas suffisant comme explication ? Est-ce que cela ne peut pas être compris ? En tout cas, on va comprendre, cette fois-ci, que nos revendications sont sérieuses. Nous irons jusqu'au bout. D'ailleurs, il n'est plus possible de faire autrement.

Le mauvais exemple

« On est venu me dire : " Attention, vous donnez le mauvais exemple en pleine négociation de la France avec les Algériens. Si vous forcez de Gaulle à évacuer Bizerte, les Algériens ne voudront pas céder sur Mers el-Kébir ", etc. Ces raisonnements m'exaspèrent davantage que tous les autres parce que alors je comprends que la négociation sur l'Algérie ne pourra jamais réussir. Si l'on croit encore que, quoi que je fasse, les Algériens accepteraient de céder une portion de leur territoire, si l'on croit encore que je pourrais donner un bon exemple en compromettant la souveraineté de ma patrie, alors c'est qu'on n'a rien compris et qu'on n'est même pas près de comprendre quoi que ce soit. Et puis, dites-moi, si je pensais aussi un peu aux Tunisiens et à la Tunisie ?

« J'ai ajourné les revendications après le 13 mai 1958, après le 24 janvier 1960 et les barricades, après le putsch d'avril, je ne suis pas la béquille du général de Gaulle. C'est très simple, chaque fois que je choisis un moment, on dit qu'il est mal choisi. Pardi ! il sera toujours mal choisi parce que de Gaulle ne paraît pas vouloir évacuer Bizerte.

Dans le calme

« Ah ! il m'en a pourtant dit de belles phrases sur l'impossibilité pour un État de voir un autre État contrôler une portion même infime de son territoire, et même si cet État est le plus amical qui soit. Mais, si je comprends bien, il veut négocier dans le calme. Dans le calme, c'est un fait, rien n'est arrivé pour la Tunisie. Si vous trouvez que je choisis mal mes moments, vous n'avez qu'à les choisir vous-mêmes. Mais non, on se dit : Bourguiba fait de l'agitation et la preuve, c'est que le peuple qui était calme la veille devient agité le lendemain. Vous devriez plutôt vous féliciter de ce que mon peuple me suive et m'écoute.

« Et puis, ces derniers jours, nous avons eu l'occasion de vérifier un fait précis. Nous avons envoyé à Bizerte des jeunes gens qui n'y avaient jamais mis les pieds et qui vivaient dans leur pays indépendant avec l'illusion que certains spectacles étaient devenus inconcevables depuis cinq ans. Lorsqu'ils ont vu le drapeau français sur des installations militaires, les travaux d'aménagement des pistes des aérodromes, les allées et venues des soldats, marins et aviateurs en uniforme, etc., alors, ils ont eu le sentiment qu'on leur avait en somme caché quelque chose et leur indignation a dépassé de beaucoup mes discours.

« Parce que ce peuple est discipliné, on croit qu'il est passif. Parce qu'il est pacifique et qu'il n'est pas rancunier, on croit qu'on peut lui faire tout accepter, c'est le même raisonnement que sous le protectorat. Moi-même, je ne peux demander à mon peuple que ce qui correspond à ses aspirations profondes et parfois secrètes dont il n'a peut-être pas toujours conscience et que je devine parce que je suis fait pour ça, que c'est mon métier.

« Où est le problème ? Nous disons que sur Bizerte nous accepterons une coopération technique extrêmement étendue avec la France et que le calendrier de l'évacuation doit être immédiatement fixé parce que la situation intérieure et internationale de la Tunisie exige une réalisation urgente et complète de l'indépendance. Nous ne pourrons jamais servir d'exemple aux pays encore colonisés si nous ne sommes pas intransigeants sur ce point. Après la France, le général de Gaulle sait bien qu'il n'y aura pas les Russes à Bizerte, ni les Russes ni d'autres. Alors ? Si la guerre d'Algérie était terminée, notre attitude ne serait pas différente. Nous voulons être souverains chez nous, un point c'est tout.

La bande d'Edjelé

« Pour le Sahara, c'est vrai que nous avons eu certaines difficultés de méthode avec les Algériens. Il ne s'agit que des méthodes, bien entendu, car ce ne sont pas les 45 kilomètres que nous réclamons qui posent des problèmes au GPRA. D'autres revendications — concevables — seront plus difficiles à satisfaire. Mais autant nous sommes d'accord pour discuter de la rectification de la frontière tuniso-algérienne avec le futur gouvernement de l'Algérie indépendante, autant, pour le périmètre en question qui constitue un litige particulier entre la France et nous, la Tunisie en réclame la restitution immédiate par les Français. Ce litige fait partie du contentieux franco-tunisien. Il est l'un des objectifs anciens de toutes nos batailles pour notre indépendance. Je suis persuadé que les Algériens finiront par le comprendre et qu'ils le comprennent d'ailleurs déjà.

« Reste la France. Voudra-t-elle s'appuyer sur son interprétation des positions du FLN pour s'opposer à notre revendication ? Ce serait plutôt énorme. Parce qu'il ne s'agit pas, encore une fois, d'un problème saharien entre le GPRA et nous, pour le moment. La bande de territoire saharien comprenant Edjelé et que la Tunisie revendique comme son espace saharien sera l'objet de négociations futures avec le seul gouvernement de l'Algérie indépendante. Il s'agit de la défense d'intérêts purement tunisiens et que seule la France a lésés. En voulant tour à tour s'appuyer sur l'Algérie contre la Tunisie ou sur la Tunisie contre l'Algérie, la France perdra à tous les coups. »

Des craintes précises

Le président Bourguiba s'enfonce dans son fauteuil. Il parle maintenant des négociations qui s'ouvrent, à nouveau, avec le FLN. Il a des craintes précises. Il a peur aussi que la guerre, en persistant, n'arrive à congoliser l'Algérie. Il reparle de Bizerte en rêvant tout haut à ce que pourrait être la partie à jouer si l'épreuve de force était décidée. Bourguiba est un patriote joueur mais un leader prudent. Toute sa vie, il s'est engagé dans des paris minutieusement préparés. Aujourd'hui il estime être sûr, une fois encore, de gagner son pari, mais cela paraît l'exciter beaucoup moins qu'avant.

« Ce serait une épreuve inutile », dit-il. Puis on lui apporte la note française et c'est alors qu'il commente : « C'est donc l'épreuve de force ! » Tandis que l'on me reconduit, j'entends dans le couloir une voix : « S'il y a épreuve de force, ce ne sera pas seulement la fin de la coopération, ce sera la fin de toute présence française ici. »

(L'Express)

24 août 1961

Une erreur

Le 12 juillet 1961, le président Bourguiba exige que la France évacue la base navale de Bizerte et reconnaisse la frontière entre le Sahara et le Sud tunisien. Faute de réponse, les Tunisiens attaquent la base. La riposte française est foudroyante. La bataille fait rage du 17 au 22 juillet. 675 morts et 1 200 blessés du côté tunisien ; 32 morts du côté français. Jean Daniel, qui se trouvait à Bizerte, est grièvement blessé le 20 juillet.

Parce que j'ai reçu, moi, journaliste français, et de la part d'une patrouille française, une rafale de pistolet-mitrailleur destinée à des civils tunisiens, je ne me crois ni mieux ni moins bien placé qu'avant pour juger de quoi que ce soit. J'entends d'ailleurs rapidement passer sur cette blessure en disant qu'elle poursuit son cours, lequel est bien long : s'attarder davantage, après tout ce que nous avons vu à Bizerte et ailleurs, serait tomber dans l'indécence.

Sans doute, en revanche, aurait-il été décent de raconter comment j'ai été soigné — admirablement — par des chirurgiens tunisiens, élèves des professeurs français qui me suivent aujourd'hui à Paris ; comment d'autres Tunisiens m'ont sauvé la vie (il est vrai qu'il s'agissait de véritables amis, c'est-à-dire sans nationalité) ; comment des officiers tunisiens, à peine sortis de Saint-Cyr, m'ont parlé à l'hôpital de leur séjour en France ; comment enfin j'ai participé aux souffrances d'un peuple dont je n'avais connu jusque-là que les plaisirs et la douceur. Mais, tout cela, je me promets de le faire une autre fois et sur un autre ton.

De ce que le destin ait détourné sur moi les balles destinées à des Tunisiens, certains ont conclu au symbole. D'autres m'ont fait comprendre, avec d'ailleurs beaucoup d'amitié, que « je l'avais bien cherché » et qu'il était plus ou moins normal que les paras aient fait par hasard à Tunis ce qu'ils auraient voulu faire intentionnellement à Alger.

En fait, je ne veux y voir qu'une histoire absurde. Une histoire qui m'a rappelé mon baptême du feu en Normandie, lors du débarquement, alors que j'étais dans la division Leclerc et que l'unité blindée dont ma compagnie faisait partie avait été bombardée par une escadrille américaine. C'était une erreur. Mais c'est ainsi que nous avons vu comme premiers morts de cette guerre les cadavres calcinés de nos amis qui avaient essayé en vain de sortir par les tourelles de leurs chars. Une erreur[1]...

Il y a cinq semaines que tout cela s'est passé et, aujourd'hui que j'émerge enfin de cet océan de brumes formées par les anesthésies, les antibiotiques et les tranquillisants, voici qu'on parle encore, ou à nouveau, de Bizerte et que les affaires franco-tunisiennes tiennent la vedette en pleine crise de Berlin. Ne s'est-il donc rien passé pendant ces cinq semaines ?

Un problème personnel

Je retrouve exactement la même atmosphère : dans l'opinion savamment créée par les grands quotidiens, la radio et la télévision, il apparaît que Bourguiba est un fou dangereux qui ne sait pas quoi faire pour s'en sortir ; que le coq gaulois ne doit pas se soucier de la dignité des peuples ou du jugement de ses amis. Il apparaît surtout qu'aucun Français n'a envie de sortir des vacances pour repenser, personnellement, les affaires politiques qui le concernent. Tout s'est passé comme si de Gaulle et Bourguiba avaient profité des torpeurs de l'été pour régler un problème personnel en prenant leurs humeurs pour l'honneur des nations qu'ils représentent. Et, aujourd'hui, il semble que décidément rien n'ait changé. On en est encore là.

1. Qu'on me passe ce rappel : mais j'ai eu pendant longtemps cette obsession de l'erreur, au point d'avoir fait il y a quelque dix ans, poussé par Camus, un petit récit intitulé *l'Erreur*.

Non, rien n'est changé : les débats actuels aux Nations unies ne régleront pas, tout le monde le sait, le problème qui intéresse la Tunisie et la France, ni le problème insolite, particulier, exaspérant des rapports personnels du général de Gaulle et du président Bourguiba.

A l'ONU, ce que cherchent, avec un acharnement bien révélateur, les délégués tunisiens, ce n'est pas encore la mise en procès de l'Occident, ni même l'éclatement de la Communauté ou la refonte de la solidarité arabe, maintenant que Bourguiba et Nasser sont réconciliés ; ce qu'ils cherchent, c'est l'isolement de la France à l'intérieur du camp occidental, c'est la mise à l'index de de Gaulle par les Anglo-Saxons et notamment par l'administration Kennedy.

Il s'agit de se venger du général de Gaulle, de sa morgue, de son mépris, du funeste machiavélisme dont il a fait preuve après Rambouillet, de sa « victoire » militaire sur le terrain, de son incroyable télégramme de félicitations à l'amiral Aman. Hélas ! pour tout cela, le président Bourguiba risque bien d'être l'interprète de son peuple unanime, quelle que soit la critique dont il a été lui-même l'objet pour les conditions dans lesquelles il a déclenché, le 19 juillet, son opération.

Du côté français, l'attitude a été exactement la même, c'était manifeste : à Bizerte, en effet, les Français n'avaient aucunement l'intention de punir (et de quoi ?) le peuple tunisien, d'infliger une défaite à ses troupes ou de manifester une présence coloniale. On n'a pas su, à l'époque, que non seulement les autorités civiles (plusieurs membres de l'ambassade me l'ont personnellement expliqué), non seulement l'amirauté mais encore le ministère des Armées lui-même et l'état-major général étaient hostiles à l'opération de répression.

Des années d'efforts

Ainsi le général de Gaulle, prisonnier d'aucun ultimatum, embarrassé par aucune exigence, n'ayant à donner des gages à personne et aucune concession à faire au chef de son armée, a-t-il, seul, et délibérément, choisi de « donner une leçon » au président Bourguiba. La leçon, ce fut, comme on sait, 675 morts du côté tunisien et 32 du côté français. Ce fut la rupture des relations diplomatiques, l'appel à Khrouchtchev, la réconciliation avec Nasser, l'écartèlement de la Communauté prise entre la solidarité africaine et les engagements envers la France, les expulsions des Français de Tunisie et tout un immense capital de prestige, d'intérêts et de culture mis en cause.

Il y avait une époque, celle du combat de David et de Goliath, des Horaces et des Curiaces, où les peuples s'en remettaient au combat singulier de leur représentant. Dans l'hôpital où j'étais et où les nuits retentissaient des cris des agonisants, on aurait très bien compris que ces questions d'honneur fussent réglées par le général de Gaulle et M. Bourguiba seuls, dans je ne sais quel étrange et singulier duel. Mais cette impression n'a prévalu que les deux premiers jours; ensuite il a bien fallu faire le bilan : 600 morts d'un côté, 30 de l'autre. Et bien voir que, de toute façon, il ne restait qu'une seule chose : c'était que les parachutistes occupaient une ville tunisienne, une ville d'un pays souverain et indépendant, et qu'alors, sur le fond, après une période d'hésitation, le nationalisme tunisien s'identifiait une fois encore aux capricieuses variations du bourguibisme.

Ce que j'ai retiré de mon expérience? C'est d'abord la conviction que les Tunisiens ne pourront pas accepter une négociation qui ne comprenne pas un calendrier d'évacuation et que Bourguiba, en ce sens, n'est plus au-delà de son peuple mais en deçà; c'est qu'il faudra des années et des années d'efforts, d'habileté et de bonne volonté patiente avant de retrouver cet exceptionnel climat d'accueil et de compréhension pour les choses françaises qui était celui de la Tunisie avant Bizerte; c'est qu'il appartient aux Tunisiens de décider ce qu'ils veulent et comment ils le veulent; mais que, pour nous, il est bien temps de faire comprendre quelle conception le peuple français se fait de son honneur, quand il estime que cet honneur est mis en cause, et comment il désire que réparation soit faite.

Parce qu'à Bizerte, il faut le dire, passées les premières minutes et les premières rafales — plus exactement, une fois pulvérisées les batteries d'artillerie tunisiennes —, il s'est agi de tout sauf de l'honneur : de la semonce, on est passé au massacre.

Le massacre pour venger l'irritation, même justifiée, d'un épiderme sensibilisé, c'est cela la politique française en l'été 1961 ?...

(L'Express)

15 février 1962

Fallait-il manifester ?

8 février 1962 : manifestation anti-OAS, de la Bastille à la République à Paris, à l'appel du PC, du PSU, de la CGT, de la CFTC, de la FEN et de l'UNEF. Des heurts violents se produisent entre les manifestants et les forces de l'ordre, qui s'acharnent : 8 morts au métro Charonne et 150 blessés.

13 février 1962 : les obsèques des victimes du 8 février sont suivies par des centaines de milliers de personnes.

Eh bien, oui, c'est vrai : le gouvernement français négocie. La paix, ou du moins l'accord sur un cessez-le-feu, est très proche, personne n'en doute. Il n'y a pas une fausse note : à Tunis, à Rabat, à Aulnoy, à Paris et en Suisse, pour la première fois depuis sept ans les informations recueillies ont la même orientation. Ainsi ce jour approche, que nous souhaitions à *l'Express* depuis tant d'années et pour lequel nous avons combattu. Ce sera un jour important.

Alors on nous téléphone, on vient nous voir : comment pouvez-vous choisir ce moment pour manifester contre le gouvernement ? Comment ne craignez-vous pas le risque, même infime, de reculer ce fameux jour ? Vous l'avez hurlé pendant des années : la guerre d'Algérie est la source de tous les maux ; si la paix approche, que devient le sens de votre action ?

Les partisans du gouvernement ne sont pas seuls à tenir ce langage. Il y a tous ceux que concerne directement et qu'obsède depuis le début le conflit algérien. Tous ceux qui ont décidé de donner envers et contre tout la primauté et la priorité au règlement de ce conflit. Pour eux, l'Algérie est au sommet de l'ordre des urgences ; quand bien même ce serait le diable qui, au pire moment, faciliterait la paix algérienne, il faudrait lui porter secours.

Son objectif

Je suis de ces derniers et je me suis posé les questions que j'ai citées plus haut au moment où des hommes mouraient en manifestant à la République la semaine dernière. Même, je crois bien que j'ai été plus loin. Après tout, cette OAS contre laquelle nous voulons nous unir, quel est son objectif ? L'Algérie. Son tremplin ? L'Algérie. Son bastion et sa force, sa raison d'être et sa substance ? L'Algérie, toujours l'Algérie. Alors ? Quelle est l'arme principale pour abattre l'OAS, sinon la négociation avec le FLN ? Quels sont les premiers combattants contre l'OAS, sinon, finalement, les négociateurs ?

La semaine dernière, je me disais que, si j'avais été valide, et non dans mon lit, j'aurais évidemment participé à toutes les manifestations, par discipline, par solidarité, par romantisme aussi peut-être, mais sans conviction et craignant, politiquement, le pire. J'aurais participé parce que j'en ai assez d'entendre des hommes de gauche parler de « la gauche » comme s'ils n'en étaient pas, avec distance et dérision, comme si nous n'étions pas tous également responsables des divisions et des impuissances de la gauche et parce que en ce moment le devoir consiste à se faire le plus humble, le plus discipliné et le plus ardent des militants.

D'autres raisons

Mais, depuis, j'ai trouvé bien d'autres raisons à une participation active et, en vérité, une justification totale aux manifestations. Je propose ces raisons à tous ceux qui se sont posé et se posent encore les mêmes questions que moi.

D'abord, tant que l'accord entre la France et le FLN n'aura pas été publié, nous n'avons aucune raison de faire confiance aux négociateurs. Ceux qui ont mis plus de quinze mois pour s'apercevoir que la souveraineté française sur le Sahara n'était pas indispensable, qu'on pouvait très bien trouver un moyen, *avant le cessez-le-feu,* de faire participer Ben Bella et ses compagnons aux négociations ; ceux qui auront mis quinze mois à comprendre la psychologie des leaders algériens, quinze mois pendant lesquels des hommes sont morts dans tous les camps, au cours desquels, précisément, l'OAS est née — ces hommes-là ne peuvent que susciter une irrépressible méfiance. Comment expliquer les concessions qu'ils font aujourd'hui ? Peut-être par la seule humeur du général de Gaulle ? Cette humeur-là ne nous a pas, en tout cas jusqu'à maintenant, protégés avec efficacité contre l'OAS.

Mais si l'accord était soudain publié ? Sans doute le coup porté à l'OAS serait-il alors très sérieux. Soit. Mais il n'aurait pas cependant la même mortelle efficacité qu'il y a quelques mois. On peut envisager bien des hypothèses. L'une d'entre elles pourrait bien consister dans le schéma suivant : dans les zones d'Alger et d'Oran, au moment où s'amorce l'installation de l'exécutif provisoire et où s'opère le retrait de certaines unités françaises, l'OAS décide de favoriser des heurts entre les communautés européenne et musulmane Cela lui est extrêmement facile.

Leur mépris

L'armée, à ce moment-là, est obligée d'intervenir ; elle demandera, et bientôt exigera, un arrêt des opérations d'évacuation des troupes. La tension avec Paris augmentera. Si le processus est habilement imposé, une partie de l'armée, même faible, peut, sans faire partie de l'OAS, réaliser les objectifs de l'OAS : une partition de fait, un regroupement de nécessité. Les unités loyales et le contingent pourront faire un sabotage efficace mais, de toute façon, une situation sera créée qui rendra certains territoires algériens indépendants du pouvoir central.

Dans cette hypothèse, pessimiste mais vraisemblable, les événements dépendront de l'idée que se font les insurgés de la résistance du peuple français. Il est maintenant établi que toutes les analyses faites par les colonels des différents putschs contenaient les appréciations les plus méprisantes sur l'éventuelle réaction populaire française. La journée du 13 février 1962, avec ses centaines de milliers de manifestants parisiens, peut inspirer bien des réflexions à ces colonels.

Ce même 13 février a une autre utilité. Il peut faire comprendre à une partie au moins des Français d'Algérie que leurs espérances deviennent des chimères et des chimères sanglantes. Il n'y a qu'une seule façon, hélas ! de guérir nos frères malades d'Algérie, c'est de leur retirer l'espoir. Ils avaient failli le perdre et devenir réalistes avant le putsch d'avril. Les quatre généraux, puis l'OAS, leur ont rendu et l'espérance et la déraison. Or on ne peut leur porter secours, c'est-à-dire préparer leur participation à l'Algérie algérienne ou leur réintégration dans la métropole tant qu'ils espèrent maintenir l'Algérie française. Lorsqu'ils voient la détermination massive du peuple de Paris, ils peuvent être enfin pris d'un doute salutaire.

Venons-en enfin à cette armée métropolitaine, suprême enjeu, objet des convoitises soudain compétitives du gouvernement et de l'OAS. Les 8 morts du 8 février auraient servi, assure-t-on, au gouvernement à démontrer à l'armée et à la droite conservatrice que le rempart contre le communisme était assez solidement maintenu par l'État et que la propagande anticommuniste de l'OAS était pure démagogie.

C'est un fait que la croisade anticommuniste est assez populaire aujourd'hui dans l'armée. Mais il semble que, pour des esprits lucides, il y a d'autres conclusions à tirer : certains chefs militaires qui croyaient entrer à Paris « comme dans du beurre » devront savoir que ce serait, au contraire, au prix d'une guerre civile. *Le Figaro* démontre tous les matins que l'OAS finira par susciter un front populaire. Il n'y a rien à reprendre à cette analyse.

Ses méthodes

Il y a, en définitive, tant d'avantages à ces manifestations qu'on se demande comment le gouvernement n'a pas eu l'idée de les favoriser et d'en prendre la tête. Mais non ! et lorsque le général de Gaulle aura conclu un accord avec le FLN, il se sera arrangé de telle sorte que le bénéfice lui en sera retiré et qu'il aura ainsi — à vrai dire inexplicablement — discrédité lui-même les aspects même les plus courageux de sa politique de décolonisation. Contre l'OAS toujours debout, il lui faudra alors des troupes et de l'enthousiasme dans le chaos algérien. Où les trouverait-il avec ses méthodes ?

Non, décidément, les premiers combattants contre l'OAS ne sont pas encore les négociateurs. Qui sont-ils alors ? Ce sont des hommes que l'on a trop tendance à oublier et qui sont sur place, comme des commandos en terrain ennemi, derrière les lignes, haïs, traqués, abattus à la première imprudence, complètement à la merci de la folie algéroise. On a compris qu'il s'agissait de tous ceux, fonctionnaires, militaires d'active et hommes du contingent, Européens libéraux contre vents et marée, qui acceptent et même qui choisissent de rester sur le terrain, de vivre dans la solitude intellectuelle et morale comme dans le risque permanent.

A leur côté

Ces hommes-là sont, eux, notre véritable avant-garde. D'autres croient mourir pour l'Algérie française ; eux meurent pour la France en Algérie. Ils sont en principe soutenus par le gouvernement. Le sont-ils vraiment ? N'en croyez rien. Il a fallu remuer ciel et terre pour qu'on célèbre une messe aux Invalides à la mémoire du colonel Rançon. C'est pourquoi ces hommes-là sont des nôtres. C'est aussi pourquoi des manifestations comme celles de ces jours derniers doivent leur faire sentir qu'ils ont à leur côté, vigilant et soudain réveillé, le peuple français tout entier.

(L'Express)

22 mars 1962

L'alliance franco-FLN

Oui, c'est évident : les accords d'Évian, comme n'importe quels accords, ne pourront se juger qu'au moment de leur application. Même alors, on pourra encore dire qu'il faut attendre et qu'ils ne révéleront leurs mérites ou leurs vices qu'à l'usage.

Soit. Mais il s'est tout de même passé, le 18 mars, un événement considérable. Les lenteurs épuisantes, les versatilités, voire les sanglants machiavélismes ne parviennent pas à diminuer pour moi la valeur de ce texte que j'ai sous les yeux et que je tourne et retourne dans tous les sens depuis qu'il a été publié.

C'est un texte qui dépasse de beaucoup ses signataires ; il crie à tous ceux qui refusaient de négocier : « Vous qui saviez depuis longtemps qu'on ne pouvait en arriver que là où vous êtes enfin arrivés, c'est-à-dire : là où les peuples français et algérien vous attendaient depuis si longtemps, pourquoi n'êtes-vous pas venus plus tôt ? »

La « vraie guerre »

L'histoire donnera sa réponse à une telle question, donnant, comme de coutume, à tous les hasards les aspects de la fatalité. Mais, pour le moment, qu'on y songe : qu'a-t-on signé à Évian ? La paix ? Non. Personne n'y croit. Si l'on écoute même les radios étrangères (ou, depuis quelques jours, certain commentateur de la télévision française), une « vraie » guerre va maintenant commencer. On avait pourtant l'impression que l'autre n'était pas si « fausse ». Mais, nous assure-t-on, l'OAS, ce n'est pas le FLN. Entendez qu'elle est bien plus redoutable, avec ses armes lourdes, sa tactique enveloppante, sa stratégie géniale, etc.

Mais alors, que valent les accords? Leur portée reste immense, et nous le sentons tous, parce que ce n'est pas seulement un cessez-le-feu qui vient d'être signé, mais une *alliance.* Oui, une véritable alliance entre deux peuples qui reconnaissent, comme malgré eux, que la situation, et peut-être même la nature, les rendent dépendants l'un de l'autre, pour les constructions futures comme pour la nouvelle guerre qui va maintenant s'engager, celle qu'on appelle « la vraie ».

Au lieu d'une paix de partage, d'un constat de rupture, ou d'une internationalisation, c'est soudain à un pacte d'assistance que l'on aboutit.

En effet, pendant les quelques mois de son mandat, la tâche principale de l'exécutif provisoire (douze hommes dont quatre Français) va être de triompher des assauts que le général Salan a décidé de lui livrer. C'est pourquoi il s'agit de la phase la plus délicate. C'est pourquoi l'essentiel est de voir comment les deux parties s'engagent dans cette réconfortante alliance.

Entre eux

Du côté français, les instructions élyséennes révèlent une tendance à laisser « les Algériens entre eux », c'est-à-dire, progressivement, le FLN et l'OAS face à face, l'armée française restant à l'écart. Cette tendance s'est vue cependant contrecarrée par l'impossibilité, pour la France, d'accepter l'intervention de l'ALN et, en particulier, le passage des frontières tunisienne et marocaine par les troupes algériennes qui stationnent dans les deux pays voisins.

Il n'est pas exclu que le FLN ait trouvé son compte dans l'attitude française. Elle lui assure en effet une position de repli au cas où l'exécutif provisoire échouerait dans sa tâche. Le GPRA n'est pas dissous, les troupes ne sont pas désarmées, des réserves sont toujours disponibles.

Les meilleures garanties

L'OAS va tout faire pour élargir cette brèche de l'alliance. D'abord, en tentant de précipiter l'armée, par l'intervention fréquente de faux soldats, par le noyautage de la force de police mise au service de l'exécutif provisoire, etc. On se retrouve, encore une fois, devant le problème constitué par l'armée française en Algérie. Aura-t-elle compris le sens de l'alliance ?

Je suis persuadé, en tout cas, que de très nombreux Français d'Algérie vont finir par comprendre que l'action de l'OAS ne peut que nuire à l'application d'accords qui contiennent les meilleures garanties qui pouvaient être obtenues à leur profit.

Les Algériens ont sans doute obtenu, et c'est considérable :

— la réduction d'une armée de 600 000 hommes à 80 000 hommes en un an ;

— l'évacuation totale en trois ans ;

— le transfert complet de toutes les compétences (y compris dans le domaine de la Défense nationale et des Affaires étrangères) dans six mois.

C'est-à-dire qu'il n'y a pratiquement pas de transition ; mais ils se sont engagés, jusque dans les moindres détails, à une *coopération* vivante, nourricière, solide. Comment cet engagement a-t-il été pris ?

Du fait de l'insistance ou de l'habileté des négociateurs français ? En échange de concessions militaires françaises ? Ou bien, ce qui serait évidemment plus rassurant, du fait de la coïncidence des exigences françaises avec les aspirations de la révolution algérienne ? C'est une question clef, on le devine. La voilà bien la « garantie des garanties ». Car si les Algériens ont fait quoi que ce soit la mort dans l'âme, à contrecœur, ou avec la « tristesse » que l'on a dite, alors il faut s'attendre que cette chose-là soit tôt ou tard remise en question.

Heureusement, à mon avis, la tristesse est venue de ce divorce qui sépare l'exaltant romantisme de la guerre des constructions ternes et précises de la paix pour tous les maquisards du monde. Il y a eu, il est vrai, les périodes d'outrance ; celles où l'on disait : « L'indépendance ne se négocie pas, elle s'arrache » ; les périodes d'irréalisme et d'exaspération où la violence était une valeur et la rupture une finalité. Mais aucun texte essentiel de la révolution algérienne, aucune base profonde n'a jamais refusé d'envisager avec ouverture et avec courage les problèmes de la coopération des deux communautés à l'intérieur et de la coopération de la France et de l'Algérie à l'extérieur. Souvent, au contraire, les leaders du FLN ont fait remarquer que « jamais colonisés n'avaient autant offert à leurs anciens colonisateurs ».

Une expérience cubaine

L'esprit révolutionnaire conduit sans doute finalement au parti unique (donc à la réduction de la démocratie), à la réforme agraire (donc à l'expropriation des colons français) et aux nationalisations (donc à une transformation des relations économiques et surtout financières). Il ne faut pas l'oublier et il faut relire, dans cette perspective, certaines clauses qui ne sauraient s'appliquer plus des trois ans convenus.

Mais l'esprit révolutionnaire implique aussi la disparition du sectarisme religieux et de l'orgueil racial. Le nationalisme se voit ainsi dépassé par une idéologie dont l'égalitarisme ne peut que profiter à ceux qui ne sont pas arabo-musulmans.

Après avoir triomphé de la guerre, l'alliance aura alors à se redéfinir et à triompher des immenses problèmes de la paix.

J'ai toujours pensé que le capitalisme s'accommodait fort bien de la décolonisation et qu'il était stupide de croire que seuls la chute de la Vᵉ République et l'avènement du socialisme pourraient faire la paix avec la révolution algérienne. Mais dès que les vrais problèmes de la construction de l'État socialiste algérien vont se poser, dès qu'il s'agira pour l'Occident de se demander si l'on peut tolérer une expérience cubaine en Méditerranée, alors je suis persuadé qu'il faudra au peuple français une force et une vigilance sans lesquelles la coopération sombrera dans le néo-colonialisme et enfantera à son tour de nouvelles et horribles convulsions.

Mais n'anticipons pas. Pour le moment, une alliance est née que nous appelions de nos vœux du fond du cœur et que nous saluons sans réticence.

(L'Express)

28 juin 1962

Après le divorce

Lorsque j'ai quitté Tunis, un responsable algérien qui venait de me remercier — je dis bien remercier — d'avoir écrit sur le GPRA un article de critiques qu'il estimait constructif, m'a fait ses adieux en ces termes : « Je souhaite te revoir dans les deux villes qui sont chères à nos cœurs : Alger et Paris. »

Je peux dire que la première réaction, celle qui consistait à se féliciter de critiques amicales mais néanmoins sévères, m'a réconforté et surpris : certains Français, toujours zélés, m'ayant fait craindre le pire. Cette réaction traduit un ressaisissement unitaire de ceux qui détiennent, provisoirement au moins, les destinées du peuple algérien. Je ne crois pas encore à l'idylle entre les leaders algériens ni à la durée de cette euphorie qu'ont engendrée dimanche dernier les séances d'autocritique ; mais je crois au sursaut et j'ai foi dans la force des événements intérieurs à l'Algérie.

Le nazisme

Cependant, la dernière réflexion de ce même responsable, celle qui l'a conduit à associer tout naturellement Alger et Paris, sans me surprendre m'a impressionné. Ce n'est certes pas une réflexion imprévisible : il fallait ne rien entendre aux choses algériennes pour s'imaginer qu'entre l'Algérie et la France on avait affaire à un divorce comme celui qui a séparé les Français des Allemands à l'époque du nazisme : qui donc, en 1945, chez les survivants des fours crématoires, aurait souhaité revoir des amis allemands à Berlin ?

En Algérie, la France n'a pas été le nazisme, un point c'est tout. Mais un moment donné, parce que la répression revêtait effectivement des aspects nazis, certains ont voulu accréditer l'idée que la France, l'Europe, l'Occident (et même Saint-Germain-des-Prés...) devaient se suicider par honte et par culpabilité. L'inspiration était noble, sans doute. Mais combien le moralisme en politique peut conduire à l'erreur ! La découverte de la notion de péché par des intellectuels athées aura été la marque de notre époque. Soyons justes cependant : c'est aussi par de telles erreurs que la France s'est éloignée du nazisme. Il se peut même que ces erreurs, ou cette surenchère, aient fait progresser la lutte anticolonialiste. Mais il est temps de se calmer comme en témoigne l'anecdote suivante.

Le 17 juin [1]

Il y a quelques jours, un officier de l'ALN montrait à l'un de mes amis un charnier de cadavres de musulmans dans le Constantinois. Ils étaient entre Arabes et pouvaient tout se confier. Toute ombre de propagande était absente de leurs propos. L'officier de l'ALN a déclaré à mon ami : « C'est terrible, mais n'en parlez pas, cela pourrait compromettre la coopération. » Cet officier algérien avait lui-même tué de nombreux Français et la découverte de ce charnier pouvait l'inciter à parcourir encore le mouvement perpétuel qui va du meurtre à la vengeance. Mais il a pris, *politiquement,* la décision d'y mettre un terme. Or, au même moment, des amis français de la révolution algérienne proposaient la traduction devant une sorte de nouveau tribunal de Nuremberg de la plupart des hommes avec lesquels traite aujourd'hui le FLN, y compris de Gaulle. Ici, la surenchère fait plus que nuire à la conception que les Algériens ont des intérêts de leur révolution : elle la sabote.

C'est que ce pays de France a décidément un destin colonial

1. 17 juin 1962 : trêve OAS-FLN (accords Susini-Mostefaï) et début de l'exode massif des pieds-noirs. *(N.d.É.)*

bien étrange. Il a tant donné de lui-même dans ce qu'il a fait en bien ou en mal, il a tant souffert des atrocités qu'il a commises ou laissé commettre, les événements se sont si vite retournés contre lui, il s'est imprégné si fort des civilisations qu'il a entendu dominer, que les colonisés lui font aujourd'hui un sort à part, voyant dans ce bourreau une victime en puissance, dans cet aliénateur un aliéné, dans cet ennemi un complice. Ainsi, dans les horreurs du viol, une étreinte cruelle et passionnée s'est nouée, une union s'est imposée, et ainsi le divorce est-il aujourd'hui si douloureusement ressenti par tous.

Telle est l'histoire de cette Algérie que les transitions les plus surprenantes ont été acceptées par les mystiques de la rupture comme pour retarder le moment des séparations : « Disputons-nous encore un peu, au moins nous serons ensemble. » Les rapprochements les plus stupéfiants ont eu lieu le 17 juin qui ont égaré les analystes les plus blasés. C'est que ce divorce est en effet terrible : il ne pouvait pas ne pas arriver, mais il reste terrible.

« La Cerisaie »

Il y aura en Algérie plus d'un esclave, comme celui de Tchekhov dans *la Cerisaie* qui, en proie au vertige, se demandera pourquoi on l'a affranchi. Il y aura plus d'un nostalgique et parmi les plus révolutionnaires. Personne à Tunis ni à Alger n'était indigné de ce que les footballeurs algériens qui organisèrent une fuite si spectaculaire, il y a deux ans, pour rejoindre le FLN, étalent publiquement leur « rêve » de réintégrer l'équipe de France. Personne ne s'indigne que tant d'étudiants soient impatients de rentrer dans les universités d'un pays contre lequel leur peuple a livré une guerre de sept ans qui se solde par un bon million de morts. On dira qu'ils sont vainqueurs et qu'ils peuvent maintenant choisir ce mariage qu'on prétendait leur imposer : c'est parfois vrai qu'ils paraissent n'avoir voulu détruire ces liens avec tant de rage que pour en nouer d'autres que leur conscience ne leur interdit plus.

Je sais bien que les souffrances des divorces n'atteignent pas ces centaines de milliers de très jeunes gens qui, eux, n'auront connu que la guerre, la ruine ou les crimes de l'OAS. Mais ces jeunes gens, en tout cas, n'ont pas connu la honte. Ils n'ont pas connu comme leurs aînés le pire des maux qu'infligent le racisme et l'exploitation coloniale, à savoir l'humiliation. Ils ont participé ou ils ont été les contemporains d'une révolution qui répondait au meurtre par le meurtre et à l'injure par la menace. Ils ne se sont jamais sentis seuls, même sous la torture. Ils ont été portés par l'espérance d'un peuple et le soutien des opinions populaires étrangères. Si bien que, contrairement à ce qu'on écrit souvent sur eux, j'estime qu'ils sont à la fois plus éprouvés et plus fiers. Aucun complexe ne les trouble.

Une histoire israélienne

Ils m'ont souvent rappelé cette histoire d'un instituteur israélien s'attachant vainement à émouvoir ses élèves en leur faisant le récit des persécutions antisémites. Les jeunes juifs d'Israël étaient froids, incompréhensifs. Ils disaient : « Mais pourquoi les juifs n'ont-ils pas rendu coup pour coup ? » Ils se montraient moins haineux à l'égard des antisémites que honteux pour leurs aînés. Non, je ne crains pas pour ma part la réaction des générations qui montent.

Il reste évidemment que ce divorce a lieu surtout pour les Français. Je viens de faire escale à Marseille. A l'aéroport de Marignane, c'est l'Algérie française qui vit, se débat, s'installe et s'étale. Sur le banc où je m'étais assis, il y avait une famille espagnole de Bab el-Oued, typique jusqu'à la caricature, c'est-à-dire, à mes yeux au moins, plus savoureuse que ne le seront jamais les héros des meilleurs films italiens. Ils étaient manifestement misérables, épuisés et désorientés.

Parents et orphelins

Le père et la mère échangeaient parfois des propos sur la Côte d'Azur. (« L'humidité d'ici n'est pas celle de chez nous, Alger c'est humide et en même temps c'est pas humide ! Tu comprends ? — Eh ! bien sûr que je comprends, répond le père. Alors, je peux pas comprendre, moi ? Ce que tu as dit, c'est qu'Alger c'est humide et pas humide, eh bien, je comprends ! »)

Et puis le fils est venu apporter *l'Aurore*. En première page, il y avait lundi matin un très gros titre : « Les derniers jours de l'Algérie française. » La mère a pris le journal, a pris les lunettes dans la poche de son mari et elle a commencé à dévorer l'article en pleurant sans faire attention à ses larmes. Les derniers jours de l'Algérie française, racontés par ceux qui ont tout fait pour que cette guerre soit la plus horrible des guerres coloniales, faisaient pleurer ces Espagnols. S'ils avaient su qui j'étais, ils m'auraient sans doute injurié. Mais j'étais là, près d'eux, avec une sympathie qu'ils ne pouvaient pas deviner : parce qu'ils souffraient de la grande souffrance des exilés (de la même souffrance que j'avais vue sur le visage des Algériens en Tunisie), parce qu'on les avait lamentablement trompés, et parce que après tout ils ne sont que la matière de l'histoire et non ses agents. J'aurais bien voulu savoir ce qu'ils pensaient de l'appel de Mostefaï qui, personnellement, m'a bouleversé. Mais cette femme lisait et pleurait, et le père et le fils, fascinés, la regardaient.

Ces hommes ont-ils été les seuls à être trompés, à se tromper et à persévérer tragiquement dans l'erreur ? On sait bien que non. Qu'il faille considérer l'affaire algérienne dans ses dimensions historiques et psychologiques, un ancien communiste algérien qui a passé un bon tiers de sa vie en prison vient d'achever de m'en convaincre en rappelant devant moi ses souvenirs.

« Les Français, tous les Français, se sont crus nos parents pendant le temps où nous, nous nous sentions orphelins. Voilà le drame. Allez donc convaincre un père aussi entêté ! Le cordon ombilical n'existait qu'aux yeux des Français. Évidemment, à force de le vouloir, ils ont convaincu certains d'entre nous de son existence. On ne soupçonnera jamais la force de l'attachement des Français pour l'Algérie ; voici un exemple plus édifiant que les autres :

« A l'époque où le Parti communiste d'Algérie, décidant enfin de mettre à son programme l'indépendance algérienne, sollicita la séparation des Partis communistes algérien et français, savez-vous comment réagit la fédération oranaise du Parti ? Elle a demandé son rattachement direct à la fédération de la Seine ! Il s'agissait pourtant de communistes ! C'est pourquoi je ne me suis jamais fait d'illusions. L'indépendance de l'Algérie devait passer par une longue nuit de cauchemars et de drames ou, sinon, par un effondrement de la France. »

L'équilibre méditerranéen

Il y a quelques années, des hommes comme Belkacem Krim ou Boussouf prévoyaient aussi, d'après leurs analyses de la société française et de l'intimité des structures franco-algériennes, un conflit d'une durée inhabituelle. Il est bien vrai que le jacobinisme français n'a jamais manifesté d'enthousiasme pour un nationalisme même révolutionnaire, et qui prétendait lui échapper. C'est vrai aussi, des historiens l'ont établi, que depuis 1830 la gauche en France est intégrationniste sans avoir jamais pu imposer l'intégration. C'est vrai enfin que, n'ayant pu l'imposer à la droite, elle ne s'est jamais vraiment résignée à ce que l'intégration fût dépassée. De Gaulle a souvent dit, paraît-il, qu'il lui faudrait surtout « violer » la clientèle de M. Guy Mollet au moment de l'indépendance de l'Algérie. Avant l'OAS, ce n'était pas si faux.

Donc, ce divorce va être l'un des plus grands déchirements qu'aura connus la France. Devant l'avenir qui s'annonce lourd de toutes les menaces, je souhaite pour ma part une politique bipartisane à propos de l'Algérie. C'est Alain Savary qui avait, je crois, un jour rappelé l'exemple des Anglais, lesquels, lorsqu'il s'agit des problèmes vitaux ou à dimension planétaire, s'entendent sur un programme commun malgré l'hostilité foncière des partis.

Comme Alain Savary, je pense que la coopération avec l'Afrique du Nord, et singulièrement avec l'Algérie, consiitue un de ces problèmes. L'équilibre méditerranéen n'est pas qu'une affaire de stratégie en chambre. Des hommes qui représentent ce régime gaulliste contre lequel nous luttons nous engagent cependant tous, que nous le souhaitions ou non, auprès du GPRA. Du succès de leur mission dépend pour une large part l'avenir intérieur français. C'est pourquoi, à la veille de ce 1er juillet qui va consacrer le divorce [1], c'est aux liens nouveaux qu'il faut réfléchir, et c'est à quoi je me permets, modestement, d'inviter tous les hommes de gauche.

(L'Express)

1. 1er juillet 1962, référendum sur l'indépendance : « Voulez-vous que l'Algérie devienne un État indépendant, coopérant avec la France dans les conditions définies par la déclaration du 19 mars 1962 ? » 99,72% de *oui* par rapport aux suffrages exprimés, 91,23% par rapport aux inscrits.
3 juillet 1962 : proclamation de l'indépendance de l'Algérie. *(N.d.É.)*

1er novembre 1962

Les raisons de l'espoir

Ce 1er novembre 1954, date du déclenchement de l'insurrection, les Algériens en célèbrent le huitième anniversaire pour la première fois dans l'indépendance. Oui, dit-on, mais dans quelle sorte d'indépendance ? Quel est le « niveau révolutionnaire » de cette jeune souveraineté ? A l'heure cubaine, l'Algérie prend-elle un bon départ ?

A vrai dire, j'aurais cru qu'il était bien trop tôt pour poser de telles questions ; et, dans cette nouvelle retraite où m'ont conduit une fois encore les suites d'une blessure, je me préoccupais plutôt, par exemple, du sort des Cubains.

Mais cet examen précipité nous est imposé par des experts plus ou moins amicaux, des amis plus ou moins experts et d'autres qui — je finis par le craindre — ne sont ni experts ni amicaux.

Cette précipitation peut sans doute s'expliquer : « Même morte, cette guerre d'Algérie nous colle à la peau », écrit l'un des collaborateurs du numéro spécial que la revue *Esprit* consacre à l'après-guerre. Nous avons tous, à des degrés divers, et quotidiennement pendant sept ans, vécu cette guerre ; c'est-à-dire que nous l'avons chargée de tous nos problèmes personnels, de tous nos débats intérieurs.

Ainsi exigeons-nous des événements et surtout des hommes qu'ils expliquent, confirment et même justifient les positions que nous avons prises. Un certain chaos algérien devient, à ce titre, un refuge confortable pour ceux qui ont marchandé leur engagement, ou un tremplin pour ceux qui n'ont pas cru à la paix. Dans tout cela, l'Algérie concrète est absente. C'est à elle seule, pourtant, qu'il faut revenir.

Ivresses et vertiges

Où en est-elle ? Avant de se le demander, rappelons d'abord qui elle est : un pays somptueux qui vient de servir de théâtre à l'une des tragédies les plus atroces depuis 1944. Vraie tragédie au sens antique, c'est-à-dire que tous les acteurs y paraissent maudits. Un peuple sous-développé à tous les sens de ce terme à la mode, et qui subit une effroyable saignée : aux environs d'un million de morts, c'est-à-dire le dixième de sa population. Ce peuple, dont les élites et les cadres ont été fauchés pendant la guerre, dépendait corps et âme de la France. Pour le mal, mais aussi, ce qui rend les choses plus complexes, pour le bien.

Pendant plus d'un siècle, les Algériens n'ont, en gros, appris qu'à imiter les Français ou à ramasser les miettes d'une prospérité — miettes infiniment précieuses pour leur misère, d'ailleurs. Ensuite, lorsqu'ils ont voulu se fabriquer un destin à eux, c'est-à-dire lorsqu'ils ont pris les armes, ils n'ont pu apprendre qu'à mourir ; non à vivre. Or il leur faut maintenant vivre seuls, dans les ivresses et les vertiges de la liberté. Dans les déséquilibres de l'incompétence aussi.

Si vous êtes d'accord avec cette description, et si l'on rappelle que six mois d'exploits de l'OAS ont complètement désorganisé la vie administrative et les liaisons indispensables du pays, peut-être trouverez-vous qu'il tient du miracle que l'anarchie n'y soit pas totale, que les villes soient nettoyées, le courrier distribué, que le téléphone fonctionne, que la sécurité soit pratiquement rétablie, que la rentrée des classes ait eu lieu de façon presque normale, que dans les hôpitaux on recommence à soigner à peu près non pas comme pendant la guerre où la situation était anormale, mais comme avant la guerre.

Une fois le miracle admis — mais il faut l'admettre —, les yeux peuvent s'ouvrir lucidement sur les gigantesques problèmes qui demeurent les mêmes, qui vont s'augmentant. L'indépendance algérienne n'est pas reconnue ni vécue, par exemple, par les Algériens, bien nombreux, qui aujourd'hui quittent leur pays à la recherche d'un travail. Soit. Le symbole est douloureux. Mais jugera-t-on le castrisme sur le fait qu'une minorité, non négligeable, tente de fuir Cuba ? Cela veut dire sans doute qu'on ne peut encore y vivre facilement. Pour l'Algérie, cela est mille fois vrai, bien sûr. Mais comment vivait-on il y a dix ans dans le bled algérien ? La prospérité européenne des villes n'était, on le sait, qu'une fausse vitrine. De plus, lorsque des hommes qui n'ont ni pain ni liberté obtiennent par le combat la liberté et non le pain, il s'ensuit toujours une crise de désarroi et un affaissement.

L'arabisme

Comment se comporte, pour l'ensemble, le peuple algérien dans l'impossible condition qui est la sienne ? J'ai eu depuis sept ans souvent l'occasion d'exalter la noblesse de la révolution algérienne, mais aussi, en même temps, de regretter l'inaptitude ou les divisions des cadres révolutionnaires. On propose à cela bien des explications. La poignée de héros du 1er novembre dont les noms viennent de remplacer, sur les frontons des rues, ceux des colonisateurs, ont-ils eu raison de se séparer des cadres politiques et de provoquer une guerre de cette nature et de cette durée ? Les historiens en décideront plus tard.

Un de mes amis estime, avec audace, que le 1er novembre 1954 (le choix de cette date et des conditions) est une erreur et que cette erreur explique ce douloureux été 1962 où presque tous les chefs ont été au-dessous de la mission que l'histoire leur avait assignée. Je ne puis en juger. Je constate que l'indépendance est un fait. Mais ce qui me déconcerte, et qui parfois m'indigne, c'est que les observateurs sensibles puissent passer à côté des exceptionnelles qualités du peuple lui-même.

Il y a chez les étudiants, les syndicalistes, les femmes, les comités politiques des campagnes, comme d'ailleurs aussi dans l'armée, un comportement populaire qui n'a jamais cessé de m'émerveiller. En vérité, je connais peu d'exemples d'hommes qui, coincés dans une pareille situation, réagissent avec autant de sagesse, de maîtrise et de ténacité.

Sa situation, c'est aussi d'être ou de se vouloir arabo-musulman. La fameuse apostrophe de M. Ben Bella : « Nous sommes des Arabes, nous sommes des Arabes, nous sommes des Arabes ! » est, en un sens, plutôt pathétique. Elle implique une contestation profonde. De même, en effet, que l'on reprochait l'expression *Algérie française* pour la raison que, si la chose était vraie, on n'aurait pas besoin de la préciser (parle-t-on de la Picardie française ?), de même pourrait-on dire : si l'Algérie est arabe, pourquoi l'affirmer avec cette véhémence ?

Mais c'est un sérieux problème et sur lequel aucune sensibilité ne peut remplacer l'information. C'est un fait que le levain révolutionnaire le plus puissant auquel les leaders ont pu faire appel pour déclencher l'insurrection a été l'arabo-islamisme. Un livre comme celui de M. Amar Ouzegane, l'actuel ministre de l'Agriculture, a le mérite de souligner quelles difficultés les responsables ont eues pour détourner les masses de la guerre sainte après avoir été obligés au départ d'en semer les mots d'ordre.

Un moteur

C'est que les Algériens ayant été des étrangers dans leur propre pays, la seule identité à laquelle ils se raccrochaient était l'arabisme et l'islamisme. Il n'est pas douteux non plus que le mouvement d'émancipation et de rénovation des peuples arabes ait eu dans le Maghreb de profondes répercussions, aussi les chefs les plus laïcs et les plus modernes — ceux qu'on accusait volontiers de « berbéro-matérialisme » — ont-ils toujours dû composer avec cette puissante ligne de force.

Avant donc de décréter que l'arabisme ou l'islamisme constituent des freins à tout modernisme, il aurait fallu découvrir qu'ils avaient été un moteur. Et davantage une mystique. On peut la canaliser, en dévier le cours : soit. Mais la supprimer, ce serait basculer dans le vide.

La réaction arabe à la francisation est d'ailleurs dans l'ordre des choses. Il faut que le pendule aille d'un extrême à l'autre avant de revenir à son point d'équilibre. Les Algériens découvriront tout seuls qu'ils sont seulement algériens. La lente gestation de la spécificité algérienne est d'ailleurs en train de se faire. Mais comme la découverte de l'algérianité ne pouvait pas se faire du seul fait de la greffe française, elle se fait parce que aujourd'hui l'arabisme se noie dans l'Afrique, la Méditerranée et surtout le tiers monde.

L'Algérie se cherche ; elle se trouvera à l'épreuve des faits et il est bien vrai que plus on l'aime, plus on a partagé ses épreuves, plus on voudrait lui voir emprunter un chemin qui soit réellement celui de la révolution. Mais je comprends mal que l'on puisse déjà lui tourner le dos, décider que son avenir est fermé et ne pas déceler les virtualités extraordinaires que contient au contraire ce pays.

La jeunesse

Il y a deux choses auxquelles il est difficile de se résigner *en même temps :* c'est, d'une part, le caractère inéluctable de la décolonisation et, d'autre part, son caractère provisoirement régressif, c'est-à-dire apparemment rétrograde. Ceux qui croient à l'un sont gênés par le second. C'est le drame de l'anticolonialisme sommaire ; les autres se servent du second pour refuser le premier. Comme la révolution d'un peuple colonisé consiste essentiellement en une conquête des masses par elles-mêmes, il est logique que plus cette révolution tarde, plus cette conquête soit à reprendre de très loin et implique un retour en arrière. Même s'il s'agit d'un peuple qu'on croyait et qui était, en fait, plus en avance que les autres. Il recule, mais, s'il sait s'y prendre, il dépasse ensuite chacun par son saut. Le peuple algérien saura-t-il s'y prendre ? Je l'espère.

Pourquoi ? Non pas évidemment parce qu'il saisit des journaux, qu'il récupère des mosquées ou débaptise des rues. Ce sont là des signes nationalistes, mais point encore révolutionnaires. Certains de ces signes font, au contraire, partie de la phase nécessaire de recul.

Mon parti pris d'espérance, je le puise surtout dans mes contacts avec une jeunesse que je connais bien, celle qui récite la partie dénonciatrice des doctrines de Fanon avec ferveur, celle dont je ne peux croire qu'elle s'affaissera.

(L'Express)

Annexe

13 avril 1963

Jean Amrouche, l'homme de la double vérité

D'Alger, où je me trouve aujourd'hui, je peux bien écrire que le rêve algérien de Jean Amrouche ne s'est pas réalisé. A qui en incombe la responsabilité ? Ce n'est pas mon propos d'en décider ici. Mais, un an après la mort de cet homme de la « double vérité », comme on l'a appelé, il faut bien admettre que l'une seulement des deux vérités a triomphé et qu'ainsi la vérité algérienne a été mutilée.

Le rêve d'Amrouche ? Nulle part ce Berbère chrétien, fasciné par la magie du verbe français, ne l'avait mieux exprimé que dans un article de *la Nef,* publié en janvier 1959. Je viens d'en faire lire quelques extraits à des intellectuels français et algériens et, avant de noter leur réaction, je voudrais qu'on relise ces lignes inspirées :

L'Algérie est algérienne. Mais les Algériens, qui se sentent, à bon droit, étrangers à la France, le sont moins qu'ils ne l'imaginent; les Français d'Algérie sont plus profondément algériens qu'ils ne sont français. Tous souffrent du même mal : la mystification coloniale...

Ils comprendront, quand le temps sera venu, que la nation algérienne sera riche de sa diversité et des tensions internes qui la maintiendront toute vive.

Ils se reconnaîtront frères sur la même terre qui aura bu leur sueur, les larmes et le sang des hommes sous le même ciel, dans une même tâche rédemptrice. Et ils porteront le même nom, celui d'une patrie non point aigre et repliée sur elle-même, mais ouverte à tous les courants, d'est en ouest, du nord au sud, traversée en tous sens par tous les souffles de l'esprit, et qui sera donnée en exemple au monde après la longue et tragique passion où elle est crucifiée. Le croissant et la croix y feront alliance, l'étoile de David y aura droit de cité aussi bien que l'homme sans Dieu, sous le patronage d'Abraham, père de la foi, et de Prométhée, père de la science et du progrès.

Ce rêve, partagé par de nombreuses élites algériennes, était-il conforme aux aspirations populaires ? Cette vérité morale traduisait-elle une réalité politique ? Sans l'OAS, l'Algérie aurait-elle pu intégrer les Européens, et ces derniers auraient-ils désiré une telle intégration ? Les hommes que je viens de rencontrer sont bien incapables de répondre avec netteté à ces questions. Mais, par une sorte de fidélité envers le message d'Amrouche, ils refusent d'accepter que l'actuel repliement de la société arabo-musulmane sur elle-même soit définitif. Eux aussi, comme nous-mêmes, subissent l'histoire.

Lorsque Amrouche pensait à la diversité algérienne et appelait de ses vœux cette « communauté ouverte, multiraciale et riche de tolérance », il ne pensait pas seulement à cette singularité difficile qui était la sienne, au fait qu'il était, comme Kabyle et chrétien, doublement minoritaire ; il pensait aussi à sa jeunesse et aux amitiés intenses et ensoleillées dont il avait eu le privilège. Avec moi, neuf fois sur dix, lorsqu'il parlait de l'avenir des Français d'Algérie, c'est à Albert Camus qu'il pensait. Amrouche ne s'est jamais consolé vraiment de ce que Camus eût rompu avec lui ; d'autant que cette rupture n'avait pas eu lieu pour des motifs idéologiques. Lorsque fut publiée *la Chute,* livre dans lequel Amrouche sut voir, avec sa sensibilité littéraire exceptionnelle, le plus important des ouvrages de Camus, Amrouche me déclara — lui, l'orgueilleux, le susceptible — qu'il lui était impossible d'en rester là et qu'il lui fallait renouer avec le plus grand des Algériens. De ce fait, il ne pouvait pas concevoir une République algérienne où un homme comme Camus ne se serait pas senti dans une complète aisance.

Cette difficulté d'être que connut Amrouche, s'il m'est facile de comprendre qu'elle compliquait les rapports avec ses amis, je suis stupéfait de voir à quel point elle a échappé aux esprits les plus nuancés. Je viens de me reporter à ce grand texte qu'Amrouche publia dans *le Monde* le 11 janvier 1958. Il était intitulé : « La France comme mythe et comme réalité. » Le sous-titre était : « De quelques vérités amères. » Les réactions à cet article, de la part de ceux qui avaient connu et aimé Amrouche, se révèlent, avec le recul, ahurissantes.

Les « vérités » d'Amrouche étaient amères, sans aucun doute, et grinçant parfois aussi le ton sur lequel elles étaient formulées. Mais quoi ? Certains passages étaient d'une évidence autobiographique parfaitement lumineuse. Qu'on en juge ! Parlant de l'indigène colonisé et cultivé, Amrouche écrivait :

En appeler à la France, à son esprit, à ses lois, contre l'inégalité, l'injustice, la misère et le mépris, c'est commettre un attentat sacrilège. Voyez-vous ces indigènes qui nous doivent tout, qui se mêlent de nous donner des leçons, de se croire plus français que nous ? Ce que le signataire de ces lignes fait ici précisément, en ayant conscience d'être impudent. Car il faut que l'indigène n'oublie jamais que par lui-même il n'est rien qu'un peu de boue pétrie d'un sang inférieur ; que le langage dans lequel il s'exprime est un langage d'emprunt, et que, quoi qu'il fasse, il ne franchira jamais la distance infinie qui sépare l'imitateur du créateur, le singe de l'homme.

Devant ce passage, qui explique entièrement et Amrouche et la recherche éperdue des élites du tiers monde, frustrées de leur identité, les maîtres les plus respectés du poète des *Chants berbères* ont crié à l'ingratitude.

La France est pourtant le pays où le traumatisme colonial a peut-être été isolé, cerné, étudié avec le plus de pénétration. Ethnologues, sociologues et psychanalystes ont produit sur ce point d'exemplaires travaux de psychologie. L'aliénation coloniale est devenue un phénomène assez familier de notre société intellectuelle pour avoir pénétré dans la littérature théâtrale et romanesque. C'est en français, au surplus, que se sont exprimés, et que s'expriment encore, la plupart des écrivains autochtones qui ont entrepris de décrire le malaise des déracinés.

Or c'est dans ce pays élu que les maîtres d'Amrouche (il s'agit d'éminents représentants de ladite société intellectuelle) ont eu le réflexe que voici : de quoi pouvait se plaindre en vérité ce privilégié, cet ingrat? Toutes les fées s'étaient penchées sur son berceau, même celles qui avaient fait de lui un Berbère et un chrétien, comme saint Augustin. Il n'avait eu que des amis et que des protecteurs. A peine avait-il fait montre de quelque talent littéraire, de quelque autorité intellectuelle, qu'aussitôt place lui avait été faite. A Tunis, il était le chef de file des artistes. A Alger, il vécut dans la société de Gide et dirigea une revue, *l'Arche;* ensuite ce furent les Éditions Charlot, les émissions radiophoniques retentissantes, les livres d'art la Société européenne de culture de Venise, et les amitiés de Claudel, de Mauriac, de Jouhandeau. Partout il était *admis,* sinon chez lui. Comment pouvait-il avoir le front de mettre en question les valeurs d'une civilisation dont il était un produit si triomphant ?

Cette idée qu'Amrouche pût avoir le besoin — et le droit — de se placer au cœur du mythe français le plus séduisant pour juger la réalité française ; le fait aussi que le privilège dont il avait bénéficié, parce qu'il était un privilège, lui fût insupportable ; enfin cette réalité que les « assimilés », à la condition qu'ils soient de bonne trempe, s'imposent à eux-mêmes une fidélité envers leurs frères bien plus grande que les autres — rien de tout cela n'était décelé, au contraire, par certains de ceux qui avaient le plus approché cet homme écartelé.

Amrouche était en vérité à ce point tourmenté par le problème de « ceux qui n'en sont pas » — comme dit Proust en parlant des snobs — qu'il avait un défaut sur lequel nous le plaisantions sans ménagement : il parlait toujours d'*ontologie ;* le malaise ontologique, les causes ontologiques du drame algérien, une douleur ontologique, etc. Car les Algériens lui paraissaient se résumer entièrement dans une recherche ou une nostalgie de l'être. Littéralement, pour lui, ils n'*étaient* pas. Je crois qu'il lui arrivait d'envier les insurgés qui avaient réussi à affirmer leur être les armes à la main.

Le gaullisme vint à point pour retenir Amrouche de basculer dans un reniement total de son appartenance à la France. Dès 1958, saluant les premiers propos algériens du Général, il écrivit : « Hier soir, un grand homme, au nom d'une grande nation, a lancé aux quatre vents le langage de la vérité, de l'audace, de la grandeur et de la noblesse. Mon cœur d'Algérien ne peut répondre que par un accueil généreux et reconnaissant. » En fait, c'était surtout son cœur de Français, d'artiste français irrésistiblement séduit par les magies d'une certaine langue qui répondait. Amrouche crut voir dans le gaullisme rien de moins que le salut. Il découvrit la véritable arche d'alliance entre l'Algérie et la France et pouvait ainsi reconquérir son harmonie intérieure puisque celui qui symbolisait cette arche était un Français. Il justifiait aux yeux des Algériens le choix de la France. Le mythe et la réalité française coïncidaient enfin et de nouveau pour rendre anachroniques les amères vérités. A partir de ce moment, Amrouche connut la certitude des croyants. Il devint le militant d'une foi dans laquelle il se sentait aussi équilibré qu'épanoui. Pendant quelques mois, on le connut plus serein qu'il ne l'avait jamais été.

Quelques mois seulement. Le problème devint, en effet, très vite pour lui plus dramatique qu'auparavant, à partir du moment où il détenait une certitude et où il désespérait de la voir s'incarner à temps dans les faits. La mystique gaullienne se dégradait à ses yeux dans la politique gaulliste. Cette dégradation aggravait, selon lui, le divorce entre ceux du FLN qu'il estimait nobles et les autres. Son rêve algérien, sa fidélité à une double vérité se révélaient de plus en plus compromis. La certitude demeurait inébranlable d'une alliance prédestinée entre de Gaulle et l'Algérie, mais cette alliance pouvait bien ne finir que dans une simple solution politique — non dans un dépassement mystique. La difficulté d'être atteignit alors au paroxysme : il n'en fut délivré que par la mort.

Sans doute peut-on dire qu'il y a dans ce drame, surtout, une question de degrés ; qu'après tout chaque homme souffre plus ou moins d'un manque d'intégration dans le milieu de son vœu ; pour un psychanalyste, la mystique a nom névrose et l'on pourrait trouver dans le cas d'Amrouche bien des dispositions individuelles, à commencer par le fait qu'il a vécu son expérience algérienne en artiste frustré de l'œuvre qu'il projetait d'écrire. Amrouche, inhibé par l'aliénation coloniale, paralysé par l'impossibilité de s'adresser en même temps à deux opinions publiques, s'est condamné au silence sur le plan qui était le sien : l'œuvre d'art.

Tout cela, qui est vrai, ne rend compte cependant de rien d'essentiel. Car la vie et le témoignage d'Amrouche constituent une page de l'histoire franco-algérienne. C'est un signe que le premier anniversaire de sa mort coïncide avec le départ d'Algérie des seuls Français « pieds-noirs » qui y restaient encore. Mais c'est aussi un signe que d'autres Français, jeunes techniciens, et idéalistes fervents, reviennent sur cette terre pour prendre le relais et perpétuer l'alliance. Camus ne se sentirait pas à l'aise, ici, aujourd'hui. C'est l'heure du professeur Mandouze. Il est ici, lui, chez lui. Ce n'est qu'une partie du rêve d'Amrouche.

(Le Figaro littéraire)

Repères chronologiques

1954	1er novembre	Début de l'insurrection. Naissance du FLN.
		Pierre Mendès France est président du Conseil.
		Roger Léonard est gouverneur général de l'Algérie.
	5 novembre	Dissolution du MTLD (Mouvement pour le triomphe des libertés démocratiques).
1955	1er février	Jacques Soustelle remplace Roger Léonard.
	6 février	Chute du gouvernement Mendès France.
	23 février	Edgar Faure, président du Conseil.
	31 mars	L'Assemblée nationale vote une loi instituant l'état d'urgence en Algérie.
	18-24 avril	Le FLN participe à la conférence du tiers monde à Bandoeng.
	20 août	Insurrection dans le Nord-Constantinois. Répression.
	12 septembre	Interdiction du PCA.
	30 septembre	La question algérienne est discutée à l'ONU.
	2 décembre	Dissolution de l'Assemblée nationale.
1956	31 janvier	Formation du gouvernement Guy Mollet.
		Catroux nommé résident en Algérie.
	6 février	Manifestation à Alger contre Guy Mollet.
		Démission de Catroux.
	9 février	Robert Lacoste, ministre résidant en Algérie.
	12 mars	L'Assemblée nationale vote les pouvoirs spéciaux.
	11 avril	Dissolution de l'Assemblée algérienne.
	22 avril	Ferhat Abbas rallie Le Caire.

	20 août	Congrès de la Soummam. Création du Conseil national de la révolution algérienne (CNRA) et du Comité de coordination et d'exécution (CCE).
	22 octobre	Arraisonnement en vol de l'avion transportant Ben Bella et trois autres chefs historiques du FLN.
	1er novembre	Début de l'expédition de Suez.
	15 novembre	Salan est nommé commandant en chef en Algérie.
1957	7 janvier	Le général Massu reçoit la plénitude des pouvoirs de police à Alger.
	16 janvier	Attentat au bazooka contre le général Salan.
	21 mai	Chute du gouvernement Mollet.
	28 mai	Massacre de Melouza.
	17 juin	Bourgès-Maunoury, président du Conseil.
	30 septembre	Chute du gouvernement Bourgès-Maunourv à propos de la loi-cadre.
	6 novembre	Félix Gaillard, président du Conseil.
	29 novembre	Vote de la loi-cadre.
1958	8 février	Bombardement de Sakiet-Sidi-Youssef.
	15 avril	Chute du gouvernement Gaillard.
	13 mai	Création à Alger d'un Comité de salut public présidé par le général Massu.
	14 mai	Pierre Pflimlin est investi.
		Massu lance un appel à de Gaulle.
	28 mai	Démission de Pflimlin.
	1er juin	Le général de Gaulle reçoit l'investiture de l'Assemblée nationale.
	4 juin	De Gaulle à Alger : « Je vous ai compris. »
	19 septembre	Formation du gouvernement provisoire de la République algérienne (GPRA).
	28 septembre	Référendum constitutionnel. La Constitution de la Ve République est approuvée par 79 % des suffrages exprimés.
	3 octobre	Discours de Constantine.
	23 octobre	De Gaulle offre la « paix des braves ».
	19 décembre	Arrivée de Challe et Delouvrier à Alger.
1959	8 janvier	Michel Debré nommé Premier ministre.
	7 mars	Ben Bella est transféré à l'île d'Aix.
	16 septembre	Discours sur l'autodétermination.
	16 décembre	Réunion du CNRA à Tripoli.

1960	24 janvier-1er février	Semaine des barricades.
	24 février	Découverte du réseau Jeanson.
	3-5 mars	Deuxième « tournée des popotes ». De Gaulle parle de l'Algérie algérienne.
	10 juin	Si Salah est reçu à l'Élysée.
	14 juin	De Gaulle propose aux chefs de l'insurrection de négocier.
	25-29 juin	Pourparlers de Melun.
	5 septembre	Ouverture du procès Jeanson.
		Manifeste des 121 sur le droit à l'insoumission.
		Discours du général de Gaulle : « L'Algérie algérienne est en marche. »
	3 novembre	Début du procès des barricades.
	4 novembre	De Gaulle évoque l'existence d'une « République algérienne ».
	22 novembre	Louis Joxe est nommé ministre des Affaires algériennes.
	24 novembre	Jean Morin remplace Paul Delouvrier.
	9-12 décembre	Voyage de de Gaulle en Algérie : manifestations violentes des Européens, première manifestation de masse organisée à Alger par le FLN.
1961	8 janvier	Référendum sur l'autodétermination : le principe en est adopté par 75 % des suffrages exprimés.
	Février	Constitution de l'OAS.
	17 mars	Annonce de pourparlers entre la France et le FLN.
	11 avril	Conférence de presse du général de Gaulle, où il parle d'un « État algérien souverain ».
	22-25 avril	Putsch des généraux à Alger.
	20 mai	Ouverture des négociations d'Évian.
		Ben Bella est transféré au château de Turquant.
	13 juin	Suspension des négociations.
	17-22 juillet	Affrontements sanglants franco-tunisiens à Bizerte.
	9-28 août	Réunion du CNRA à Tripoli.
		Ben Khedda remplace Ferhat Abbas à la tête du GPRA.
	17 octobre	Manifestation des Algériens à Paris.
	6 décembre	Manifestation anti-OAS à l'appel du PCF et de la CGT.
	19 décembre	Manifestation syndicale contre l'OAS (à l'appel de 49 organisations).

1962	8 février	Manifestation anti-OAS à Paris : 8 morts au métro Charonne.
	13 février	Obsèques des victimes.
	10-19 février	Rencontre des Rousses.
	7-18 mars	Deuxième conférence d'Évian.
	18 mars	Signature des accords d'Évian.
	19 mars	Le cessez-le-feu est proclamé.
	8 avril	Référendum ratifiant les accords d'Évian.
	17 juin	Accord OAS-FLN.
	1er juillet	Référendum sur l'autodétermination en Algérie.
	3 juillet	Proclamation de l'indépendance algérienne.

Bibliographie

AGERON, Charles-Robert, *De Gaulle et le Maghreb en 1945*, Paris, 1982 (colloque « De Gaulle et la nation française face aux problèmes de défense »).

– *Bibliographie des publications relatives au Maghreb,* n° 655.

– « L'Algérie algérienne de Napoléon III à de Gaulle », *Revue d'histoire maghrébine,* 1984, n°s 33-34.

BROMBERGER, Mary et Serge, *Les 13 Complots du 13 mai,* Paris, Fayard, 1959.

BURON, Robert, *Carnets politiques de la guerre d'Algérie,* Paris, Plon, 1965.

CHARLOT, Jean, *Le Gaullisme d'opposition (1946-1958). Histoire du gaullisme,* Paris, Fayard, 1983.

COURRIÈRE, Yves, *La Guerre d'Algérie,* 4 vol., Paris, Fayard, 1968-1971, et LGF, « Le Livre de poche », 1974.

DANIEL, Jean, *L'Ère des ruptures,* Paris, Grasset, 1977, et LGF, « Le Livre de poche », 1980.

– « Socialisme et anticolonialisme », *Esprit,* mai 1960.

– « L'Algérie après Conakry ou réalités et mystères du gaullisme », *Preuves,* octobre 1958.

– « Algérie, l'heure des responsabilités », *Revue générale belge,* 15 novembre 1958.

– *Le Tiers Monde et la Gauche,* Paris, Seuil, 1979 (en collaboration).

– *Le temps qui reste,* Paris, Gallimard, 1984.

DROZ, Bernard, et LEVER, Évelyne, *Histoire de la guerre d'Algérie (1954-1962),* Paris, Seuil, « Points Histoire », 1982.

FERNIOT, Jean, *De Gaulle et le 13 mai,* Paris, Plon, 1965.

FIELD, Joseph-Albert, et HUDNUT, Thomas Cushman, *L'Algérie, de Gaulle et l'Armée,* Paris, Arthaud, 1975.

GAULLE, Charles de, *Discours et Messages,* t. 3, *Avec le renouveau* (mai 1958-juillet 1962), Paris, Plon, 1970.

– *Index des thèmes de l'œuvre du général de Gaulle,* documents établis par l'Institut Charles-de-Gaulle, Paris, Plon, 1978.

ISORNI, Jacques, *Lui qui les juge,* Paris, Flammarion, 1961.
LACOUTURE, Jean, *De Gaulle,* Paris, Seuil, 1965, nouvelle édition 1971.
– *Algérie : la guerre est finie,* Bruxelles, Complexe, 1985.
– *De Gaulle,* t. 2, *Le Politique,* Paris, Seuil, 1985.
– *De Gaulle,* t. 3, *Le Souverain,* Paris, Seuil, à paraître en 1986.
MALRAUX, André, *Les chênes qu'on abat,* Paris, Gallimard, 1970, et « Folio » n° 606.
PAILLAT, Claude, *L'Échiquier d'Alger,* Paris, Laffont, 1966.
PICKLES, Dorothy, *Algeria and France, from Colonialism to Cooperation,* Londres, Methuen and Co., 1963.
ROY, Jules, *Autour d'un drame* (recueil d'articles extraits du *Monde* et de *l'Express*), Paris, Julliard, 1961.
SOUSTELLE, Jacques, *L'Espérance trahie,* Paris, La Table Ronde, 1962.
– *Vingt-Huit Ans de gaullisme,* Paris, La Table Ronde, 1968, et « J'ai lu », 1971.
SULZBERGER, Cyrus, *En observant de Gaulle* (*The Test : De Gaulle and Algeria,* traduit de l'américain par Jean Wagner), Paris, Plon, 1962.
– *Les Derniers des géants* (*The Last of the Giants,* traduit de l'américain), Paris, Albin Michel, 1972.
TERRENOIRE, Louis, *De Gaulle et l'Algérie,* Paris, Fayard, 1964.
TRICOT, Bernard, *Les Sentiers de la paix,* Paris, Plon, 1972.
VIANSSON-PONTÉ, Pierre, *Histoire de la République gaullienne,* t. 1, *La Fin d'une époque (1958-1962),* t. 2, *Le Temps des orphelins (été 1962-avril 1969),* Paris, Fayard, 1976, et Laffont, « Bouquins », 1984.

Table

IMPRIMERIE S.E.P.C. À SAINT-AMAND (7-86).
DÉPÔT LÉGAL : JUIN 1986. N° 9229-2 (1265).